权威·前沿·原创

皮书系列为
"十二五""十三五"国家重点图书出版规划项目

智库成果出版与传播平台

河北社会发展报告（2021）

ANNUAL REPORT ON SOCIAL DEVELOPMENT OF HEBEI (2021)

主　　编 / 康振海
执行主编 / 王文录
副 主 编 / 侯建华

社会科学文献出版社
SOCIAL SCIENCES ACADEMIC PRESS (CHINA)

图书在版编目（CIP）数据

河北社会发展报告.2021/康振海主编.--北京：社会科学文献出版社，2021.5
（河北蓝皮书）
ISBN 978-7-5201-7961-4

Ⅰ.①河⋯　Ⅱ.①康⋯　Ⅲ.①社会发展-研究报告-河北-2021　Ⅳ.①D672.2

中国版本图书馆 CIP 数据核字（2021）第 067166 号

河北蓝皮书
河北社会发展报告（2021）

主　　编/康振海
执行主编/王文录
副 主 编/侯建华

出 版 人/王利民
组稿编辑/高振华
责任编辑/徐崇阳　张丽丽
文稿编辑/王　娇

出　　版/社会科学文献出版社·城市和绿色发展分社（010）59367143
　　　　　地址：北京市北三环中路甲 29 号院华龙大厦　邮编：100029
　　　　　网址：www.ssap.com.cn
发　　行/市场营销中心（010）59367081　59367083
印　　装/天津千鹤文化传播有限公司
规　　格/开　本：787mm×1092mm　1/16
　　　　　印　张：16　字　数：234 千字
版　　次/2021 年 5 月第 1 版　2021 年 5 月第 1 次印刷
书　　号/ISBN 978-7-5201-7961-4
定　　价/138.00 元

本书如有印装质量问题，请与读者服务中心（010-59367028）联系

▲ 版权所有 翻印必究

河北蓝皮书（2021）编辑委员会

主　任　康振海

副主任　彭建强　张福兴　焦新旗　肖立峰　孟庆凯

委　员　（按姓氏笔画排序）

　　　　王文录　王建强　王亭亭　王艳宁　史广峰
　　　　李鉴修　陈　璐　黄军毅　穆兴增

主编简介

康振海 中共党员，1982年毕业于河北大学哲学系，获哲学学士学位；1987年9月至1990年7月在中共中央党校理论部中国现代哲学专业学习，获哲学硕士学位。

三十多年来，康振海同志长期工作在思想理论战线。曾任河北省委宣传部副部长；2016年3月至2017年6月任河北省作家协会党组书记、副主席；2017年6月至今任河北省社会科学院党组书记、院长，河北省社科联第一副主席。

康振海同志著述较多，在《人民日报》《光明日报》《经济日报》《中国社会科学报》《河北日报》《河北学刊》等重要报刊和社会科学文献出版社、河北人民出版社等发表、出版论著多篇（部），主持完成多项国家级、省部级课题。主要代表作有：《中国共产党思想政治工作九十年》《雄安新区经济社会发展报告》《让历史昭示未来——河北改革开放四十年》等著作；发表了《传承中华优秀传统文化 推进文化强国建设》《以优势互补、区域协同促进高质量脱贫》《在推进高质量发展中育新机开新局》《构建京津冀协同发展新机制》《认识中国发展进入新阶段的历史和现实依据》《准确把握推进国家治理体系和治理能力现代化的目标任务》《奋力开启全面建设社会主义现代化国家新征程》《新时代：我国发展新的历史方位》《以"塞罕坝精神"再造绿水青山》等多篇理论调研文章；主持"新时代生态文明和党的建设阶段性特征及其发展规律研究""《宣传干部行为规范》可行性研究和草案初拟研究"等多项国家级、省部级立项课题。

摘 要

本报告是河北省社会科学院主持编撰的河北蓝皮书丛书之一，是河北省社会发展的年度报告（社会蓝皮书），由河北省社会科学院社会发展研究所组织院内外专家学者及相关部门研究人员撰写。

本报告分析了2020年河北社会发展的基本形势和主要成绩，剖析了河北社会发展中的热点问题并提出了对策建议。报告认为2020年是极为不平凡的一年，不仅是我国全面建成小康社会、脱贫攻坚决胜之年，也是新冠肺炎疫情流行、经济社会发展遇到巨大困难之年。一年来，城乡居民收入水平稳步提升，脱贫攻坚目标完成，社会治理重心向基层下移，公共服务差距分领域分区域缩小，生态环境治理向纵深拓展，新型城镇化重启新高潮，人民生活保持了安定平稳。报告同时指出，河北社会发展在基层公共服务、生态环境治理修复、乡村治理、城市更新等方面还存在短板和不足。未来要推进公共资源和人才向基层下沉，进一步增强基层公共服务实效，实施积极应对人口老龄化国家战略，全面提升应对老龄化能力，统筹推进社会发展与安全，增强应对社会风险能力，顺应群众对美好生活的新期待，滚动实施民心工程，推进生态环境治理，促进区域环境与经济社会协调发展，积极构建新型城镇化发展新格局，推进京津冀世界级城市群建设。

全书由总报告和综合发展篇、社会治理篇、公共服务篇、劳动就业篇5个板块构成，包括1篇总报告和17篇专题报告。总报告认为，2020年，河北省经济社会发展经受住了新冠肺炎疫情的冲击，全面建成小康社会和脱贫攻坚目标圆满完成、就业形势保持总体稳定、社会保障水平稳步提升、人民

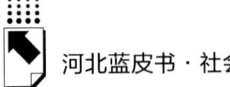

生活平稳有序、社会和谐稳定。展望2021年，河北应针对社会发展领域存在的短板弱项，着力加强普惠性、基础性、兜底性民生建设，增强基层公共服务实效，统筹社会发展与安全，增强应对社会风险能力，强化脆弱地区的生态修复，积极构建新型城镇化发展新格局，推动社会治理现代化，全面改善人民生活品质，努力建设共同富裕和安居乐业的幸福河北。综合发展篇由4篇研究报告组成，全面地分析了2020年河北省就业创业、城乡社会治理、新型城镇化与城乡统筹发展、生态文明建设等方面的总体形势和问题并提出了对策建议。社会治理篇由5篇研究报告组成，这些报告以翔实的调查数据，分别分析了市域社会治理现代化、城市社区治理范式、公共危机应对中的志愿服务参与、农村社会治理中的互联网技术支撑、农业转移人口市民化路径等问题。公共服务篇由5篇研究报告组成，其中4篇报告分别从养老服务高质量发展、城市养老服务综合体建设、京津冀医养康养基地建设、老旧小区适老化改造等不同角度，进行了应对人口老龄化、满足人民群众多层次多样化养老服务需求、提高养老服务质量的专题研究；1篇报告重点分析了河北省基层公共服务状况和主要短板。劳动就业篇由3篇报告组成，分别从中小微企业就业、提高劳动者科学素质与技能、职业技能培训创新体系等方面，对就业、职业教育和技能培训进行了分析，提出了有针对性的对策建议。

关键词： 河北社会发展　社会治理　公共服务　劳动就业

Abstract

The report, one of Blue Book of Hebei compiled by Hebei Academy of Social Sciences, is a yearly report on the social development of Hebei Province (a blue book of sociology), wrote by experts and scholars as well as researchers of relevant departments organized by Sociology Institute, Hebei Academy of Social Sciences.

The report analyzes the basic situation and main achievements of Hebei's social development in 2020, makes an in-depth analysis of hot issues in Hebei's social development, and puts forward solution proposals. The report concluded that the year 2020, an extremely unusual year, is not only the decisive year in building a moderately prosperous society in all respects and the struggles for poverty eradication, but also a year of COVID – 19 epidemic and tremendous difficulties of the economic and social development. Over the past year, the income of urban and rural residents has improved steadily, the goal of the struggles for poverty eradication has been accomplished, the focus of social governance has gone downward to the grass-roots, the gap of public service has dwindled by field and region, the ecological environment improvement has extended toward the depth, the new urbanization has restarted a new upsurge, and the people's livelihood has kept a stability. Meanwhile, the report points out that Hebei's social development still has weaknesses and deficiencies in grass-roots public service, ecological environment improvement & restoration, rural governance, urban renewal, etc.. Future's efforts should be to advance public resources and talents downward to the grass-roots, further enhance substantial results of the grass-roots public service, carry out the state strategy of actively addressing the aging of population, make comprehensive improvement of the capability of addressing the aging of population, advance the social development and the safety in an overall way, strengthen the capability of addressing social risks, implement pro-people projects in a phased way in compliance with peoples' new expectation to good life, push forward the ecological environment improvement, promote the balanced development of the regional environment and the economy/society, actively build a new pattern of the new urbanization, and advance the construction of the world-class city cluster of Beijing-Tianjin-Hebei.

This book falls into the five parts of General Report, Reports of Comprehensive Development, Reports of Social Governance, Reports of Public Service, and Reports of Labour Employment, including one general report and 17 special reports. General Report concludes that the economic and social development of Hebei Province in 2020 successfully withstood the impact of COVID – 19 epidemic, the goal of building a moderately prosperous society in all respects and the struggles for poverty eradication was satisfactorily accomplished, the employment situation kept an overall stability, the level of social security improved steadily, and the people's livelihood was stable and orderly with social harmony and stability. Looking ahead at 2021, Hebei should focus on weaknesses and deficiencies in the field of social development, exert efforts in strengthening the improvement of people's livelihood that is inclusive, underlying and of last resort, strengthen substantial results of the grass-roots public service, advance the social development and the safety in an overall way, intensify the capability of addressing social risks, strengthen ecological restoration in fragile regions, actively build a new pattern of the new urbanization, advance the modernization of social governance, and comprehensively improve the quality of people's livelihood, in an effort to build a beautiful Hebei characterized by common prosperity and living and working in peace and contentment. Reports of Comprehensive Development, falling into four reports, makes a comprehensive analysis of the overall situation and problem of such fields as employment and business start-up, urban and rural social governance, the new urbanization and overall arrangement of the urban and rural development, and ecological civilization improvement of Hebei Province in 2020 and puts forward solution proposals. Reports of Social Governance, falling into five reports and using full and accurate survey data, respectively analyzes the

Abstract

modernization of intra-city social governance, paradigms of urban community governance, volunteer service participation in addressing public crisis, internet technology prop in rural social governance, paths of transforming agricultural migrant workers into permanent urban residents, etc.. Reports of Public Service falls into five reports, of which four reports conducts special studies on addressing the aging of population, satisfying people's diverse elderly-care needs at multiple levels, and improving the elderly-care quality respectively from the different perspectives of high-quality development of elderly-care, construction of urban elderly-care complexes, construction of Beijing-Tianjin-Hebei medical & health care bases, pro-elderly transformation of old & worn-out residential quarters, etc., and one report focuses on an analysis of the situation and main weaknesses of the grass-roots public service in Hebei Province. Reports of Labour Employment, falling into three reports, analyzes the employment, vocational education and skill training and puts forward targeted solution proposals respectively in such aspects as the employment in small and medium sized low-profit enterprises, improvement of workers' scientific quality and skills, and systems of vocational skills training.

Keywords: Hebei's Social Development; Social Governance; Public Service; Labour Emploment

目 录

Ⅰ 总报告

B.1 2020~2021年河北省社会发展报告
　　　…………………… 王文录　侯建华　郑　萍　车同侠 / 001

Ⅱ 综合发展篇

B.2 河北省"十四五"期间就业形势分析
　　　…………………………… 饶立昌　郝雅辉　王　聪 / 022
B.3 河北省城乡社会治理发展报告………… 王凤丽　王文娟 / 039
B.4 2020年河北省新型城镇化与城乡统筹示范区建设报告
　　　………………… 冯文斌　刘　静　李珊珊　郝　蕾 / 052
B.5 河北省生态文明建设发展报告…………… 田翠琴　赵乃诗 / 065

Ⅲ 社会治理篇

B.6 河北省市域社会治理现代化路径研究………… 樊雅丽　张春玲 / 078
B.7 城市社区治理典型范式路径研究…………………… 郑　萍 / 088

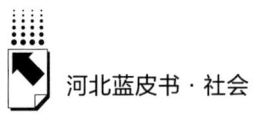

B.8　公共危机应对中志愿服务参与问题研究……………………张齐超 / 098
B.9　农村社会治理中互联网技术支撑研究……………………田增志 / 110
B.10　农业转移人口市民化路径分析………………………严晓萍 / 122

Ⅳ 公共服务篇

B.11　河北省基层公共服务体系建设调研报告
　　　………………王文录　郑　萍　张　丽　王立源　张齐超 / 134
B.12　河北省养老服务高质量发展研究……………………侯建华 / 153
B.13　城市养老服务综合体建设的对策研究……………………张　丽 / 165
B.14　建设保定西部山区京津冀医养康养基地的建议
　　　……………………………………………………王文录 / 178
B.15　城市老旧小区适老化改造研究………………………张齐超 / 186

Ⅴ 劳动就业篇

B.16　河北省中小微企业就业影响因素及对策研究…………车同侠 / 197
B.17　提升河北省城镇劳动者科学素质与技能研究…………赵砚文 / 208
B.18　河北省职业技能培训创新体系研究……………………杨雪琪 / 222

皮书数据库阅读 **使用指南**

CONTENTS

Ⅰ General Report

B.1 Social Development Report of Hebei Province(2020-2021)
Wang Wenlu, Hou Jianhua, Zheng Ping and Che Tongxia / 001

Ⅱ Reports of Comprehensive Development

B.2 An Analysis of the Employment Situation in Hebei Province during the "14th Five-Year Plan" Period *Rao Lichang, Hao Yahui and Wang Cong* / 022

B.3 The Development Report on the Urban and Rural Social Governance in Hebei Province *Wang Fengli, Wang Wenjuan* / 039

B.4 The Report on the Construction of Demonstration Zones of New Urbanization and Urban & Rural Overall Planning in Hebei Province in 2020 *Feng Wenbin, Liu Jing, Li Shanshan and Hao Lei* / 052

B.5 The Development Report on the Ecological Civilization Improvement in Hebei Province *Tian Cuiqin, Zhao Naishi* / 065

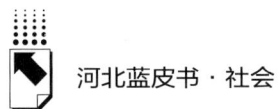
河北蓝皮书·社会

Ⅲ Reports of Social Governance

B.6 Research on Paths of the Modernization of Intra-city Social Governance in Hebei Province —— *Fan Yali, Zhang Chunling* / 078

B.7 Research on Paths of Typical Paradigms of Urban Community Governance —— *Zheng Ping* / 088

B.8 Research on Volunteer Service Participation in Addressing Public Crisis —— *Zhang Qichao* / 098

B.9 Research on Internet Technology Prop in Rural Social Governance —— *Tian Zengzhi* / 110

B.10 An Analysis of Paths of Transforming Agricultural Migrant Workers into Permanent Urban Residents —— *Yan Xiaoping* / 122

Ⅳ Reports of Public Service

B.11 A Survey Report on the Establishment of Systems of Grass-roots Public Service in Hebei Province —— *Wang Wenlu, Zheng Ping, Zhang Li, Wang Liyuan and Zhang Qichao* / 134

B.12 Research on High-quality Development of the Elderly-care in Hebei Province —— *Hou Jianhua* / 153

B.13 Research on Solutions to Construction of Urban Elderly-care Complexes —— *Zhang Li* / 165

B.14 Proposals on the Construction of Beijing-Tianjin-Hebei Medical & Health Care Bases in the Western Mountains of Baoding —— *Wang Wenlu* / 178

B.15 Research on Pro-elderly Transformation of Urban Old & Worn-out Residential Quarters —— *Zhang Qichao* / 186

CONTENTS

V Reports of Labour Employment

B.16 Research on Influencing Factors on the Employment in Small and
Medium Sized Low-profit Enterprises and Countermeasures in
Hebei Province   *Che Tongxia* / 197

B.17 Research on the Improvement of Urban Workers' Scientific Quality
and Skills in Hebei Province   *Zhao Yanwen* / 208

B.18 Research on Innovative Systems of Vocational Skills Training in
Hebei Province   *Yang Xueqi* / 222

总 报 告
General Report

B.1
2020~2021年河北省社会发展报告

王文录 侯建华 郑萍 车同侠*

摘 要： 2020年，受复杂的发展形势和新冠肺炎疫情的影响，经济社会发展遇到了前所未有的困难和挑战。但在省委、省政府的坚强领导下，河北省经受住了疫情的严峻考验，脱贫攻坚目标圆满完成、就业形势保持总体稳定、社会保障水平稳步提升、人民生活平稳有序、社会和谐稳定。展望2021年，河北将在全面建设社会主义现代化国家新征程中再出发，针对社会发展领域存在的短板弱项，着力加强普惠性、基础性、兜底性民生建设，增强基层公共服务实效，统筹社会发展与安全，增强应对社会风险能力，强化脆弱地区的生态修复，积极构建

---

* 王文录，博士，河北省社会科学院社会发展研究所所长、研究员，主要研究方向为人口城镇化；侯建华，本科，河北省社会科学院社会发展研究所副研究员，主要研究方向为社会政策和人口城镇化；郑萍，硕士，河北省社会科学院社会发展研究所副研究员，主要研究方向为社会治理和社区研究；车同侠，本科，河北省社会科学院社会发展研究所副研究员，主要研究方向为社会学和金融学。

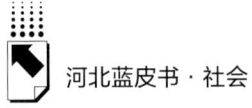

新型城镇化发展新格局,推动社会治理现代化,全面改善人民生活品质,努力建设共同富裕和安居乐业的幸福河北。

关键词: 公共服务 脱贫攻坚 新型城镇化 河北省

2020年是极为不平凡的一年,不仅是我国全面建成小康社会、脱贫攻坚决胜之年,也是新冠肺炎疫情流行、经济社会发展遇到巨大困难之年。一年来,河北省坚决响应党中央号令,强力阻断病毒传播,全力防疫抗疫,人民生活保持了安定平稳,脱贫攻坚目标完成,社会治理重心向基层下移,公共服务差距分领域分区域缩小,生态环境治理向纵深拓展,新型城镇化重启新高潮,社会发展领域取得了显著进步。展望2021年,部署实施"十四五"规划,河北将在全面建设社会主义现代化国家新征程中再出发,着力加强普惠性、基础性、兜底性民生建设,滚动实施民心工程,推动社会治理现代化,全面改善人民生活品质,努力建设共同富裕和安居乐业的幸福河北。

一 2020年社会发展基本形势

1. 民生类财政支出继续平稳增长

2020年前三季度,河北省一般公共预算收入呈现出下降态势,比2019年同期下降了2.4%,为3015.6亿元。相比于一般公共预算收入,一般公共预算支出呈现平稳增长态势,与2019年同期相比增长10.1%,为6678.1亿元。在疫情对经济社会形成冲击的形势下,河北全省加大民生支出投入力度,达到5420.3亿元,同比增长11.4%,增幅高于一般公共预算支出1.3个百分点,覆盖了一般公共预算支出的81.2%[①]。一般公共预算支出项目最

---

① 宋平:《情系百姓"钱袋子"八成投向民生——前三季度河北新数据新看点⑤》,河北新闻网,2020年11月3日,http://hbrb.hebnews.cn/pc/paper/c/202011/03/content_60675.html。

多的是社会保障和就业支出，达到1206.5亿元，增长15.7%；其次为教育支出，支出1174.2亿元，增长2.4%；投入最少、增长幅度也最小的是科学技术支出，支出59.7亿元，下降3.2%。一般公共预算支出增幅最大的项目是交通运输支出，达到385.5亿元，增长率高达45.1%，另外增幅比较大的项目还有城乡社区支出，支出634.5亿元，增幅达到27.6%。此外，社会保障和就业支出、教育支出在一般公共预算支出中的占比最大，分别为18.07%和17.58%（见表1）。

表1 河北省2020年前三季度财政支出状况

单位：亿元，%

财政支出	1~9月	增长比例	占一般公共预算支出的比例
一般公共预算支出	6678.1	10.1	100.00
一般公共服务	581.4	0.3	8.71
公共安全	300.0	-0.4	4.49
教育	1174.2	2.4	17.58
科学技术	59.7	-3.2	0.89
文化体育与传媒	104.9	5.7	1.57
社会保障和就业	1206.5	15.7	18.07
卫生健康	662.4	14.3	9.92
节能环保	311.0	9.8	4.66
城乡社区	634.5	27.6	9.50
农林水	617.3	-3.0	9.24
交通运输	385.5	45.1	5.77
其他	640.7	—	9.59

资料来源：2020年河北统计月报。

2. 城乡居民可支配收入稳步增加

2020年前三季度，河北省城乡居民人均可支配收入为19797元，同比增长4.9%。其中，城镇居民人均可支配收入为27203元，比2019年同期增长3.8%；农村居民人均可支配收入为12286元，比2019年同期增长5.5%。农村居民人均可支配收入增长速度比城镇居民高出1.7个百分点。由图1可知，工资性收入是城乡居民收入的主要来源，比例高达59.42%，其中城镇居民为62.84%，比农村居民高11.08个百分点。城镇居民第二大收入来源是转移净收入，占比为20.6%；而农村居民第二大收入来源为经营性收入，占比为32.21%。城镇居民和农村居民的财产净收入占比都是最少的，城乡居民财产净收入占比为6.99%，城镇居民此项收入占城镇居民总收入的比例为9.15%，农村居民的相应比例为2.13%。

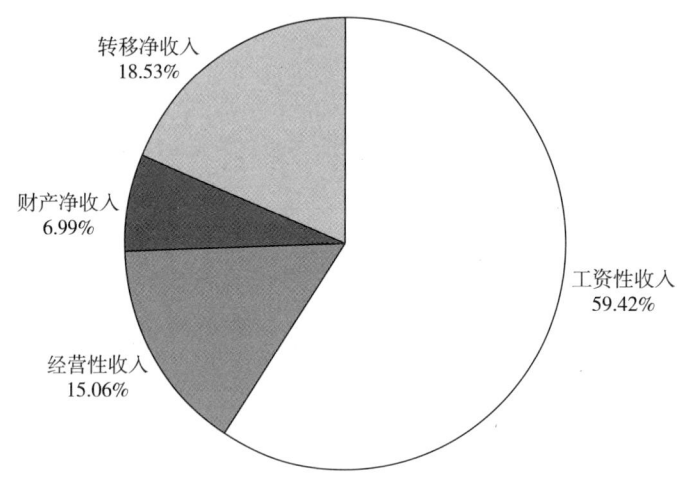

图1 2020年前三季度河北省城乡居民收入来源

资料来源：2020年河北统计月报。

3. 消费品市场回暖向好

与2019年相比，河北省社会消费品零售总额增速有所下降，前三季度均处于负增长状态，但是逐季改善，降幅不断变小，消费品市场回暖向好。由图2、图3可知，2020年前三季度，全省社会消费品零售总额为8639.0亿元，同比下降3.7%，高于全国2.5个百分点，居全国第6位，城镇社会消费品零售总额为农村的4.11倍，农村社会消费品零售总额占城乡社会消费品零售总额的19.56%。

2020年，河北省消费品零售新业态蓬勃发展，疫情防控期间，直播带货新零售模式优势凸显，从网红主播、企业负责人到地方政府领导，纷纷借助电商平台和短视频平台进行直播带货，在带动商品销售和扶贫助农上取得

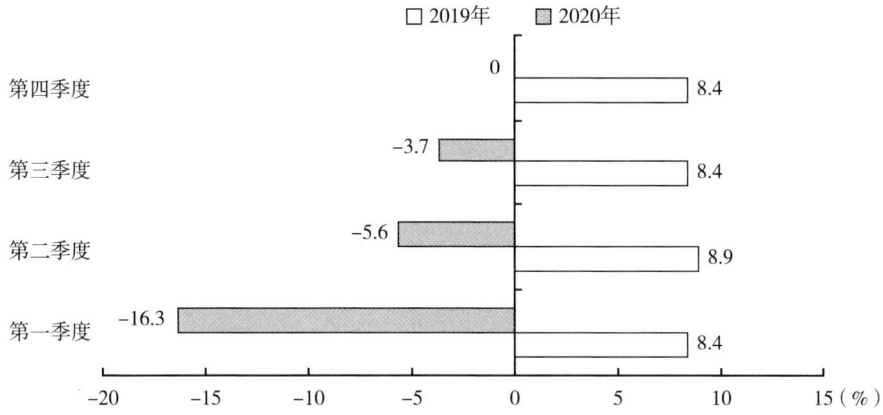

图2　2019年各季度与2020年前三季度河北省社会消费品零售总额增速

资料来源：2020年河北统计月报。

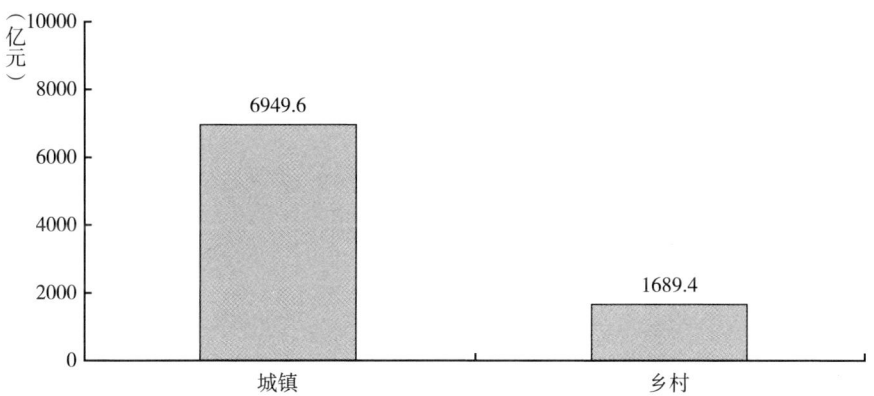

图3　2020年前三季度河北省城乡社会消费品零售总额

资料来源：2020年河北统计月报。

了亮眼成绩。前三季度，限额以上批发和零售业单位通过公共网络实现的商品零售额达249.8亿元，同比增长1.3倍，限额以上餐饮企业外卖送餐服务收入同比增长2.4倍。

4. 就业形势保持总体稳定

为了应对疫情的影响，河北省初步形成了稳企稳岗、加强劳动力培训以促进就业、兜底线强服务的就业政策体系。加强企业用工和农民工就业服务，为3400多家企业解决用工需求5.7万多人，促进1200多万名农民工实现返岗就业和就地就近就业，零就业家庭保持动态清零。加强创业孵化平台建设，优化升级创业就业孵化基地150家，建立省级小微企业创业创新基地培育库，新建基地50家，推荐申报国家示范基地4家。加大创业担保贷款力度，前三季度，全省发放创业担保贷款23.29亿元，直接扶持1.42万人自主创业，带动吸纳3.59万人实现就业①。前三季度，全省城镇新增就业人员67.91万人，完成了全年目标任务的79.9%，城镇登记失业率3.49%，上升了0.36个百分点。

5. 社会保障水平稳步提升

2020年前三季度，河北省企业职工、机关事业单位工作人员、城乡居民的基本养老保险参保人数分别为1403.20万人、328.07万人、3523.32万人。其中，企业职工基本养老保险参保人数比2019年同期增加87.76万人；失业保险和工伤保险参保人数分别为659.08万人和1059.43万人，比2019年同期分别增加了102.72万人和118.72万人，社会保险覆盖范围进一步扩大。面对疫情影响，河北省制定出台了针对困难企业的社保费减免和退费政策，前三季度，基本养老、失业、工伤三项社会保险共为企业减免社保费294.71亿元，缓缴三项社保费1622.94万元。提高养老保险待遇标准，企业和机关事业单位退休人员基本养老金总体增长5%。提高失业保险待遇标准，自2020年10月1日起，失业保险金平均标准提高到1390元，同比增长380元②。

6. 脱贫攻坚战完美收官

面对突如其来的新冠肺炎疫情，河北省研究出台了《关于剩余贫困人口如期高质量脱贫的推进方案》等14个专项文件，千方百计促进贫困劳动力就业务工和扶贫企业项目复产复工。经过全省上下共同努力，到2020年

---

① 解楚楚：《河北前三季度城镇新增就业67.9万多人，就业局势总体稳定》，河北新闻网，2020年11月3日，http：//m. hebnews. cn/hebei/2020 - 11/03/content_ 8187446. htm。
② 解楚楚：《河北前三季度城镇新增就业67.9万多人，就业局势总体稳定》，河北新闻网，2020年11月3日，http：//m. hebnews. cn/hebei/2020 - 11/03/content_ 8187446. htm。

6月底,全省剩余3.4万贫困人口全部达到稳定脱贫条件,河北脱贫攻坚战取得决定性胜利。截至2020年第三季度末,全省规划的632个扶贫产业园区已全部建成,13.6万贫困搬迁人口全部落实后续帮扶举措,脱贫率达到100%;全省计划实施的16638个扶贫项目已全部开工;扶贫龙头企业复工率达到100%,吸纳和带动贫困人口就业1.52万人。截至2020年11月,建档立卡贫困户人均产业收入5341元,同比增长35.3%[1]。

7. 新型城镇空间结构日趋优化

2020年,河北省着力推进新型城镇化和城乡融合发展,加快农业人口转移,推进市场要素流通,完善基础设施和公共服务,着力推进文明城市、园林城市、卫生城市创建,打造城市特色风貌,积极推进区域城市群建设,城市品质和城镇化水平明显提升。2019年,河北省常住人口城镇化率达57.62%[2]。省会石家庄城区人口超过500万人,现代化都市圈开始形成;雄安新区进入全面建设阶段,带动冀中南甚至全省城镇化作用逐步显现;张北地区借力冬奥会筹办重大机遇,各类建设项目落地,城市发展迅速。全省新型城镇化发展"一极两翼"的空间态势逐步明朗。

二 社会发展存在的主要短板

1. 基层公共服务短板

近几年,虽然河北基层公共服务供给总量不断增加,但与群众需求相比还存在一定差距。2019年,全省人均文化事业费39.25元,仅为全国平均水平的51.6%。城乡发展不平衡现象突出,"乡村弱、城市挤"的现象突出,无法满足群众日益增长的需求。乡村公共服务建设存在发展资金短缺、

---

[1] 潘文静:《昔日"贫中之贫",今朝"黄土生金"——河北举全省之力坚决打赢深度贫困地区脱贫攻坚战》,《河北日报》2020年10月17日,第1版。
[2] 河北省统计局、国家统计局河北调查总队:《河北省2019年国民经济和社会发展统计公报》,河北省统计局网站,2020年2月25日,http://www.hetj.gov.cn/hetj/app/tjgb/101591084423716.html。

公共服务项目短缺、公共服务设施短缺以及设施陈旧破损更新缓慢的"三缺一旧"现象。城市优质公共服务资源高度紧张,"拥挤排队"现象突出,尤其是城市公办幼儿园资源较为短缺,据统计,全省城市公办幼儿园数量占比仅为19.33%,城市公办幼儿园在园幼儿占比仅为35.65%。城镇优质养老资源"一床难求",申请入住的老年人需要在1~2年后才能获得入住床位。基层公共服务存在供需错位现象,导致部分公共服务资源闲置,尤其是文化设施领域出现相对过剩的假象。调研发现,许多农村虽然已经建有文化活动室,但村民对文化活动室的知晓率很低,一些村庄的文化活动室、健身室与村委会设置在一起,没有考虑村民使用的便利性,降低了文化设施的使用率。

2. 农村养老服务短板

相对于全省养老服务来说,农村养老服务存在的短板更为明显。养老机构数量不足,除专门收养特困老年人的公办养老机构之外,农村社会办养老机构仅有185家,占农村养老机构总数的21.6%,距离河北省乡村振兴战略"到2022年50%以上的乡镇要建设1所公益性养老院"的规划目标较远。农村互助养老发展不平衡,各地发展程度不一、水平参差不齐,很多地方的幸福院并未提供实质性的养老服务,空壳化现象突出。专业服务人员缺乏,农村养老机构的护理人员大多是当地村民,文化水平较低,缺乏专业培训,专业化护理能力不足。农村老年人养老服务支付能力有限、自身养老储备不足,丧失劳动能力后,生活主要靠儿女供养,每月百余元城乡居民基础养老金收入相对于机构养老服务收费来说无异于杯水车薪,这限制了农村养老服务的发展。

3. 生态脆弱地区生态修复短板

近年来,河北省生态环境恶化趋势得到有效遏制,生态环境质量明显好转,但生态环境治理修复仍存在一些问题和短板。河北省生态脆弱地区类型多样,脆弱程度不一,其生态保护修复是一个长期的、艰巨的、复杂的工程,需要统筹考虑经济、社会、环境等因素进行整体修复,任重道远。目前各级财政对生态保护修复的投入很大,但难以从根本上解决生态脆弱和贫困交织在一起的生态修复问题,政府引导、企业和社会参与、纵向横向有机结合的长效生态补偿机制尚未完全建立,承担生态屏障功能的太行山、燕山和坝上等生态脆弱地区缺少生态补偿。生态脆弱地区的生态环境保护修复设施基础非常薄弱,存在边治理边污染、边修复边破坏的现象。生态修复产业化水平低,受自然资源资产产权制度和价值评估体系不健全等因素限制,河北省生态修复产业化还处于小规模探索阶段,尚未建立起成熟的制度供给和政策引导相结合的市场化生态修复投融资体系,生态修复新业态缺失、产业化水平较低。

4. 普通村庄治理基础弱化短板

随着脱贫攻坚和乡村振兴战略的实施,农村得到较快发展,一些发达村庄和贫困村社会治理水平明显提升,人民生活显著改善。那些普通村庄却发展"无门",存在明显的治理短板。长期以来,普通村庄受到的关注不够,村"两委"力量弱化,缺少发展领航人,发展动力不足,难以形成村庄发展核心动力源。产业基础薄弱,公共资源缺乏。集体经济长期得不到发展,有些村庄甚至缺少基本的公共资源、公共财产,发展基础十分薄弱。普通村庄不属于国家政策重点支持范围,多年来各种外来资金支持十分缺乏,有些村庄甚至得不到人居环境改造的专项经费。村庄环境整体改造力度不足,缺少宜居宜业的良好条件,对外吸引力不够,既难以形成旅游环境,又不宜吸引外出人员回村创业。普通村庄发展不足,往往缺少优质资源和引领产业,一方面缺少经济精英,另一方面更多年轻人被迫外出,村庄空心化现象严重,总体上缺少发展活力。

5. 城市老旧小区更新短板

随着城市发展速度加快,老旧小区环境设施已严重落后,各项设施逐渐陈旧老化、服务功能弱化等问题日益突出,居住生活品质急剧下降。老旧小区改造尚未形成长效机制,目前多为阶段性任务,采取一事一议的项目推进方式。老旧小区改造涉及街道、住建、国土、规划、交通、城管等多个部门,缺乏整体统筹协调机制,部门间协调效率不高,疑难复杂问题难以及时解决。多数老旧小区位于城市核心区域,改造难度较大,资金需求较大,改造资金尚未被纳入年度财政预算，存在资金总体不足、后期管护资金没保障等问题，也导致老旧小区改造的覆盖面有限。老旧小区更新的融资政策缺位，改造的公益性与企业营利性存在矛盾，老旧小区微更新相对于拆迁重建而言，利益空间较小，盈利模式单一，项目融资难度大，企业参与积极性不高。

6. 优质医疗教育资源短板

河北优质教育资源匮乏，突出表现在高等教育基础薄弱，河北尚未拥有"双一流"大学，拥有"双一流"学科的河北工业大学坐落在天津，对河北的教育支撑有限。河北高层次人才总量不足，全省仅有院士9名；人才吸引和培养平台缺乏，仅有国家重点实验室12家。人才待遇偏低，突破性的人才政策未能有效落实。此外，优质医疗卫生资源不足，卫生技术人员增速与人口增速不匹配，每万人拥有卫生技术人员64.4人，比全国平均水平少3.7人，比京、津分别少73.4人、5.6人，每万人拥有三级医院1.0所，比全国平均水平少1.0所，比京、津分别少4.2所、1.8所。

三　社会发展热点问题分析

1. 重大疫情应急管理体系和能力建设

突然暴发的新冠肺炎疫情，对应急管理体系和应急管理能力来说是一次全面检验，河北省通过政府和社会各界的共同努力，控制住了疫情的传播，医疗防护物资供给、生活用品供应、交通运输、政府信息公开、复工复产复学等都在疫情应对中经历了一个不断完善提升的过程，应急管理体系经受住了紧急考验，应急管理能力得到进一步提升，对应急管理体系和应急管理能力的反思成为热点问题。

突如其来的新冠肺炎疫情，暴露出重大疫情防控体制机制、公共卫生体系等方面存在的一些问题和短板。一是突发事件的风险研判能力薄弱。突发事件的风险研判、风险预警，是应急管理实现主动应对、防患于未然的基础，对突发事件的应对至关重要。但从暴露出的问题来看，这方面还存在明显的短板和不足。医疗卫生领域"重医疗轻公卫"的倾向普遍存在，公共卫生医师数量严重不足,"预防为主"没有落到实处。二是应急综合协调能力较弱。疫情发生之初,医用物资、生活用品储备不足,物资调配体制机制不完善,暴露出了应急管理、医疗、交通、教育、商业、企业等维持社会正常运转的各主要部门的应急能力不足,相互协调配合不够,仓促之间防控能力难以最大限度地发挥。三是基层管理和服务能力仍然较弱。在疫情防控中,基层在群防群控、全民动员方面发挥了重要作用,但也暴露出基层存在公共卫生基础设施不完善、资源下沉不到位、社区服务队伍不足、社会组织发育不充分等问题。

应反思疫情防控中应急管理体系和应急管理能力存在的不足,不断完善应急管理体系。首先要统筹发展和安全,增强全社会的风险意识。不但要加强公共卫生机构的风险研判、风险预警能力建设,还要在全社会开展公共危机预防教育,增强全省人民的整体危机意识和应对能力。其次要完善区域应急联动机制。应急管理体系要打破政府间的层级壁垒和部门分割状态,加强信息共享和统一协调,在重大疫情等突发事件应对上实现政策联动、人员联动、物资联动、技术联动等联防联控,协同配合,提高应急管理效率。再次要提升公共卫生应急管理能力。加强基层公共卫生人才培养,提高基层公共卫生专业服务能力。进一步明确传染性疾病直报工作流程和责任追究机制,充分发挥直报系统的预警作用。加强社区疫情防控能力,组建专兼结合、社会协同、多方参与的社区疫情防控队伍。最后要强化大数据、人工智能在应急管理体系建设中的应用。在疫情预警、病源查找、远程诊疗等疫情防控各个环节加强新型信息技术的应用,加强信息前瞻性、精准性,提高应急管理体系效能。

2. 基层公共服务建设

2020年9月,习近平总书记在湖南考察时强调:"基层公共服务关键看实效,要提高针对性,老百姓需要什么,我们就做什么。要加强对基层工作人员的培训,增强为民服务意识和能力。"① 基层直接面向群众,其公共服

---

① 《习近平谈基层公共服务:关键看实效》,中国政府网,2020年9月17日,http://www.gov.cn/xinwen/2020-09/17/content_5544101.htm。

务内容都是与群众生活密切相关的最直接、最现实的利益问题。基层公共服务对增强群众的获得感、幸福感、安全感具有重要意义，也成为政府和各界关注的焦点。

"十三五"期间，河北省基层公共服务建设取得重要进展，在一定程度上满足了人民群众对公共服务不断增长的需求。教育上，"入园难""入园贵"一直是群众反映强烈的问题，推进学前教育普及是河北省教育事业发展的一项重要工作。从2019年开始，河北省积极推进城镇小区配套幼儿园整改工作，截至2020年9月，完成配套幼儿园整改1352所，其中384所举办为公办幼儿园，968所委托办成普惠性民办幼儿园，新增普惠性学位25万个；农村学前教育全覆盖工程项目完成740所，新增学位5.8万个，幼儿园规模和在园幼儿数量均居全国前列。基层医疗卫生上，农村乡镇卫生院和农村卫生室一体化发展，医疗卫生资源高度融合，实现了人员、财务、药械、业务、管理、工资、准入退出、绩效考核、奖惩实施、教育培训"十统一"。截至2020年10月，全省1962个乡镇卫生院和48798个村卫生室已全部实现"十统一"管理，"以乡带村、以村促乡、乡村一体、共同发展"的基层医疗卫生服务新格局初步形成。基层公共就业服务上，343个街道建立就业服务事务所343个，建设率达100%，2043个乡镇建立就业服务事务所2017个，建设率达99%，3933个社区建立就业服务工作站3483个，建设率达89%。基层兜底保障上，城乡最低生活保障水平稳步提高，截至2019年12月底，全省城市低保对象19.5万人，平均保障标准为663元/（人·月），较2015年底提高50.3%，农村低保对象157.4万人，平均保障标准为4907元/（人·年），较2015年底提高83.7%；城市和农村特困供养人员基本生活平均标准分别达到10759元/年和6751元/年，全省农村特困供养人员从2015年底的22.8万人增长到26.1万人。基层公共文化服务上，县、乡（街道）、村（社区）文化阵地建设得到全面加强，文化服务供给内容和质量均得到有效改善，基层公共文化服务设施实现免费开放，全省已建成乡镇综合文化站1989个、村综合文化服务中心4.8万个、乡村学校少年宫1128个、村文化广场6.3万个，基本形成了"功能完善、分布合理、适度超前"的乡村公共文化服务设施体系。

河北省基层公共服务取得了显著进展，但与群众的新期待、新要求相比还存在一定差距。针对基层群众公共服务需求的调查结果表明，群众最需要的公共服务，一是基层医疗健康服务，二是老年人的日常生活照料、康复服务，三是优质教育服务，四是增加文化场馆和加强体育健身设施建设，五是职业技术培训、创业指导等就业创业服务。这些都是跟群众生活息息相关的基本公共服务，也是需要重点关注的公共服务领域。"十四五"时期，必须坚持以人民为中心的发展思想，以人民群众的需求为导向，加大基层基本公共服务投入力度，推进公共服务设施和资源的科学布局，聚焦短板，向薄弱地区、重点人群倾斜，为群众提供精准的公共服务，提高基层基本公共服务质量，增强群众获得感。

3. 养老服务体系建设

2019年末，河北省60周岁及以上老年人口数量达到1518.39万人，占总人口的比重达到20%，先于全国迈入了中度老龄化社会，而且从2022年开始，河北省即将迎来一波老年人口增长高峰，老龄化依然处于一个快速发展的阶段。受日常生活中老年人日常照料和生活护理困境、独生子女、空巢、养老保障等多重因素叠加影响，人们在对家庭中老年人照料深感力不从心的同时又对自己未来的养老问题产生普遍的焦虑，从而对养老服务体系建设寄予厚望，这使得养老问题成为社会各界广泛关注的焦点。

"十三五"以来，河北省加大养老服务体系建设力度，连续几年把社区和居家养老服务设施建设作为民心工程加以推动，2020年，新（改）建城镇街道居家养老服务中心40个，新（改）建社区日间照料服务站（点）400个，居家养老服务覆盖率进一步提升。通过持续开展养老院服务质量提升专项行动，养老院服务的规范化水平得到很大提高，2020年，改造、提升敬老院50个，培育星级养老机构300个。截至2020年9月底，河北省共有养老机构1620家，养老机构床位21.9万张，社区养老床位22.5万张，以居家为基础、以社区为依托、以机构为补充、医养康养相结合的养老服务体系基本形成。

面对快速老龄化的严峻形势以及不断涌现的多层次、多元化养老服务需求，河北省养老服务体系中的各种矛盾和问题不断凸显，供给数量和质量不足、供给结构不合理、区域城乡发展不平衡、专业服务人员不足等问题成为制约养老服务发展的主要问题，养老服务体系建设仍需发力。党的十九届四中全会明确提出，要加快建设居家社区机构相协调、医养康养相结合的养老服务体系，这为养老服务体系建设指明了方向。居家社区机构相协调，就是指居家、社区和机构各种养老方式优势互补、融合发展。居家养老的优势在于老年人可以在自己熟悉、习惯的家庭环境中养老，社区养老的优势在于可以为老年人和养老机构牵线搭桥，建立连接平台，机构养老的优势在于老年人可以享受到专业化的养老服务。居家社区机构三位一体、协调发展，机构通过连锁化运营等方式进入社区，并为居家老年人提供上门服务，使老年人在家庭中接受专业机构服务，社区也可以从直接服务转变为连接需求与供给的平台，引入专业机构服务，满足社区老年人专业化的养老服务需求，提高居家老年人养老服务质量。医养康养相结合，就是要在满足老年人的生活照料基本服务需求的基础上，为患病老年人提供医疗康复服务，为健康老年人提供教育、旅游、文化、养生等康养服务。

4. 加快融入以首都为核心的世界级城市群建设

2019年末，全省城镇常住人口4374.49万人，与2000年的1741.00万人相比增加了2633.49万人，增长151.26%，年均增长4.97%。2019年，全省常住人口城镇化率达到57.62%，与2000年相比，提高了31.29个百分点，平均每年提高1.65个百分点。同期，全国常住人口城镇化率提高了24.38个百分点，平均每年提高1.28个百分点，河北省城镇化率增速快于全国，与全国平均水平的差距缩小至2.98个百分点。

党的十九大报告提出，"以城市群为主体构建大中小城市和小城镇协调发展的城镇格局"，这为我国推进新型城镇化指明了方向和路径。当前，河北省的城镇化进程处于城镇化率30%～70%的城镇化中后期阶段，城镇化速度较快，但城镇化率接近60%，已经迈入城镇化中后期阶段，总体上从快速扩张转向速度稳定与质量提升并重，城市群成为城镇化的主体形态和现代化建设的重要载体。因此，通过城市群建设优化城市功能和布局、促进资源要素顺畅流动、实现城市合理分工以及大中小城市和小城镇协调发展、有效解决区域内城市发展不平衡不充分问题、带动整个区域高质量发展成为当前城镇化的重要任务。

将河北省城镇化发展纳入京津冀世界级城市群总体框架中，优化空间结构，重塑城镇体系，提升河北城市在京津冀城市群中的地位，是河北省城镇化需要着力推进的重点。第一，打造省域强引擎。举全省之力支持石家庄建设大省会，形成引领省域城镇化的增长极；高标准建设雄安新区社会主义现代化城市，带动冀中南甚至整个河北省的发展；支持唐山做大做强，引领冀东城市群发展。第二，提升区域中心城市和节点城市能级。加强邯郸、保定区域中心城市建设，支持张家口、沧州、承德、秦皇岛、廊坊、衡水、邢台及定州、辛集等节点城市提升能级，为京津冀城市群建设提供重要支撑。第三，推进县城提质扩容。适度拉大县城框架，促进县域要素向县城集中，补短板强弱项，打造城镇化的重要载体。第四，加快发展特色小城镇。推动城市周边的中心镇发展成为卫星城镇、具有产业资源优势的小城镇发展成为专业特色镇、远离中心城市的小城镇发展成为基础设施和服务功能完善的综合性小城镇。第五，推进农村新型社区建设。结合村庄发展基础和区位条件、群众意愿，采取新型农村社区、产业园区、生态功能区"三区同建"方式，统一配套基础设施和公共服务设施，建设农村新型社区，让农民实现就地城镇化。

5. 脱贫攻坚战胜利收官

2012年，河北省共有贫困县62个，其中国家级贫困县45个、省级贫困县17个，贫困人口499万人。2020年初，62个贫困县、7746个贫困村全部脱贫出列，现行标准下的农村贫困人口减少到3.4万人，历史上首次实现了区域性整体贫困的消除。2020年，为推进剩余贫困人口高质量脱贫，河北省分区分级、因户因人精准施策，截止到2020年6月底，全省剩余的3.4万贫困人口全部达到稳定脱贫条件。河北省易地扶贫搬迁坚持"两区同建"，全省规划的632个扶贫产业园区全部建成，406个集中安置项目全部投入使用，13.6万建档立卡贫困人口完成集中或分散安置并落实产业覆盖、创业就业等后续帮扶举措，脱贫率达到100%。"十三五"时期，河北省累计减贫300.4万人，脱贫攻坚战胜利收官，全面小康社会建设实现"一户不落、一人不少"。

脱贫攻坚战虽然已经取得决定性胜利，但扶贫工作不能放松，过渡期内脱贫攻坚政策要保持连续性、稳定性，并加快建立和完善防止返贫监测体系和低收入边缘群体帮扶机制，切实巩固脱贫攻坚成果，防止脱贫人口返贫和贫困边缘人口入贫。脱贫攻坚战胜利收官、全面建成小康社会后，反贫困的形势和任务都发生了变化，要把持续推进产业发展和扩大就业作为贫困地区乡村振兴、新型城镇化和县域经济发展的重要着力点，推动帮扶资源和政策向产业振兴和新农村建设转移，尽快实现脱贫攻坚向乡村振兴的整体转型，要将在脱贫攻坚中发挥了重要作用的长期性、系统性工作机制、政策措施吸纳到乡村振兴新实践中去，乘势而上，推动贫困地区实现乡村振兴。

6. 启动社会发展"十四五"规划

2020年我国全面启动国民经济和社会发展第十四个五年规划编制工作，习近平总书记针对国家规划进行了多次指示批示，召开各层次座谈会，顶层设计和问计于民相结合，十九届五中全会通过了《中共中央关于制定国民经济和社会发展第十四个五年规划和二〇三五年远景目标的建议》，为我国"十四五"乃至更长时期提供了重要的发展指引。河北省委按照中共中央建议精神，及时发布了"十四五"规划建议，为编制河北省"十四五"规划提供了可遵循的依据。

进入新发展阶段的第一个五年，中央和省委的建议都释放出一个明显的信号，那就是社会发展和社会建设受到前所未有的重视，以人民为中心成为基本原则，改善人民生活质量被提到显著位置，促进共同富裕成为基本共识，应关注老人、小孩、妇女、残疾人等特殊群体，滚动实施民心工程，强化基层治理和基层公共服务补短板，全面推进普惠性、基础性、兜底性民生建设。在河北省"十四五"规划编制的同时，社会发展相关部门和领域都相继启动了民生专项规划。从目前各个专项规划的进展情况看，大都能根据中央和省委建议要求，紧密结合本部门、本领域实际谋划布局重点任务。民生类规划应当把着力点集中于四个方面：围绕群众诉求，解决关系国计民生问题；围绕高质量发展需要，解决提高生活品质问题；围绕基层短板，解决打基础、强根基问题；围绕特殊困难群体，解决兜底性保障问题。

四 社会发展对策建议

1.增强基层公共服务实效

增加投资是发展基层公共服务的重要保障，应切实推动公共资源向基层下沉，适当降低基层项目门槛，鼓励企业承揽公共服务项目，福彩、体彩、红十字会基金、残疾人基金等重点支持基层公共服务建设投资项目。推动优秀人才下基层，补齐人才短板是提升基层公共服务水平的关键。完善"三下乡"制度，推进人才下乡程序化、规范化，逐步形成制度化的人才下乡轮值制度，加强基层管理人员、服务人员的职业能力培训，形成集中培训、挂职培训、进修培训相结合的职业能力培训体系。支持社会组织参与基层公共服务建设，社会组织是推进基层公共服务发展的中坚力量，放开基层公共服务设限，规范社会组织购买政府服务程序和标准，增强社会组织承接服务项目的积极性，充分利用近年来正在发展壮大的老年协会、青年志愿者组织、民间基金会、老专家协会等的群众动员能力，多形式、多途径深入基层、深入群众生活，使之成为援助基层公共服务的生力军。强化基层公共服务公共资源支撑基础，公共资源是基层社区发展公共服务的重要物质保障，应发展社区集体经济和集体参与的股份制经济、合作经济，提高集体收益，增加集体经济积累。普查和保护集体预留用地、集体财产和公共设施，积极利用社区办公用房、闲置小学校舍、公共广场绿地、公共祭祀场所，改建扩建各类公共服务用房，有条件的社区可通过租赁经营等方式兴办街边店面、农村专业市场，活跃社区经济。落实新建小区公共服务设施配置标准，保障配置设施及时移交政府开展公共服务。

2. 全面提升应对老龄化的能力

随着河北进入中度老龄化社会，社会对养老服务的需求不断增多，实施积极应对人口老龄化战略成为"十四五"时期社会发展领域的重要战略。结合国外相对成熟的经验，应对老龄化单靠政府力量，远远无法满足社会养老需求，政府要通过财政杠杆和政策红利，积极调动社会力量参与，采取承包、委托经营等方式，鼓励具有较高市场信誉度、专业化水平的服务机构提供养老服务，从而丰富养老服务供给市场，这有利于建立多层次的养老服务供给机制，使养老服务供给更具针对性、更加精细化。严格落实执行养老服务购买补贴，弥补企业的定价缺失，保证民间资本盈利空间。加快建设社区嵌入式小微养老机构，提升养老服务与群众需求的契合度，鼓励开办老年人食堂，设置老年人餐桌，满足老年人群体日间就餐服务需求。总结河北省长期护理保险试点经验，特别是巨鹿县"长期护理保险智慧医养服务平台"的经验，创造适于经验推广的政策条件和制度环境，按照循序渐进、择优发展的原则，分阶段推广长期护理保险。

3. 统筹推进社会发展与安全

提升公共危机应对能力，强化社会危机意识，推动公共危机预防常态化，实现公共危机管理关口前移，把公共危机管理内容纳入政府教育和培训课程体系。完善区域应急联动机制，最大限度地整合跨区域、跨部门的应急力量与资源，完善区域信息通报制度，建立应急资源综合信息管理平台，推动区域间信息互通，在处理重大公共突发事件过程中，实现政策联动、人员联动、物资联动、技术联动等优化配置。强化政府与社会契约联动，实行政府部门与社会组织、专业化服务机构、公共服务型企业、咨询中介组织、特殊专业人员等的签约制度，明确双方责任义务，按照公益性原则，实行相应的补偿机制。加强经济安全风险预警，综合运用调查信息、统计资料、部门工作记录和大数据开展监测分析和预测预警，提升动态监测和实时预警能力。完善社会治理，夯实基层治理根基，推动治理重心下移，向基层放权赋能，制定权责清单，把更多行政执法管理和公共服务职权下放到乡镇（街道）。

4. 深化滚动实施民心工程

河北已连续多年每年谋划20项民心工程，在很大程度上解决了关系群众切身利益的难点问题，并在实践中逐步形成了实施民心工程的长效机制。随着我国进入社会主义发展新阶段，群众对生活质量的期望值也在不断提高，民心工程在聚焦出行、住房、人居环境等方面群众反映强烈的热点问题的同时，也应顺应时代新需求，提质增效，在保基本的同时，也要提升民心工程项目的层次、品质，在保障民生的同时，更要改善民生。优先实施就业质量提升工程，构建经济增长和促进就业的良性循环机制，尤其在新冠肺炎疫情防控常态化的背景下，中小企业发展压力增大，吸纳就业的能力严重受挫，政府要积极鼓励社区就业、灵活就业，优先发展吸纳就业能力强的行业产业，培育就业新增长极，推动实现更充分、更高质量就业。实施高质量全民终身教育工程，畅通人才成长通道，完善职业教育、高等教育、继续教育统筹协调发展机制，探索直接升学、先就业再升学、边就业边学习等多渠道成才方式，鼓励学校和社会力量不断创新服务形式，为所有学习者提升学历水平提供更加便利的教育服务。实施医疗服务提质增效工程，优化区域公共卫生服务资源配置，完善基层网点，明确服务半径，推进基层医疗卫生资源依据常住人口合理优化布局。完善疾病预防控制体系，总结以往防疫抗疫经验，尤其注重提升基层应对突发公共卫生事件能力，筑牢基层第一道防线。实施重点群体关爱工程，加强对退役军人、困境儿童、残疾人等重点群体的关注、关爱、关心。建立完善适度普惠的儿童福利体系，创新救助方式，引入专业社会工作机构对困境儿童进行精准救助，提升新时期社会救助的专业化水平，在保障基本生活的同时，提升救助质量，营造和谐健康的成长环境，提升困境儿童融入社会的能力，增加救助的社会效益。健全退役军人褒扬优抚服务体系，满足军队伤病残军人移交地方医疗需求，改善优抚医院设施和设备条件，提升优抚医院医疗和护理水平。增加残疾人公共服务供给，大力开展精准康复行动，建立健全残疾人就业补贴和奖励制度，提高残疾人受教育水平和职业技能，保障残疾人基本生活。

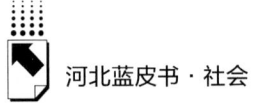

5. 实施大河大山坝上生态修复

加强大运河生态修复。着力解决水源补给问题，在积极挖掘河北省水源、采取有效节水措施的基础上，多渠道调配水源，最大限度地保护原生态景观风貌，构建"林堤滩水"的原生态河道格局，加强河道两岸生态空间管控，开展沿河垃圾清理、河道清淤疏浚等基础性修复工程，全面禁止运河河道采砂，恢复河岸植被，建设多功能生态驳岸。提升坝上生态环境支撑能力，协调京津与坝上生态脆弱区域严格落实执行长期固定化的生态补偿机制，促进区域环境与经济协调发展。积极发展绿色产业，加强清洁能源的开发应用。围绕京津市场，发展都市生态农业，重点发展高附加值的蔬菜种植业，加强特色食品精深加工，努力实现产品由以低端为主向以中高端为主转变。加快太行山生态修复，充分利用矿山、水库、风道周边的宜林区域，种植水源涵养林。注重经济与生态协调发展，积极发展林下经济。建设绿色高效的现代农业生产体系，发展森林康养产业，实现可持续发展。创新造林绿化政府购买服务方式，鼓励和支持社会资本参与太行山绿化，提升造林绿化质量、成效。

6. 积极构建新型城镇化发展新格局

积极构建现代新型城镇体系，优化城乡空间布局，培育发展多种类型的适度规模的城市群，提升河北城镇等级和规模效应。培育城镇化省会极核，举全省之力打造大省会，注重发挥省级财政引领放大效应，吸引更多项目、资源、资金投向省会建设，提升省会城市能级和核心竞争力，打造石家庄现代化都市圈，发挥辐射带动作用，形成省会发展极核。推进县城扩容提质，县城是县域城市形象的代表，是县域城镇化的核心，也是新型城镇化的重要载体，多项调查显示，受教育、就业、婚姻等因素影响，农村人口向县城转移的意愿远远大于向大城市转移，因此要顺应当前农村人口转移的主观需求，推进优质要素向县城集中，高品质、高标准建设县城基础设施，推动优质公共服务资源向县城集中布局，提高县城对产业、人口等各种要素的吸引力。加强重点镇和特色小镇建设，因地制宜地选择发展潜力较大的特色小镇进行重点培养，加大小镇特色产业培育力度，不断延伸产业链，拓展增值链，加强特色小镇内生动力。突显村庄自身特色，顺应城镇化发展规律，分类推进各类村庄发展，建设新型农村社区。结合大运河文化带建设，提升沿线乡村绿化、美化水平，积极发展富民产业，推动乡村产业兴旺与美丽乡村有机衔接。

综合发展篇

Reports of Comprehensive Development

B.2 河北省"十四五"期间就业形势分析

饶立昌 郝雅辉 王聪[*]

摘 要： "十四五"时期是我国"两个一百年"奋斗目标的历史交汇期，也是开启全面建设社会主义现代化国家新征程的重要机遇期。就业是民生之本、稳定之基。本报告对河北省"十三五"期间的就业情况进行梳理总结，研判"十四五"时期河北省面临的形势，进而对河北省"十四五"期间的就业形势进行展望，并提出施策重点，这对于河北省未来稳定就业、发展经济具有十分重要的意义。

关键词： "十四五"时期 就业形势 就业政策 河北省

---

[*] 饶立昌，本科，河北省人力资源社会保障科学研究所所长，主要研究方向为人力资源；郝雅辉，博士，河北省人力资源社会保障科学研究所助理研究员，主要研究方向为人力资源开发；王聪，河北师范大学硕士研究生，主要研究方向为社会保障。

河北省"十四五"期间就业形势分析

一 河北省"十三五"期间就业情况总结

"十三五"时期,是人力资源和社会保障事业发展的关键时期。五年里,面对复杂的国际国内形势,全省人力资源和社会保障部门坚持稳中求进、改革创新、攻坚克难,全面完成"十三五"时期各项目标任务。全省就业更加充分、质量更高,就业规模持续扩大,就业结构更加合理,化解过剩产能过程中职工得到有效安置,公共就业创业服务能力明显提升,人力资源开发和职业技能培训水平显著提高,就业形势保持总体稳定。社会保障体系更加完善和可持续,社会保障制度改革稳步推进,社会保障制度更加完善,保障水平稳步提高,基金运行总体安全、可持续,经办管理服务更加规范高效。人才总体水平显著提升,人才发展环境更加优化,人才活力明显被激发,人才队伍规模扩大、素质切实提高、结构趋于优化。事业单位人事制度改革进一步深化,有效贯彻执行《事业单位人事管理条例》,符合事业单位特点、规范有序、充满活力的人事管理制度基本形成,人员调配政策体系进一步完善,工资制度更加完善,工资正常调整机制更加健全,工资收入水平稳步提高。劳动关系和谐稳定,企业用工管理更加规范,工资收入分配调控管理更加规范,企业职工工资指导线制度更加完善,国有企业负责人薪酬制度改革进一步深化,劳动保障监察执法能力建设、仲裁机构标准化建设和基层调解组织建设推进有力,保障工资支付工作成效显著。信息化人社建设扎实推进,基层公共服务条件明显改善,公共服务能力和水平显著提升。

(一)就业总量持续增长

2016年以来,河北省城镇新增就业人数再上新台阶,2016年达76万人,2017~2019年保持在80万人以上(2017年82.06万人、2018年87万人、2019年89.62万人),完成"十三五"规划目标的87.05%。年末城镇登记失业率保持较低水平,控制在4.50%的目标范围内(2016年3.68%、

2017年3.68%、2018年3.30%、2019年3.12%）（见表1）。零就业家庭保持动态清零，就业形势保持基本稳定。高校毕业生等重点群体就业水平保持平稳，高校毕业生就业率持续增长（2016年95.30%、2017年95.34%、2018年95.50%、2019年95.63%）。供给侧结构性改革深入推进，2016年以来共有320家去产能企业（2016年93家、2017年96家、2018年78家、2019年53家）的14.05万名（2016年5.82万名、2017年5.49万名、2018年1.83万名、2019年0.91万名）分流职工得到妥善安置。

表1 "十三五"规划就业主要指标完成情况

单位：万人，%

主要指标	"十二五"完成情况	"十三五"规划目标	指标属性
城镇新增就业人数	361.20	384.47	预期性
高校毕业生就业率	90	90	预期性
转移农村劳动力人数	385	250	预期性
城镇登记失业率	3.60	4.50以内	预期性

资料来源：河北省统计局。

（二）就业结构不断优化

从城乡结构看，城镇就业人员规模不断扩大，2018年河北省城镇就业人员占全部就业人员的比重上升至31.6%。积极推进农村劳动力转移就业，农村劳动力成为工业化、城镇化、农业现代化进程中崛起的一支新型劳动者大军。2018年就业人员中，第一、二、三产业就业人员分别占32.41%、32.59%、34.99%。2014~2018年，第三产业就业人员占比分别为32.50%、32.93%、33.24%、34.31%、34.99%，第三产业逐渐成为吸纳就业的主体，就业结构特征与产业结构变化基本一致，呈现了由二、三、一向三、二、一的变化，就业结构不断优化。

（三）就业政策体系日臻完善

积极就业政策全面发力。积极应对新形势、新情况，不断丰富、完善促进就业创业的政策措施，更加突出创业和就业紧密结合、支持发展新就业形态、拓展就业新空间。积极就业政策迭代升级，形成了鼓励自主创业、企业吸纳就业、做好就业援助、职业技能培训、公共就业服务、支持就业扶贫6个方面若干个补贴政策体系。公共就业创业服务体系创新发展，建立了覆盖省、市、县、街道（乡镇）、社区（村）的五级公共就业创业服务网络，确立了以免费提供政策咨询、信息发布、职业指导、职业介绍等服务为核心的基本公共就业创业服务制度，覆盖城乡的公共就业创业服务体系基本形成。开展就业扶贫，促进贫困劳动力实现就业。建立台账，开展"一对一"精准帮扶。对有条件、有意愿外出务工的，帮助实现就业；对无法离乡、无业可扶、无力脱贫的，通过扶贫公益岗兜底帮扶；对已就业和退出劳动力市场的，每十天走访一次，及时提供帮扶。截至2020年5月，全省82.3万名建档立卡贫困劳动力已实现就业62.8万人。

（四）多渠道开发就业创业岗位

"十三五"期间，全省每年都会举办"春风行动"和民营企业招聘周活动（2018年以来，增加举办金秋招聘月活动）。通过广泛征集用工岗位，开展多样化招聘，促进供需匹配，助力企业发展，为各类劳动者提供有针对性的岗位服务，促进劳动者实现就业。各项活动举办期间，全省各地共组织各类招聘活动4100余场，帮助159.3万名劳动者实现就业。2018年以来，省人社厅每年举办就业创业成果展示交流活动，展示全省人社部门就业创业服务成果，搭建就业创业交流平台，宣传就业创业扶持政策，进一步营造出浓厚的创业氛围，激发全社会创业创新热情。

"十三五"期间，大力推进创业培训工作的开展。2016年至2020年5月，全省累计为35.02万人提供创业培训服务。加强创业师资队伍建设，组织开设创业培训师资培训班和创业培训师资提高班，通过培训，壮大了全省创业培训的师资队伍，截至2020年5月，全省创业培训师资已达1400余人；组织创业培训讲师大赛，分享创新培训技术和方法，交流创业指导经验，全面提升河北省创业培训师资能力，在2019年度第二届全国创业培训讲师大赛总决赛中，河北省获得第一名；加强对全省创业培训师资的管理，建立创业培训讲师师资库，激励创业培训师资不断提高自身业务水平和能力素质，逐步建设与创业培训要求相适应的高素质创业培训师资队伍，更好地满足城乡劳动者对优质创业培训服务的需求；积极组织创业培训进校园，通过向毕业年度高校毕业生宣讲创业培训政策，激发学生创业培训意识，提高其创业培训积极性，促进创业培训工作开展。

充分发挥各级基层就业服务平台的职能作用。通过每年开展的就业援助月专项活动，入户走访摸清就业困难人员的底数，结合就业意愿，有针对性地落实全年各项就业援助措施，跟踪就业帮扶。"十三五"期间，全省736户零就业家庭均获得了及时妥善的就业帮扶，保证了困难家庭至少一人实现就业，确保了零就业家庭动态清零责任目标的实现。

持续加大创业担保贷款政策落实力度。按照国家创业担保贷款政策调整要求，制定《河北省创业担保贷款实施办法》，提出具体的落实措施，不断降低贷款申办门槛，为方便群众简化办理流程，增强扶持创业带动就业的政策效应，贷款发放额度逐年提高。"十三五"期间（截至2020年5月底），累计发放创业担保贷款72.46亿元，扶持77446人自主创业，带动224091人实现就业，创业担保贷款政策作用得到充分体现。

二 河北省"十四五"面临的形势

"十四五"时期，小康社会已全面建成，以国内大循环为主体、国内国际双循环相互促进的新发展格局逐步形成。党中央将稳就业、保居民就业作为"六稳""六保"第一位工作，我国已转向高质量发展阶段，制度优势显著，治理效能提升，经济长期向好，物质基础雄厚，人力资源丰富，发展韧性强劲，社会大局稳定，发展具有多方面有利条件。

河北省区位优势明显，重大国家战略和国家大事为其带来前所未有的宝贵机遇和战略支撑：京津冀协同发展、规划建设雄安新区、筹办北京冬奥会等重大战略实施,蕴含巨大的就业需求。产业体系完备,农业现代化进程加快,工业化体系不断完善,服务业对经济增长的拉动作用明显增强。交通优势突出,世界级城市群、京津冀机场群、环渤海港口群为河北省融入国际国内市场奠定了坚实基础。市场空间广阔,京津两大都市和河北省城乡内需潜力巨大。政治生态优化,干部队伍忠诚干净、担当实干,当好首都政治"护城河"成为全省上下的高度共识和自觉行动。全省经济形势恢复向好,企业经营日渐复苏,经济效益稳步提升,给全省就业工作带来利好。大数据信息技术不断发展,将民生大数据分析做准、做细、做精,将为全省就业创业、社会保障、人才队伍建设提供科学决策、精准管理、人本服务、智慧经办等重要支撑。

(一)河北省三次产业就业形势分析

由表2可知,2010~2018年第一产业就业人数呈递减趋势,第二产业就业人数大体上先增长后减少,第三产业就业人数呈增长趋势。

表2 2010~2018年河北省三次产业就业人数及其占比

单位:万人,%

年份	各产业就业人数			各产业就业人数占比		
	第一产业	第二产业	第三产业	第一产业	第二产业	第三产业
2010	1464.21	1250.85	1150.08	37.88	32.36	29.76
2011	1439.63	1319.83	1202.96	36.33	33.31	30.36
2012	1426.27	1400.79	1258.68	34.91	34.28	30.81
2013	1404.49	1438.07	1341.37	33.57	34.37	32.06
2014	1398.88	1437.79	1365.99	33.29	34.21	32.50
2015	1387.83	1437.43	1387.24	32.95	34.12	32.93
2016	1380.33	1439.74	1403.88	32.68	34.09	33.24
2017	1366.90	1396.58	1443.18	32.49	33.20	34.31
2018	1360.05	1367.67	1468.37	32.41	32.59	34.99

资料来源:历年《河北经济年鉴》。

2010~2018年第一产业就业人数从1464.21万人递减至1360.05万人；第二产业就业人数2010~2013年呈明显的递增趋势，从1250.85万人增长至1438.07万人，2014~2018年大体上呈减少趋势（2016年有少量增长），从1437.79万人减少至1367.67万人；第三产业从2010年的1150.08万人连续增长至2018年的1468.37万人。

从三次产业就业结构看，2010~2018年第一产业就业人数占比呈下降趋势，从37.88%下降至32.41%；第二产业就业人数占比，2010~2013年从32.26%上升至34.37%，2014~2018年从34.21%下降至32.59%；第三产业就业人数占比呈上升趋势，从29.76%连续上升至34.99%。

下面，观察一下2014~2018年河北省分行业就业人数及其变化情况（见表3、图1）。

第一产业中，农、林、牧、渔业就业人数呈递减趋势，从2014年的1398.88万人递减至2018年的1360.05万人，5年间减少38.83万人，就业人数年均增长率为-0.70%。

第二产业中，只有电力、热力、燃气及水生产和供应业（和第三产业联系最为紧密）的就业人数呈增长趋势，5年间从38.02万人增长至44.31万人，共增长6.29万人，年均增长率为3.90%。而采矿业、制造业、建筑业就业人数大体上均呈减少趋势，其中5年间，建筑业就业人数减少最多，共减少43.44万人，采矿业减少21.82万人，制造业减少11.15万人。

第三产业中，观察就业人数增量，住宿和餐饮业就业人数增量最多，共增长33.92万人，其次是批发和零售业，共增长28.02万人，教育行业排第3位，共增长15.79万人。2014~2018年，第三产业中就业人数大体上呈减少趋势的行业有交通运输、仓储和邮政业（共减少16.81万人，减少最为明显）及房地产业（共减少0.16万人）、租赁和商务服务业（共减少0.17万人）。

观察就业人数年均增长率，金融业就业人数年均增长率最高，为6.28%；住宿和餐饮业排在第2位，为4.57%。

河北省"十四五"期间就业形势分析

表3 2014~2018年河北省分行业就业人数及其变化情况

单位：万人，%

三次产业	行业	年份					5年间变化	年均增长率
		2018	2017	2016	2015	2014		
第一产业	农、林、牧、渔业	1360.05	1366.90	1380.33	1387.83	1398.88	-38.83	-0.70
第二产业	采矿业	72.67	83.46	86.71	89.78	94.49	-21.82	-6.35
	制造业	842.60	858.10	861.68	858.85	853.75	-11.15	-0.33
	电力、热力、燃气及水生产和供应业	44.31	39.97	38.97	38.51	38.02	6.29	3.90
	建筑业	408.09	415.05	452.38	450.29	451.53	-43.44	-2.50
第三产业	批发和零售业	408.91	406.44	391.34	385.83	380.89	28.02	1.79
	交通运输、仓储和邮政业	184.28	193.05	202.18	200.63	201.09	-16.81	-2.16
	住宿和餐饮业	207.08	195.01	179.97	176.56	173.16	33.92	4.57
	信息传输、软件和信息技术服务业	28.15	28.18	27.68	27.80	28.14	0.01	0.01
	金融业	45.07	42.76	40.05	37.56	35.33	9.74	6.28
	房地产业	18.15	15.27	20.31	19.18	18.31	-0.16	-0.22
	租赁和商务服务业	43.32	42.80	43.86	47.81	43.49	-0.17	-0.10
	科学研究和技术服务业	19.14	16.93	19.25	17.60	17.27	1.87	1.95
	水利、环境和公共设施管理业	21.64	20.43	19.90	19.35	18.92	2.72	3.42
	居民服务、修理和其他服务业	146.44	142.43	139.77	137.00	135.30	11.14	2.00
	教育	140.40	140.79	124.74	125.13	124.61	15.79	3.03
	卫生和社会工作	67.28	65.96	64.23	62.87	60.18	7.10	2.83
	文化、体育和娱乐业	20.53	20.21	19.72	19.45	19.04	1.49	1.90
	公共管理、社会保障和社会组织	117.98	112.92	110.88	110.47	110.26	7.72	1.71

资料来源：历年《河北经济年鉴》。

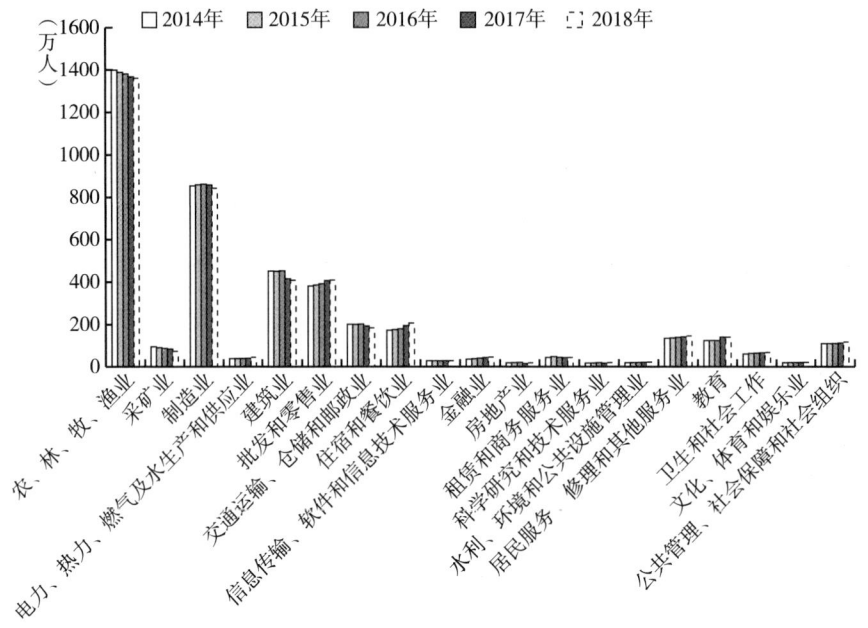

图 1　2014～2018 年河北省分行业就业人数情况

资料来源：历年《河北经济年鉴》。

（二）河北省三次产业就业结构转型分析

观察三次产业就业人数情况，2010～2018 年第一产业从 1464.21 万人递减至 1360.05 万人；第二产业 2010～2013 年呈递增趋势，从 1250.85 万人递增至 1438.07 万人，2014～2018 年大体上呈减少趋势（2016 年有少量增长），从 1437.79 万人减少至 1367.67 万人；第三产业从 1150.08 万人递增至 1468.37 万人。故大体上，第一产业和第二产业就业人数呈减少趋势，第三产业就业人数呈增长趋势。

观察三次产业分行业就业人数情况，第一产业中农、林、牧、渔业就业人数呈递减趋势。第二产业中，除电力、热力、燃气及水生产和供应业就业人数呈递增趋势外，其他行业大体上均呈减少趋势。第三产业中，就业人数增量排在前 3 位的行业为住宿和餐饮业（33.92 万人）、批发和零售业

(28.02万人)、教育行业(15.79万人);就业人数年均增长率排在前2位的行业为金融业(6.28%)、住宿和餐饮业(4.57%)。

三 河北省"十四五"就业展望分析

(一)实施就业优先政策,实现更加充分、更高质量就业

坚持劳动者自主就业、市场调节就业、政府促进就业和鼓励创业,实施就业优先政策,促进创业带动就业,抓好重点群体就业,深入推进终身职业技能培训,强化全方位公共就业服务,有效应对失业风险,实现更加充分、更高质量就业。

1. 坚持就业优先政策

将稳定和扩大就业作为经济发展的优先目标,健全财政、金融等宏观经济政策对就业影响的评估机制,促进经济发展与扩大就业形成良性互动。围绕创造岗位多的项目,依托吸纳就业能力强的行业产业,培育就业增长极。强化政府就业主体责任,健全县以上政府就业工作组织领导机制,建立跨层级、跨部门、跨区域的失业风险协同应对机制,完善就业目标责任制、工作督查考核机制。

2. 实施统筹城乡的就业政策

创新完善就业政策体系,支持中小微企业、民营企业等各类市场主体吸纳就业,扶持劳动者自谋职业、自主创业,增强政策针对性、有效性。拓宽农村劳动力就地就近就业、外出就业和返乡创业渠道,推动城乡劳动者在就业地平等享受就业服务政策。持续加大各级财政就业补助资金投入力度,提升资金使用效益。健全科学的就业失业统计体系,完善就业需求调查预测和失业预警监测机制,有效防范规模性失业风险。

3. 统筹做好重点群体就业

把高校毕业生就业作为就业工作的重中之重,拓宽高校毕业生就业渠道,引导鼓励高校毕业生到城乡基层就业,开发更多适合高校毕业生的高质量就业岗位。实施高校毕业生就业创业促进计划,强化不断线就业服务,搭

建职业指导、职业培训、就业见习、创业实践平台。实施"三支一扶"计划等基层服务项目，畅通基层成长发展通道，引导更多毕业生到基层就业。加强困难毕业生和长期失业青年的就业帮扶。落实乡村振兴战略，支持农民工返乡创业，促进农村劳动力转移就业和就地就近就业。健全就业援助制度，对就业困难人员实行实名制动态管理和分类帮扶，确保零就业家庭、最低生活保障家庭等困难家庭至少一人实现就业。针对通过市场渠道难以实现就业人员，开发公益性岗位托底安置。统筹做好妇女、残疾人、贫困劳动力等群体的就业工作。

4. 鼓励支持创业带动就业

鼓励大众创业、万众创新，优化创业创新环境，完善创业担保贷款政策，扩大创业担保贷款规模，鼓励多层次、多形式的金融资本支持创业创新。推广新型创业孵化模式，加快发展众创空间，建设创业孵化载体，提供低成本、便利化、全要素创业服务，支持劳动者成功创业。加大创业培训力度，推进河北省创业大学建设，打造创业带动就业升级版。加大鼓励创业政策实施力度，全面兑现创业担保贷款、创业补贴、社会保险补贴、场地租金补贴等政策，以促进创业带动更多劳动者就业。组织开展创业创新大赛和交流活动，营造全社会支持关心创业创新的良好氛围。组织实施创业培训，加强监督管理，强化跟踪指导和后续服务，提高创业成功率。

5. 提升职业技能培训水平

健全覆盖城乡全体劳动者、适应全省经济社会发展需求的终身职业技能培训制度，建设知识型、创新型、技能型劳动者大军。落实高校毕业生、农民工、退役军人、贫困家庭子女等重点群体免费接受职业技能培训政策。推进企业新型学徒制，培养壮大企业高技能人才队伍。推进技工院校体制改革，建设一批高质量、高水平、高层次的技工院校，培养适应新经济、新业态、新模式的新型技能人才。实施技工教育质量提升工程，加大校企合作、专业建设、教材建设、教学改革、师资培养工作推进力度，提升技工教育办学质量和技能人才培养水平。开展技能提升"展翅行动"。健全职业技能竞赛体系，提升职业技能竞技水平。开展职业技能培训国际交流与合作。

6. 健全人力资源市场体系

推动形成统一开放、竞争有序的人力资源市场体系。加强人力资源市场法律法规建设，研究制定"河北省人力资源市场条例"，规范人力资源市场秩序。完善人力资源市场监管体制，优化人力资源服务业营商发展环境。加强人力资源市场诚信建设，开展人力资源诚信服务机构评选工作。完善人力资源市场评价机制，落实"人力资源服务京津冀区域协同地方标准"，开展人力资源服务机构等级评定。

7. 推动人力资源服务业高质量发展

推进人力资源服务业扩大产业规模，优化行业结构，壮大人才队伍，增强服务能力，提升对经济增长的贡献率。支持建设国家级人力资源服务产业园，在雄安新区筹划建设"中国雄安人力资源服务产业园"。筹划建设河北省人力资源市场雄安分市场，鼓励各市建设省级人力资源服务产业园，并根据经济发展和产业转型需要，建设有规模、有辐射力、有影响力的地方性人力资源服务产业园和专业型、行业型人力资源市场。

8. 加强公共就业创业服务体系建设

落实就业困难群体各项就业政策，建立完善就业困难对象长效援助机制，帮助更多就业困难对象实现稳定就业。组织开展"春风行动"、民营企业招聘周活动、金秋招聘月活动等公共就业服务专项活动，强化舆论宣传、专场招聘、岗位推荐等措施。推进就业见习工作，开展实名制管理，优化服务流程，实施跟踪服务，提高见习人员见习期满后的就业率。发挥创业指导专家库、创业项目库、创业担保贷款和创业孵化园的作用，开展创业扶持政策宣传、创业咨询、创业指导、创业项目推介等创业服务，举办创业展示和交流活动，引导帮助城乡劳动者自主创业，营造创业氛围，推动创业带动就业。

9. 完善失业监测预警机制

完善失业保险促进就业政策体系，落实失业保险稳岗返还政策，帮助企业稳定就业岗位。健全研判失业形势与应对规模性失业风险相结合的失业监测预警机制，提高监测数据质量，加强就业失业形势分析研判，密切关注重点地区、重点行业、重点人群的失业风险，提高研判精准性，对较大规模失业风险实施预测预警。开展失业调控，完善失业调控预案，有效防控规模性失业风险。

（二）健全劳动关系协调机制，构建和谐劳动关系

依法规范用工管理，加大对劳动合同制度实施的指导和监督力度。完善劳动人事争议仲裁办案制度，推动各类劳动纠纷调解衔接联动。加强劳动保障监察执法能力建设，做好保障农民工工资支付工作。

1. 健全劳动关系协调机制

加强协调劳动关系三方机制建设，开展和谐劳动关系创建活动。健全劳动合同制度，依法规范用工管理，维护新就业形态劳动者劳动权益，指导共享用工规范健康发展，加大对劳动合同制度实施的指导和监督力度，提高企业劳动合同签订率。加强对劳务派遣的监管，规范劳务派遣用工。推进集体合同和集体协商制度，扩大集体合同覆盖面，增强集体协商实效性。实施劳动关系"和谐同行"能力提升行动。加强劳动关系形势分析，建立健全劳动关系风险监测预警体系。

2. 改进和加强企业工资收入分配工作

健全企业薪酬调查和发布制度，全面落实最低工资标准调整制度和企业职工工资指导线制度。规范工资收入分配秩序，加强国有企业负责人薪酬和工资总额管理，推进国有企业工资决定机制改革，提高劳动报酬在初次分配中的比重，加大工资收入分配差距调节力度，着力增加一线劳动者劳动报酬，推动更多低收入劳动者进入中等收入行列。制定国有企业工资内外收入监督管理办法。

3. 完善劳动人事争议调解仲裁体制机制

健全争议多元处理机制，推动人民调解、行政调解、专业性行业性调解、仲裁调解、司法调解衔接联动。加强调解、仲裁与诉讼衔接，逐步统一裁审受理范围和法律适用标准。强化基础保障，加强劳动人事争议仲裁院标准化建设，推进"互联网+调解仲裁"建设，提升案件处理智能化水平和服务能力。加强仲裁机构队伍建设，充实一线专职调解员、仲裁员力量，加强职业培训，提升调解仲裁队伍素质。完善京津冀集体争议跨区域协调合作处理机制。

4. 加强劳动保障监察执法能力建设

贯彻落实《保障农民工工资支付条例》，以根治欠薪为重点推进建立劳动保障监察举报投诉反映和监管平台，开展执法专项行动，切实维护农民工劳动报酬权益。深化劳动保障守法诚信制度建设，加大重大劳动保障违法行为社会公布和欠薪"黑名单"管理力度。规范执法程序，创新执法方式，健全自由裁量权制度。强化劳动保障监察执法能力建设，实施分级分类培训，提升执法规范化、标准化、专业化水平。推进智慧监察系统建设，完善监控预警功能，提升分析研判能力，切实提高劳动保障监察执法效能。探索新就业形态劳动保障权益维护机制。

5. 推动农民工市民化

将农民工纳入就业失业登记范围，为农民工提供求职、用工、培训和社会保险服务。推进职业技能提升行动，开展百万农民工培训，将农民工纳入终身职业培训体系。鼓励引导农民工取得职业资格证书，提高农民工就业创业能力和职业素质。落实支持农民工返乡创业政策，为有创业意愿的农民工提供创业指导、创业培训、创业孵化等服务。鼓励农民工参加城镇职工社会保险，做好城乡社会保险制度衔接，维护农民工社会保险权益。

（三）提升公共服务能力和水平

持续推进系统行风建设，以基本公共服务均等化、标准化、信息化为方向，继续加强公共服务设施建设，推进"信息化人社"建设，实施"互联网＋人社"行动，健全覆盖城乡、普惠可及、保障公平、可持续的基本公共服务体系，全面提升公共服务能力和水平。

1. 推进公共服务便捷化

简化优化服务流程，推进综合柜员制服务，压缩服务事项办理时限。完善服务事项清单和办事指南。主动向社会公开服务事项清单、办事指南和工作规程，为服务对象提供清晰指引。积极探索公共服务的"堵点"问题，对程序相近、材料相同、结果关联的事项整合实行"打包办理"。开展"减证便民"行动，推动"放管服"改革向深层次拓展。清理各项证明材料，取消不符合规定的无谓证明、奇葩证明。

2. 加强公共服务设施建设

按照整合、补缺、提升的原则，统筹规划，协调推进，提升人力资源和社会保障公共服务平台建设水平。继续加强县及县以下人力资源和社会保障综合服务设施建设。提高县、乡两级服务平台建设水平，明显改善服务条件，提升服务质量。

3. 加快标准化、信息化建设

统筹推进人力资源和社会保障信息化建设，加强信息系统建设。建立"互联网＋就业"服务平台，强化线上线下相结合。强化公共招聘网服务功能，及时公布人才供给与市场需求信息。加强社会保险标准化建设，推行多险合一的综合柜员制经办模式，推动跨地区、跨部门、跨层级社会保险公共服务事项统一经办、业务协同和信息共享。推进全省统一的社会保险公共服务平台建设。

提升大数据支撑服务能力，推进公共服务领域大数据应用，为服务对象提供精准化、个性化服务。结合行业特征及国家信用体系发展现状，探索建立人力资源和社会保障行业信用体系。

加强信息化基础设施建设，提升数据中心实时业务支撑能力，完善灾备机制，推动信创应用。建立健全信息安全保障机制，落实信息安全等级保护制度。建设统一的网络安全信任机制，确保数据安全和重要信息系统业务服务的连续性。

4. 加强队伍能力建设

窗口单位推行综合柜员制，合理划分窗口功能，实施同类窗口合并和功能重组。完善"前台综合受理、后台分类审批、综合窗口出件"的服务模式，实行"一窗受理、一窗通办"，推动"不见面审批"和"秒批"。常态化开展窗口经办人员业务技能练兵比武，建立考核奖励机制，推进全员参与，将练兵比武向纵深拓展。组织窗口经办人员参加各级各类业务培训，将行风建设纳入年度业务培训内容。

5. 强化常态化监督

对窗口单位开展常态化调研暗访，对重点地区、重点单位、重点业务开展体验式暗访。查摆政策制定"最后一公里"存在的突出问题，形成清单，督促整改落实。加强警示教育，及时通报行风建设负面案例。开展群众满意度测评，对窗口工作人员服务态度、服务能力、办事情况进行客观、全面评估。严格窗口单位作息时间，落实AB岗、服务大厅带班值班等制度。健全政务服务"好差评"机制，科学设置政务服务评价指标，构建覆盖线上、线下政务服务全部内容和全部过程的全方位、多角度评价指标体系。

参考文献

人力资源和社会保障部：《人力资源和社会保障事业发展"十三五"规划纲要》，中国政府网，2016年7月6日，http：//www.gov.cn/gongbao/content/2017/content_5181097.htm。

李克荣等：《"十三五"期间河北省大学生就业对策研究》，《河北科技大学学报》（社会科学版）2017年第3期。

宋凤轩、朱碧莹：《河北省促进就业创业政策运行评价与完善对策》，《河北经贸大学学报》（综合版）2020年第2期。

扈淑萍：《河北省中长期经济社会发展形势及人才需求预测分析》，《经济论坛》2019年第18期。

龚小红：《劳动力供给总量矛盾趋缓——河北省劳动年龄人口现状及变动趋势分析》，《统计与管理》2014年第3期。

孙丹、冯文斌：《多部门动态模型与"十三·五"规划指标预测》，《价值工程》2018年第12期。

齐蒙：《ARMA模型视角下的河北省劳动就业分析》，《商》2015年第33期。

贺银凤：《影响河北社会稳定的因素及政策应对》，《河北学刊》2014年第2期。

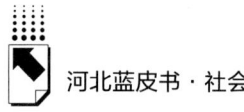

严晓萍:《京津冀区域河北省基本公共服务差距及对策》,《经济论坛》2020 年第 7 期。

郑东亮、陈云:《完善就业形势分析主要指标统计监测体系研究》,《中国劳动》2016 年第 8 期。

谢映菁:《基于 SMART 原则的大学生就业指导路径研究》,《湖北开放职业学院学报》2020 年第 8 期。

B.3
河北省城乡社会治理发展报告

王凤丽 王文娟*

摘　要： 2020年河北省社会治理工作成效明显，取得抗击新冠肺炎疫情斗争的重大战略成果，不断完善社会治安防控和城乡社区治理体系，着力解决群众关心的重点、难点问题，打击犯罪、保护社会稳定，提升基层治理水平、着力增进民生福祉。但全省社会治理领域还存在一些共性问题：重视程度有待提高，社会治理的政策逻辑有待完善，社会组织发展环境亟待改善，大数据是"双刃剑"，基层自治组织需"去行政化"，社会治理专业技术人才短缺等。河北省是农业大省，城乡社会治理重点、难点有差异：城市社区治理问题主要与城市化率迅速提高而配套设施和服务没跟上等有关，农村社会治理问题则与人口结构失衡、宗族乡约瓦解、公共政策不完善等有关。今后社会治理工作应重在提升公信力、执行力、精准度和应对力。

关键词： 社会治理　大数据　社会组织　河北省

一　2020年社会治理基本形势与成绩

2020年度，河北省社会治理工作取得显著成绩。全省完善"党委领导、

---

* 王凤丽，社会学博士，河北省社会科学院副研究员，主要研究方向为文化社会学；王文娟，本科，河北省老干部局活动中心会计，主要研究方向为城乡经济与社会发展。

政府负责、民主协商、社会协同、公众参与"的社会治理机制,切实调动群众积极性、主动性、创造性,以改革创新精神稳步推进社会治理体系建设和治理能力现代化建设,加强社会治理体系建设,形成全覆盖的治理格局。全省按照习近平总书记的指示精神和中央、省委的具体部署,瞄准共建共治共享,强化党委领导、总揽全局、协调各方的机制,强化政府主导、联动融合、集约高效的治理机制,强化社会协同、开放多元、互利共赢的机制,构建新时代社会治理新格局。

一是取得抗击新冠肺炎疫情斗争重大战略成果。2020年初突然暴发的新冠肺炎疫情,是2020年各行各业无法忽视的问题。由于河北省内环京津的特殊地理位置,全省疫情防控工作任务尤其重要,且与社会治理工作密切相关,在广大基层社区,防疫工作与社会治理工作内容重合、行动统一。在以习近平同志为核心的党中央坚强领导下,省委、省政府带领全省人民坚决落实党中央决策部署,在疫情防控工作中提前预警、迅速行动、措施得力、效果明显,全省疫情防控工作取得明显成效,保障了全省人民的生命安全;2020年春节后全省各地陆续出台企业纾困及经济修复政策,在常态化防疫时期全面保障了社会稳定、民生福祉与经济发展。

二是进一步完善立体化、信息化社会治安防控和城乡社区治理体系。扎实推进全省市域社会治理现代化、全力做好社会矛盾排查调处和信访维稳工作。河北省迁西县在高耸的铁塔上架设了202个高点位双目热成像云台摄像机,安装低点位公共安全视频监控1759个,设置村居服务平台427个,开发网络员手机App终端1600个。通过高点巡航、低点监控、网络员巡逻、群众数字电视监管、市民服务热线,上下贯通,全天候监视,一网覆盖90%的县域面积、122家工业企业、137万亩林地、428个村居,实现了多领域监控无死角、无盲区。不管你在全县境内出出进进干什么,"天眼"都能尽收眼底、看得清清楚楚。

三是进一步加强与群众生产生活的联系,解决好群众的操心事、烦心事和揪心事。围绕近年来群众普遍关心的重点、难点问题,全省统一部署,加强"一乡镇一法庭"建设,近2000个法庭将司法调解延伸到最基层,延伸至诉讼前；全省行业性、专业性调解组织达到了1077个，在雄安新区成立了首家水上调解中心，依托石家庄市行业性、专业性纠纷多元化解中心成立了河北首家金融消费纠纷调解室，有效填补了河北水上调解和金融消费纠纷调解的工作空白。衡水市制定推进衡水市社会治理体系现代化建设工作方案、创新社会治理现代化体系工作台账，针对推进社会治理的工作体制、工作布局、工作方式和组织保障提出33项重点工作和109项具体任务，有力有序确保各项工作全面铺开、扎实推进。

四是继续依法打击各类违法犯罪，保持社会大局稳定。2020年前8个月，按照公安部统一部署，河北省公安厅成立了由网安总队牵头、多警种联合作战的"净网2020"专项行动工作办公室，持续发力，严厉打击各类网络违法犯罪，全面清理网上违法有害信息，保护公民隐私信息不受侵犯，打掉多个网络违法犯罪团伙。截至2020年9月上旬，全省公安机关已侦破各类涉网违法犯罪案件14430起，并抓获犯罪嫌疑人20562人。其中，侦办帮助信息网络犯罪活动类案件516起，抓获犯罪嫌疑人1386人；侵犯公民个人信息类案件166起，抓获犯罪嫌疑人395人；"黑客"类案件54起，抓获犯罪嫌疑人115人。

五是进一步提升基层治理水平，着力增进民生福祉。全省持续实施20项民心工程，用心用情用力办好群众得实惠的好事实事。河北廊坊瞄准薄弱环节，全力提升城市治理水平：开展老旧小区改造提升工程，解决房龄过长、屋顶漏水等居民生活难题；加强生态文明建设，通过治理河道、植树增绿等措施，美化生态环境；提出标准化建设方案，让农贸市场面貌焕然一新；规划布局停车位，有效解决乱停放和交通拥堵等问题，多措并举，大力推进文明创建常态化。如清河县各村设立"金牌大柜"组织，推行"大调解"模式，充分发挥信访调解员、新乡贤等的作用，解决群众的矛盾纠纷。卢龙县建立多家"个人品牌调解室"，及时化解本地矛盾纠纷，发挥了调解能手的引领示范作用，该调解模式正在各地的探索实践中不断发展。盐山县降低路牙、盲道后移，增划停车位13600余个，停车上便道，解决群众停车难问题；同时选拔86名交通辅警担任全县中小学交管副校长，宣传交通法

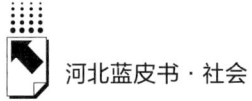

规,培养中小学生良好的交通习惯,逐村踏查上下学路径,提醒家长、学生注意的路段和事项,从根本上消除中小学生上下学交通隐患。

二 2020年全省社会治理领域存在的共性问题

(一)对社会治理工作的重视程度有待提高

全省各地对社会治理工作重视程度不够,其主要原因在于自上而下缺乏社会治理工作综合考核机制。相比经济发展工作,社会治理工作的考核、目标、激励等弹性较大。不少基层干部熟悉经济管理业务,但有的干部对社会治理工作认识不深刻,把社会治理等同于治安维稳;有的干部对社会保障、医疗卫生、公共服务等民生保障领域工作"下沉"不够、不细、不实;有些基层社会治理流于形式或"一刀切";有些地方社会治理工作依赖于"一把手"态度,"人走政息"现象时有出现。以2020年初疫情防控为例,基层政府普遍缺乏救急之备、救急之策和救急之资,只能坐等上一级政府的明确指示、具体要求和物资帮助,正是基层政府社会治理能力薄弱的体现。

(二)社会治理的政策逻辑有待完善

十九届四中全会提出了新时期国家治理的总要求和重点任务,但省级及其以下地方社会治理的政策框架和工作机制尚需进一步明确。地方政府在公共行政体系中有双重角色:既是上级政策或决策的执行部门,受上级部门的监督和约束,又承担本地经济发展、群众生计、社会治安等方面的任务。基层部门往往同时受层级管理和垂直管理,在制度逻辑、运行逻辑、机制办法、指令协作等方面,存在职能交叉、责任不清的现象。以2020年初疫情防控为例,各地基层部门在执行决策、落实上级措施过程中,暴露出不少短板、漏洞:有的防控不力、有的过度防疫,不同地方对防疫措施要求标准不同,既呼吁复工复产又存在封门堵路等彼此"打架"的现象,增加了地方社会治理的不确定性和工作难度。

（三）社会组织发展环境亟待改善

社会组织在疫情防控阻击战中发挥了重要作用，不仅直接参与救援物资的筹集、运输和分发，还在传递救援信息、志愿服务社区、传播正能量中起到不可替代的作用。而河北省社会组织和社会团体发展不充分，在社会治理方面还有很大的提升空间。截至2018年末，河北省每万人社会组织和社会团体数明显低于全国平均水平（见表1）。

表1　2018年末各省区市（不含港澳台）每万人社会组织和社会团体数

单位：个

省区市	每万人社会组织和社会团体数	省区市	每万人社会组织和社会团体数	省区市	每万人社会组织和社会团体数
甘肃	18.19	重庆	8.09	山东	6.85
青海	16.91	云南	7.94	黑龙江	6.77
江苏	16.19	北京	7.92	山西	6.14
浙江	14.84	江西	7.90	贵州	5.72
宁夏	14.59	广西	7.88	新疆	5.66
福建	11.95	四川	7.70	河南	5.43
陕西	11.53	湖南	7.36	河北	4.81
海南	10.92	湖北	7.13	天津	4.65
内蒙古	9.98	安徽	7.08	西藏	3.37
广东	8.66	吉林	6.99	全国平均	8.50
上海	8.37	辽宁	6.90		

资料来源：根据国家统计局公布的社会组织数、社会团体数、年末人口数计算制表。

（四）大数据是社会治理的"双刃剑"

大数据技术不仅为社会治理提供了新视角，还为社会治理的科学性、精准性和协同性提供了重要的技术支撑。大数据推动了社会治理体系从政府单向治理走向多元协同治理：推进政府各部门政务协同、实现部门数据信息的整合和共享；打破了原有的行政壁垒和数据封锁，实现从数据碎片化的部门型治理向数据整体性的跨部门协同治理的转化，提升了政府行政效能。但是，在大数据技术迅速发展的同时，有关法律法规却相对滞后，针对大数据的信息采集、敏感分级、授信使用、共享权限和保密规定等方面，目前河北省尚无相应的法规或制度。大数据有可能成为社会治理的重大风险源，一是大数据信息被不当利用，如买卖用户资料、"精准"诱导消费直接损害公众利益，大数据甚至还会被用于"人肉曝光"、网络诈骗或网络恐吓等；二是大数据泄密将直接侵犯公民隐私，挑战社会安全、公平和正义，甚至有可能影响我国国家安全。网络犯罪随着科技的发展，将呈现出更多、更复杂的趋势，是今后社会治理重点内容之一。

（五）基层自治组织需"去行政化"

基层政府近年来的工作重心，从先前收取"三提五统"，到后来的经济创收，目前已转移到社会管理和公共服务方面。河北省现有自治组织52957个（其中城市社区居委会4233个，农村村民委员会48724个）。在城市社区，一些原本承担具体工作、开展具体业务的区级部门，其角色从直接接触居民变成督促街道和社区开展工作，往往没有办法第一时间发现基层的难处和问题，甚至可能存在脱离基层社会治理的风险。居委会职能向社区服务中心转化，但不少社区居委会主任甚至不是本小区居民，较浓厚的行政色彩使得居委会的主要工作内容仍是按街道要求填表、解决杂事。在农村，村委会职能从协助乡镇政府"收钱"（三提五统）转化为"发钱"（各类惠农贴补），但由于基层政府各项工作主要依靠村（居）委会协助开展，还掌握着村（居）委会人员工资发放和业绩考核，故村（居）委会自治意识淡薄，缺乏自治的动力、精力和能力，群众对基层公共事务不关心、不了解、不参加、不认可，都使得基层社会治理问题多、掣肘因素多、水平低。

（六）社会治理专业技术人才短缺

近年来，河北省在基层公共事务的经费、场地、设施等硬件建设方面有较大改善，但社会治理涉及多个领域、多个行业，任何一个领域专业力量的短缺，都有可能成为影响社会治理体系运转的"短板"。社会治理不仅需要行政管理人才、经济管理人才，还需要大数据专业人才、公共卫生人才、社会心理人才、社区服务工作者、法律服务人才等。河北省社会治理队伍不仅专业技术不全面、能力参差不齐，相比其他省区市还存在人员不足现象。以2018年末全省公共卫生专业人才情况为例，每万人拥有卫生技术人才数量居全国后列（见表2）。

表2 2018年末全国各省区市（不含港澳台）每万人拥有卫生技术人才数

单位：人

省区市	每万人拥有卫生技术人才数	省区市	每万人拥有卫生技术人才数	省区市	每万人拥有卫生技术人才数
北京	119	湖北	69	福建	63
浙江	85	吉林	68	湖南	63
陕西	85	海南	68	云南	62
上海	81	贵州	68	河北	61
宁夏	77	天津	67	黑龙江	61
内蒙古	74	广东	67	甘肃	60
山东	74	重庆	67	西藏	55
青海	74	四川	67	安徽	53
江苏	73	山西	66	江西	53
新疆	71	河南	65		
辽宁	70	广西	65		

资料来源：根据国家统计局公布数据制表。

三 全省社会治理重点工作存在城乡差异

从全国范围看，城市社区和农村地区社会治理的重点、难点存在明显差异。河北省既有特大城市，又有广袤的农村，社会治理面对的主要问题也因城乡而异。

（一）城市社区面临的社会治理问题

一是城市化率提高，社会治理问题持续增多。城市化率提高意味着城市人口迅速增加和城区的扩张，催生一系列问题，涉及人口膨胀、交通拥挤、环境恶化、资源紧张、公共安全事故、城市公共空间管理、旧城改造、违建整治、社会治安防控等。社情、警情、案情、舆情交织，城市社会治理压力将持续增大。以疫情防控工作为例，基层治理任务陡然增加，社区居民巨量化、多样化、非标准化的服务需求和差异化诉求瞬时涌现，与基层所能提供的有限服务，形成较大的落差，社区治理"最后一公里"问题被各方高度关注。

二是社区自治力量薄弱，基层社会治理体系脆弱。从疫情防控工作看，一些地方在基层治理方面存在常规治理体系和应急治理体系之间的转化不畅，甚至"断裂"。基层社区按照常态治理所需配置治理资源，1名社区工作者需要常规服务的城市居民可以达500户，但这样的配置在重大公共卫生疫情时期明显力量薄弱。以2020年暴发的新冠肺炎疫情为例，社区突然面对一些原本游离在传统职能之外的事务性工作，基层社区的工作压力和疫情防控基层基础工作不扎实的问题，在紧急情况下暴露无遗，直到上级党政部门组织大量机关干部和党员志愿者参与社区服务，有效缓解社区压力，基层社会治理始得以平稳进行。

三是缺少市民精神，社区治理规范弹性较大。一部分农民户籍转为城镇户籍，不再直接从事农业种植，但思想观念、行为方式还受农村社会传统观念影响。农村的基本单元是稳定的农户，由"固定熟人"通过血缘、地缘、姻缘纽带缔结而成；而城市的基本单元是政府、企业、商业、学校、居民区等多元构成，是一群"流动的陌生人"以业缘、法律、规则等为纽带缔结而成的。"流动的陌生人"的大量存在，是促使城市社区走向社会治理、摆脱人情干扰、共同遵守规则、重构新型城市社区关系的要素。从人口流动率看，河北省居全国后列（见图1），城市还没摆脱"固定熟人"特征。分工协作、秩序井然、各守规则，避免人情关系对各类规则的干扰，不仅是社区治理所需，还是维持大城市正常运转的基础。

（二）农村地区面临的社会治理问题

一是人口结构失衡，社会治理主体弱化。农村青壮年外出打工，村里主

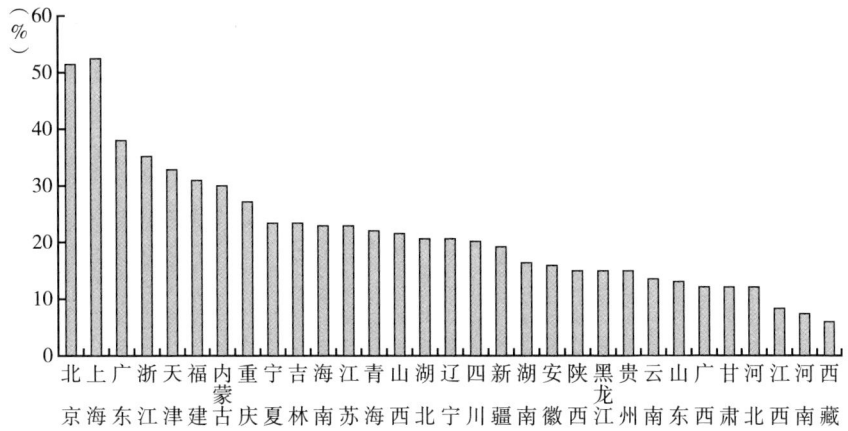

图 1　2018 年末全国各省区市（不含港澳台）人口流动率

资料来源：根据国家统计局 2018 年 1‰人口变动调查样本数据绘制而成。

要剩下老人、孩子和少量妇女，这种现象在河北省农村十分普遍。2015~2017 年，省社科院课题组在沧州、衡水、邢台一带调查，发现当地农村"隔代主干家庭"占比已高达 36%。2019 年团省委组织的调查显示，受访的 5317 名进城务工农民有 34% 把孩子留在家乡上学。这两组数据基本吻合。农村青壮年进城务工，不仅造成留守儿童问题，还影响农业生产，使农村发展后继无人。2019 年调查发现，进城务工农民仅 15% 愿意在 5 年内回乡（11% 表示"回家乡创业"，4% 表示"回家务农"）。农村人口结构的变化，直接影响涉农政策落实、农村公共服务体系建设，影响农村经济和民生发展，增加农村社会治理难度。

二是宗族乡约瓦解，社会治理基础缺失。宗族和乡贤是我国乡村治理的传统力量，传统乡规民约多出自宗族的家风古训，在继承中不断发展，为大多数村民认可，具有一定的社会约束和组织动员作用。目前维持社会秩序的传统乡村精神日渐消失，有悖家庭伦理和社会公德的现象时有发生，一旦遇到突发紧急事件，乡村社会难以自发地快速应急动员。进一步发挥乡规民约在农村社会治理中的作用，协同发挥基层党组织、自治组织以及宗族组织的作用，是实现法治、德治、自治相结合的重要内容，也是提高农村社会治理

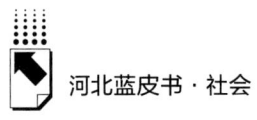

水平的紧迫任务。

三是公共政策不完善，社会治理难点增多。2019年，在对全省21960名青年农民调查时发现，他们不仅关心农业生产和"三农"政策，还对职业培训、就业指导、劳动条件、居住环境、社会待遇、子女入学等方面有较高诉求。而进城务工的农民尤其渴望享受城乡一体化的社保、养老、就业、就医和子女教育等政策。疫情发生后，有的城市社区对农民进城务工或返城复工设置了种种障碍。今后如不能从制度层面和公共政策层面保证农民（包括进城务工农民）享有平等待遇，不仅会使农村社会治理难度加大，甚至会给城乡长期健康发展埋下隐患。

四 2020年社会治理领域的对策建议

河北省社会治理存在的这些共性问题和城乡差异问题，兼有宏观、微观问题，有的彼此关联。当前可以从下述几方面着手，全面提升河北省基层社会治理能力。

（一）全面依法治理，提升社会治理公信力

在法治轨道上统筹推进社会治理工作，全面提高依法治理能力。构建系统完备、科学规范、运行有效的社会治理法律体系，既要严厉打击各类破坏社会稳定和社会安全的违法犯罪活动，又要保障人民群众的合法权益，避免过度执法或人情干扰执法。在城乡流动人口、乡村空心化、土地征收、房屋拆迁、医疗纠纷等社会风险集中领域，治理创新的突破口宜优化组合，以法治为原则，推动德治、自治和法治的联动发展。要跟踪关注和科学评估村务契约化管理、大数据使用、社区议事会等重要机制探索。

（二）培育专业力量，提升基层治理执行力

培育一支既精通公共管理知识又熟悉大数据时代社会治理的人才队伍，为提升各级政府社会治理能力提供人才保障和智力支持。加强基层应急管理

能力建设，在常态周期中为非常态情况下的应急力量、物资、服务资源等留出适度冗余空间。积极扩大基层管理队伍规模。将住宅小区业主委员会和物业服务企业等基层组织囊括到基层组织管理工作中，强化团结协作、群防群治，合力参与处置重大突发事件等基层管理工作。

（三）规范技术手段，提升社会治理精准度

大数据的超强关联分析和预测功能，为提高社会治理精细化水平提供了科技支撑，根据不同人群的特点和利益诉求提供精准服务，使社会治理不断朝精细化推进。以公共卫生事件为例，大数据技术充分发挥在新闻资讯发布、医疗资源调度、居民生活保障、交通出行管制、跨界互助合作等方面的作用，在落实好联防联控措施、构筑群防群控严密防线中，助力国家和政府搭建更有效的疫情监控防治体系、提供更准确的信息、实施更有效的应对措施。此外，要将大数据的最新理论前沿知识、国内外大数据治理社会实践经验等，纳入全省在职干部培训必修内容。要在保障国家安全、商业机密和个人隐私等前提下，对文化教育、卫生医疗、公共安全、社会保障、交通治理等公共服务领域的大量数据，采取以政府内部为主或与互联网数据企业、社会组织等进行合作的方式，进行深度分析、开发、利用，促进公共服务的共建共享和跨界合作，提升整个社会的数据化、智能化治理水平。针对大数据采集和使用，尽快制定统一的管理标准和运营使用规范，通过立法立规、核心安全技术升级、政策协同、网络舆情分析等综合手段的应用，确保政府信息以及普通公众个人信息的安全，有效规避大数据被不当使用带来的各类社会风险。

（四）凝聚社会共识，提升社会治理应对力

要发挥各类社会主体和所有社会成员的作用，调动一切积极因素，围绕共同价值、共同规范、共同利益、共同发展，共同承担社会治理的责任，构建社会治理新格局。继续搭建和有效运用电子政务平台，进一步拓宽各级党委和政府问政于民、问需于民、问计于民的渠道，加强各级党委和政府与社

会各方的交流互动，进一步凝聚社会共识。要能快速发现社会治理中存在的突出问题，将其反馈给相关部门，并及时向公众传递相关部门的处理意见，最大限度地消除部门间推诿和拖延现象，进一步提高政府管理社会事务的效率和对社会风险的管控能力，形成多种主体共同参与社会治理的良好机制。鼓励发展各类社会组织，以提升社会治理主体之间互动的速度和频率，使不同领域的社会治理主体方便快捷地沟通协作，快速形成并不断增进社会共识，提高社会治理的效率和能力。今后，各级政府应进一步贯彻落实党和国家的各项政策方针，按省委、省政府部署抓好本地落实，确保中央政令在河北省能够畅通无阻，构建从中央到地方权责清晰、运行顺畅、充满活力的工作体系。全省各地要结合本地社会经济发展实际，创造性地改进工作，组织、引导并监督基层部门予以精准执行，为基层部门提供具体方法、执行空间。

参考文献

《中共中央关于坚持和完善中国特色社会主义制度　推进国家治理体系和治理能力现代化若干重大问题的决定》，中国政府网，2019年11月5日，http：//www.gov.cn/xinwen/2019－11/05/content_5449023.htm。

王东峰：《全面推进省会城市治理体系和治理能力现代化》，中国人大网，2020年1月8日，http：//www.npc.gov.cn/npc/c30834/202001/816a4ecdc9d74dc8ae55576635fb6810.shtml。

许勤：《2020年河北省政府工作报告》，人民网，2020年1月15日，http：//he.people.com.cn/n2/2020/0115/c192235－33717723－3.html。

薛惠娟：《河北省推进社会治理体系、治理能力现代化的实践和探索》，百家号，2020年10月22日，https：//baijiahao.baidu.com/s?id=16812217803917 42629&wfr=spider&for=pc。

尹翠莉：《"净网2020"专项行动战果显著　全省公安机关侦破涉网违法犯罪案件14430起》，新浪网，2020年9月18日，https：//k.sina.com.cn/article_2051258110_7a43b6fe02000qdb9.html。

《石家庄：推动全市基层社会治理向纵深发展》，河北长安网，2019年11月12日，http：//pingan.hebei.com.cn/system/2019/11/12/011896438.shtml。

杜静、李彦德：《河北衡水市加快推进市域社会治理现代化》，河北新闻网，2020年7月14日，http：//m. hebnews. cn/hs/2020 - 07/14/content_ 7995204. htm。

郭东：《河北雄安新区启动18项社会治理和综合保障重点工作》，《河北日报》2020年4月19日，第4版。

许贵元：《河北迁西在全省率先实现社会治理现代化》，澎湃新闻网，2020年5月12日，https：//www. thepaper. cn/newsDetail_ forward_ 7365178。

张腾扬：《河北廊坊全力提升社会治理水平　让文明融入城市血脉（社会治理在身边）》，《人民日报》2020年8月31日，第12版。

王凤丽、张丽：《大数据技术提升社会治理能力》，《中国社会科学报》2020年6月10日，第5版。

B.4 2020年河北省新型城镇化与城乡统筹示范区建设报告

冯文斌 刘静 李珊珊 郝蕾*

摘 要： 《京津冀协同发展规划纲要》中，河北被赋予了"全国新型城镇化与城乡统筹示范区"的功能定位。近几年，河北围绕示范区各项重点建设任务，在优化城镇空间布局结构、推进农业转移人口市民化、提高城市规划建设管理水平、完善城乡融合发展体系、壮大城市和县域经济方面取得明显成效。但也存在体制机制不够完善、相关政策没有完全落实等问题，河北省新型城镇化和城乡融合发展与人民群众的期盼还有很大差距。针对这些问题本报告提出了增强城市辐射带动能力、推动城市和县域经济高质量发展等建议，旨在加快推进新型城镇化与城乡统筹示范区建设，为建设新时代经济强省、美丽河北提供有力支撑。

关键词： 新型城镇化 城乡统筹示范区 河北省

一 新型城镇化和城乡统筹发展成效

新型城镇化建设向纵深推进，城镇布局和层级结构进一步优化，中心城

---

* 冯文斌，本科，河北省经济信息中心经济预测与发展规划研究部部长，正高级工程师，主要研究方向为宏观经济、数量经济；刘静，金融学硕士，河北省经济信息中心经济预测与发展规划研究部副部长，高级经济师，主要研究方向为宏观经济、数量经济、金融学；李珊珊，区域经济学硕士，河北省经济信息中心经济预测与发展规划研究部副部长，高级经济师，主要研究方向为区域经济、城市经济；郝蕾，经济学硕士，河北省经济信息中心经济预测与发展规划研究部经济师，主要研究方向为宏观经济、城市管理。

市集聚和辐射带动能力增强，中小城市加快培育，特色小城镇和特色小镇发展，农业转移人口市民化快速推进，城乡融合发展体系日益完善，为高质量发展提供了重要支撑。2019 年，河北省常住人口城镇化率达到 57.62%，比 2018 年提高 1.19 个百分点，比 2015 年提高 6.29 个百分点，比全国同期提高 2.6 个百分点；户籍人口城镇化率达到 43.45%，比 2018 年提高 2.05 个百分点，比 2015 年提高 7.11 个百分点（见图 1）。

图 1　2015～2019 年河北省城镇化率变化情况

资料来源：历年《河北经济年鉴》；《河北省 2019 年国民经济和社会发展统计公报》。

（一）城镇空间布局结构不断优化

1. 总体设计进一步完善

制定出台《关于高质量推进新型城镇化与城乡统筹示范区建设的实施方案》，提出了城镇能级提升工程、城市和县域经济发展工程等 7 项重点任务。为落实党中央、国务院关于城乡融合发展的决策部署，提出了《关于建立健全城乡融合发展体制机制的若干措施》，从推动城乡要素合理配置、基本公共服务普惠共享、基础设施一体化发展等方面提出 35 条政策措施，初步构建起新型城镇化和城乡融合发展政策体系。制定《关于加快建设河北"两翼"引领带动全省高质量发展的意见》，提出了发挥"两翼"示范引领和辐射带动作用的措施。

2. 城市层级进一步优化

研究制定了《关于支持石家庄规划建设管理推动高质量发展的意见》，增强城市辐射带动能力，城市层级进一步优化。石家庄达到特大城市标准；唐山、邯郸成为Ⅰ型大城市；保定、秦皇岛、张家口3个市成为Ⅱ型大城市；邢台、衡水、廊坊、承德、沧州、定州、任丘7个市成为中等城市。比"十二五"末增加1个特大城市、2个Ⅰ型大城市。

3. 城镇品质进一步提升

印发《2019年度全省加快县城建设品质提升工作方案》，以优化县城规模等级、完善配套设施、增强承载能力、提升品质内涵为重点，全力提升县城建设质量和水平。17个县城城区常住人口超过20万人，较2015年增加5个。推动全省168个县（市、区）深入开展文明城市创建，调查显示群众满意度达96.43%。大力推进迁安、威县、白沟等国家新型城镇化试点建设，在打造海绵城市、以城带乡、产城融合等方面形成了一些受到国家有关部委表扬的经验做法。100个特色小城镇建设深入推进，城镇体系不断完善。

（二）城市规划建设管理水平不断提高

1. 城市规划建设水平显著提升

出台《关于进一步提高城市规划建设管理水平的意见》，开工建设垃圾焚烧发电设施51座，改造市政老旧管网3149.7公里；新增城市绿地3667.1公顷，新建或提升公园游园202个，8个市、县通过国家园林城市创建验收，10个设区市达到国家节水型城市标准。棚户区改造开工12.7万套，发放公租房租赁补贴2.9万户；全省2779个老旧小区全部完成改造，295个城中村改造项目全部启动。

2. 城市管理质量显著提高

出台《关于加快推进新型智慧城市建设的指导意见》，加快综治云、应急云等平台建设，构建数字化智慧管理体系。推进城市管理精细化，2019

年，全省新增洁净城市30个，城市和县城机械化清扫率分别达到83%、80%，各设区市生活垃圾分类工作全面启动；创建美丽街区、精品道路28个，新建或改造城市公厕1754座，完成48条城市黑臭水体和532个城市易涝积水点整治，城市广告牌匾综合整治成效明显。

（三）城市和县域经济不断壮大

1. 城市经济繁荣发展

促进工业型城市向服务型城市转变，推动石家庄、唐山、邯郸、张家口等城市钢厂退城搬迁改造，支持各市培育壮大总部经济、共享经济、平台经济、消费经济等高端产业和新兴服务业态，推动石家庄规划建设中央商务区。印发实施《河北省促进夜经济发展的实施意见》，建立全省促进夜经济发展协调机制，推动各市规划布局夜经济重点发展区域和特色街区。2019年城市经济占全省地区生产总值比重提高到45%左右。

2. 县域经济发展壮大

出台《关于大力推进县域经济高质量发展的意见》，制定了《河北省县域特色产业振兴工作方案》《省政府领导包联县域特色产业实施方案》《百家省级重点产业集群发展规划目标及实施路径汇编》等政策文件，实施107个县域特色产业振兴计划，一县一策、一集群一策，引导各县结合实际明确发展路径，县域经济动力活力不断增强。2019年，全省县域特色产业集群达到268个，其中省级重点产业集群107个；县域地区生产总值占全省地区生产总值比重达到55%左右。

3. 开发区能级明显提升

印发《关于深化开发区改革开放的实施意见》《河北省支持开发区产业振兴发展的措施》等一系列政策文件，开展开发区综合承载能力升级专项行动，开发区对城市和县域经济的拉动作用进一步增强。2019年，全省开发区实现主营业务收入71041.7亿元，同比增长17.6%，主营业务收入超千亿元开发区达到20家，超500亿元开发区达到55家。

（四）农业转移人口市民化加快推进

1. 户口迁移政策不断完善

研究制定《关于进一步深化户籍制度改革的意见》，放开城区常住人口300万人以下城市的落户条件，放宽城区常住人口300万人以上（含300万人）城市的落户条件，全面放开重点群体、人才落户条件，实行社区公共户口制度。2016年至2019年，全省农业转移人口落户城镇641.7万人。

2. 居住证制度不断完善

推动居住证制度全覆盖，简化办证手续，全省居住证持有人达到184.3万人。积极推动扩大居住证持有人享有服务和便利的范围，在全省依法享有5项权利、8项公共服务、8项便利的基础上，唐山、秦皇岛、廊坊等地增加了办理老年优待证、公交优惠卡等便利。

3. 农村转移人口市民化配套政策不断完善

采取"两头延伸"的办法，保障进城务工人员随迁子女平等接受教育的权利。2019年，全省城市中小学接收随迁子女入学总人数达50.04万人，在公办学校就读44.39万人，占88.71%。出台了《河北省农业转移人口市民化奖励资金管理办法》，2019年，省财政统筹下达各市、县省级以上农业转移人口市民化奖励资金18亿元；出台了《关于建立城镇建设用地增减规模同吸纳农业转移人口落户数量挂钩机制的实施细则》，"人地钱"挂钩机制基本建立。

（五）城乡融合发展体系逐步完善

1. 城乡公共服务均等化水平稳步提高

改善乡村小规模学校和乡村寄宿制学校办学条件，2019年两类学校建设工程新建、改扩建校舍完成58万平方米，高校毕业生就业率达到92.63%。完善城乡社会保障体系，省级设立城乡居民高龄基础养老金，政府补贴标准由60元/（人·月）提高到120元/（人·月）。健全城乡公共卫生体系，实施城乡基层医疗卫生、康复医疗服务提升工程，基本公共卫生人均服务经费提高到69元。完善城乡养老服务体系，完成新建、改扩建居家养老服务中心122家。

2.乡村人居环境明显改善

"四好农村路"建设深入推进，全省建成农村公路9188公里，县城20公里范围内农村客运班线公交化运行率达70%。开展农村垃圾治理、厕所革命等专项行动，2019年新增乡镇垃圾转运站143座，城乡一体化垃圾处理覆盖率达到93.6%；改造完成无害化卫生厕所200万座，新增农村生活污水得到有效管控的村1.8万个，98.9%的村完成主街道硬化、87%的村建设乡村文明示范街，公共照明达标村达到3.9万个，改造农村危房105.4万户，农村面貌明显改善。

3.城乡融合发展平台不断壮大

开展乡村振兴示范区创建，遴选15个省级示范区，启动64个市级示范区创建。开展特色小镇创建培育，出台《河北省特色小镇评价指标体系》，2019年全省84个特色小镇创建培育对象完成投资300亿元左右，营业收入400亿元左右，旅游接待人数1500万人次左右，培育出沧州明珠服饰、清河羊绒、香河机器人、辛集皮革等一批具有全国影响力的特色小镇，对新型城镇化和城乡融合发展的示范带动效应初步显现。

二 新型城镇化和城乡统筹发展存在的问题

河北省新型城镇化和城乡融合发展正处于由速度型向质量型转变的重要阶段，还存在体制机制不够完善、相关政策没有完全落实等问题，与人民群众的期盼还有很大差距。

（一）城镇化驱动力不足，城镇化水平总体偏低

经济健康持续发展是城镇化发展的根本动力，"十三五"以来，河北省地区生产总值从2016年的第8位下降到2019年的第13位，经济增长动力有待加强。创新能力是城市发展的重要驱动力，2019年河北省每万人发明专利拥

有量3.8件，比全国平均水平（13.3件）少9.5件，城市创新能力相对较弱。2019年河北省常住人口城镇化率（57.62%）低于全国平均水平（60.60%）2.98个百分点，居全国第19位。常住人口城镇化率在东部沿海10个省（市）中排最后一位（上海88.10%、天津83.48%、广东71.40%、江苏70.61%、浙江70.00%、辽宁68.11%、福建66.50%、山东61.51%、海南59.23%、河北57.62%），也低于西部的重庆（66.80%）、内蒙古（63.40%）、宁夏（59.86%）、陕西（59.43%）等省（区、市）。

从全省看，仅有石家庄（65.05%）、唐山（64.32%）、廊坊（61.30%）、秦皇岛（60.72%）4市高于全国平均水平；张家口（58.38%）、邯郸（58.13%）2市高于全省平均水平，沧州（54.91%）、邢台（54.23%）、保定（53.60%）、承德（53.26%）、衡水（53.22%）等5市低于全省平均水平。县域城镇化率普遍不高，共有103个县常住人口城镇化率、户籍人口城镇化率低于全省平均水平，占比高达85.1%；70个县城镇化率低于50%，10个县常住人口城镇化率不足40%，43个县户籍人口城镇化率不足30%，深泽、尚义、曲阳、沧县、顺平、唐县、易县、赞皇、青龙等9个县城镇化率不足40%。

（二）城市群发展断档，城镇体系不健全

京津冀"金字塔式"城市等级依然断层，河北省尚未形成与京津相匹配并在全国有重要影响力的次级中心城市，2019年石家庄城区常住人口刚刚超过500万人，达到特大城市标准，城市建设、发展水平等各方面与京津有较大差距。大城市规模小，石家庄、保定、廊坊仅为二线城市，衡水、廊坊、邢台、承德、沧州5市城区常住人口尚不足100万人。与广东、江苏等发达省份相比（广东有深圳、广州2个一线城市，东莞、佛山2个新一线城市，珠海、中山、惠州3个二线城市；江苏有苏州、南京2个新一线城市，无锡、常州、南通、徐州4个二线城市），河北省大中型城市数量少、辐射能力弱，县城小、散、弱问题十分突出，城市群的规模效应、协同效应亟待提升。

（三）城镇落户意愿不强，半市民化现象突出

随着乡村振兴战略的深入实施，农村户口"含金量"逐渐提高，一定程度上造成农民进城落户动力不足。城镇住房、生活、子女教育等高成本因素也减缓了农业转移人口市民化步伐。大量"生活在城镇，户籍在农村"的城市常住人口，处于"两栖"状态，河北省户籍人口城镇化率远低于常住人口城镇化率。2019年，全省户籍人口城镇化率43.45%，比常住人口城镇化率低14.17个百分点，55个县（市、区）户籍人口城镇化率在30%~40%（包括30%），28个县（市、区）户籍人口城镇化率在20%~30%，其中行唐县、广宗县、沧县、无极县、张北县、沽源县、赞皇、康保县等8个县户籍人口城镇化率还不足20%。

（四）城镇综合承载能力较弱，城市发展质量不高

城市发展方式比较粗放，城市规划建设特色不突出，缺乏对环境治理和社会治理的前瞻谋划。城市"未大先病"，交通拥堵、环境污染、停车难、遇雨则涝等问题长期得不到有效解决，城市精细化管理水平不高。部分县城、建制镇城镇面貌落后，基础设施、公共服务和治理能力存在不少短板、漏洞，不能适应城镇化快速发展、人口快速集聚的需要。2019年，河北省仅有6个城市入围全国GDP百强城市，低于山东（15个）、江苏（13个）、广东（11个）、浙江（8个）、河南（7个）等省份；仅有3个县（市）入围中国百强县，低于江苏（25个）、浙江（18个）、山东（15个）、福建（7个）、湖北和河南（6个）、湖南（4个）等省份。

（五）城乡发展差距依然较大，城乡融合发展亟须激活要素流动

受城乡"二元结构"发展模式的影响，城乡公共资源配置严重失衡，农村基础设施和民生领域欠账较多，医疗、教育等滞后，基本公共服务差距大，农村人才匮乏，生产要素更多流向城市，农村、山区、基层和针对贫困人口的服务短板问题更加严重，导致城乡之间、市县之间的公共服务差距较

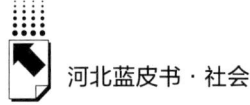

大。公共资源的供给不足成为农村社会经济发展的瓶颈，严重阻碍了农村生产力和农民生活水平的提升。公共服务体制机制创新动力不足，跨领域的政策统筹协调和资源共享利用不到位，市场和社会力量的参与程度、公共服务整体的信息化和智慧化程度都有待提高。农村要素流动不足、活力欠佳，城乡要素流动不通畅、不充分的问题还没有得到完全解决。农村劳动力等要素呈现出大规模的单向外流态势，农村空心化、老龄化现象严重。城乡金融市场存在进入壁垒，"农字头"金融机构聚焦支农本业不够，农业农村发展持续"失血"。土地城镇化速度快于人口城镇化速度，土地利用效率偏低。

三 推进新型城镇化与城乡统筹示范区建设的对策建议

围绕党中央、国务院关于新型城镇化和城乡融合发展的重大决策部署，结合发展实际，可从以下方面加快推进新型城镇化与城乡统筹示范区建设，为建设新时代经济强省、美丽河北提供有力支撑。

（一）大力增强城市辐射带动能力

重点突出省会都市圈引领。实施大省会战略，支持石家庄建设现代化省会和创新型城市，以石家庄为中心打造省会都市圈，推动石家庄与邯郸、邢台、衡水等周边城市基础设施高效连接、产业分工协作、市场统一开放、公共服务共建共享，共同打造具有全国影响力的现代化省会都市圈，石家庄城区常住人口达到520万人左右。

强化"两翼"带动作用。以疏解北京非首都功能为重点，高标准推进雄安高水平社会主义现代化城市创建，加快雄安新区与周边市县设施联通、产业协同，发挥辐射带动作用。高质量推进冬奥会筹办，优质高效推进张家口赛区场馆和配套设施建设，借势发展冰雪运动和冰雪产业，积极发展"冰雪+旅游""冰雪+文化"等新业态。

推进区域中心城市建设。推进唐山、邯郸、保定明确功能定位、做强主导产业、扩能提质,增强辐射带动能力,打造具有较强综合实力的现代化大城市。唐山着眼打造京津冀城市群东北部副中心城市,带动冀中南、冀东两翼发展。邯郸着眼打造京津冀联动中原的区域中心城市,带动冀中、冀南地区发展。保定率先推进与京津雄联动发展,唱响与雄安新区的"双城记"。唐山、邯郸、保定人口分别达到370万人、360万人、300万人左右。

培育重要节点城市。张家口、沧州着力提高城市综合承载能力和服务能力,有序推动产业和人口集聚,培育发展成为区域中心城市。承德、廊坊、秦皇岛、邢台、衡水等重要节点城市着力明确功能定位、做强主导产业、拓展发展空间、提升综合承载能力。张家口、秦皇岛城区常住人口分别达到180万人、160万人左右,廊坊、衡水达到100万人以上,邢台力争达到100万人左右,沧州、承德分别达到80万人、70万人左右,定州、辛集分别达到70万人、35万人左右。

推进扩容提质县城建设。实施"小县大县城"战略,积极推进县城城镇化补短板强弱项工作,加快县城市政基础设施建设,加强道路交通、供水排水、供热燃气、垃圾污水处理等设施建设,推进排水管网雨污分流改造、雨水调蓄设施建设,完善公共服务设施功能,县城建成区路网密度达到每平方公里8公里以上,集中供热和清洁能源供热率达到95%。加快推进县城智慧化改造,补齐县城城镇化短板。按照县城人口数量分类建设中小城市。

加快特色小(城)镇建设。实施小城镇培育壮大工程,推进有条件的小城镇向专业特色镇、综合性小城镇发展,鼓励具备条件的特大镇撤镇设市。支持建制镇完善功能、提升承载能力、加快产业和人口聚集。实施特色小镇培育工程,优化特色小镇布局,依托县域特色产业集群和专业村镇、建制镇镇区改造提升,打造一批专业集聚小镇、承接疏解小镇、创新创业小镇、文化旅游和康养小镇、生态农业休闲小镇。

(二)推动城市和县域经济高质量发展

加快城市产业转型升级。深入实施战略性新兴产业、工业转型升级三年

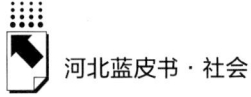

行动计划和调整产业结构、优化产业布局指导意见,健全以先进制造业、战略性新兴产业、现代服务业为主的产业体系。打造城市经济新载体,规划建设一批中央商务区、夜经济发展重点区域和主要街区;培育、打造、形成一批夜经济示范街区、夜城市地标、商圈和生活圈、纳税亿元楼宇,打造城市财富聚集高地。

推动县域经济高质量发展。深入实施县域特色产业振兴计划、民营企业"百千万"提升工程,以"一减四增"为核心,加快发展科技农业、绿色农业、品牌农业、质量农业,打造30个特色农业精品示范基地。做大做强农业产业化龙头企业,农业产业化经营率达到68%。地区生产总值超200亿元县(市、区)达到50个。提升开发区能级,深化开发区管理体制和人事薪酬制度改革,推动10个国际、10个省际合作重点产业园建设。力争营业收入超500亿元开发区达到55家,其中超1000亿元的达到25家。

推进试点示范建设。支持迁安、正定、固安、景县、魏县等国家级县城新型城镇化建设示范工作。分别筛选3个市(含定州、辛集)、10个县为"河北省新型城镇化建设示范市县""河北省城乡融合发展试点市县",围绕城镇化和城乡融合发展方面先行示范。

(三)提升城市规划建设管理水平

高水平做好城市空间设计和建设。统筹城市功能、产业发展、生态保护,科学划定"三区三线"。全面开展城市总体设计和重点地区城市设计,在城市中心区、重要街道、滨水地区等重点地区打造"城市客厅"。高质量推进城市建设,加快布局5G基站、物联网等新型基础设施,支持4个设区市和12个县(区)开展新型智慧城市试点建设,加快雄安数字经济创新发展试验区建设。稳步推进棚户区改造,实施城中村、老旧小区改造三年行动计划,加强停车场等配套建设,改造城中村192个、城市老旧小区1369个。

提高城市管理精细化水平。开展城市精细化管理三年行动、"物业管理提升年"行动,建立健全市、区、街道、社区管理网络。推行政务服务一网通办、云上政务、"上云用数赋智"。实施城市净化工程、美化亮化工程,全面推进生活垃圾分类处理系统建设，加快城区公共厕所革命，加强市容环境脏乱和空间秩序综合整治。高标准开展全国文明城市创建、国家卫生城市创建、国家森林城市创建"三创"活动，在保持原有成绩的基础上，实现数量和质量双提升。

高标准开展"三创"活动。开展全国文明城市创建活动，全面落实市、县两级主体责任，已评为全国文明城市的确保蝉联，参评城市力争进入全国文明城市行列，其他市、县争当提名城市。开展国家卫生城市创建活动，力争设区市创建国家卫生城市实现零的突破、10%以上县城创建国家卫生城镇。开展国家森林城市创建活动，大规模开展国土绿化，加强城市公园、绿地建设，新增1~2个国家森林城市，已经获评的7个设区市继续保持荣誉称号。

（四）推进城乡融合高质量发展体系建设

加快农业转移人口市民化进程。深化户籍制度改革，稳步推进城镇基本公共服务常住人口全覆盖，全面放开城区常住人口300万人以下城市的落户条件，放宽城区常住人口300万人以上（含300万人）城市的落户条件。完善居住证制度，确保有意愿未落户的常住人口都能够持有居住证。深化"人地钱"挂钩，将农业转移人口进城落户数量纳入年度土地利用计划统筹测算。

实施城乡一体化发展工程。推进规划一体化，科学编制"十四五"规划，基本完成市、县、乡（镇）国土空间总体规划和有条件的村庄规划编制。推进要素市场一体化，加大财政支农力度，建立城乡统一的土地市场，鼓励人才向农村流动，职称评聘向乡村教师、医生倾斜，鼓励银行业机构加大普惠型涉农贷款投放力度。推进基础设施建管一体化，抓好"四好农村路"建设，推进城市公共供水管网向农村延伸，推行"村收集、乡转运、县处理"城乡一体化垃圾处理模式，完成1.2万个村污水处理、3.5万个村生活污水管控。实施农村危房改造，完成动态新增4类重点对象危房改造。

推进城乡基本公共服务均等化。扩大义务教育学校教师"县管校聘"

管理改革试点范围,实施老校长下乡、三区支教、银龄讲学等支教计划。深化"四医"联动改革,全面推开乡镇卫生院与村卫生室一体化管理,推进家庭医生签约服务。着力提升城乡公共体育服务均等化水平,推进省级公共文化服务体系示范区创建和村级综合性文化服务中心建设。做实城乡居民基本医疗保险基金市级统筹,开展京津冀异地就医门诊直接结算试点并逐步扩大试点范围。关注"一老一小",抓好居家社区养老、敬老院改造提升和养老院服务质量建设,实施"亲情关爱社区支持项目",深化"家庭教育指导服务社区行"活动,为广大儿童创造良好的成长环境。

推进乡村经济多元化发展。大力培育新型农业经营主体,支持乡村本土人才、有创业意愿的外出农民工、大中专毕业生以及科技人员创办家庭农场和农民合作社,重点培育300个省级示范农业产业化联合体,支持50个示范联合体开展促进农村一、二、三产业融合发展示范创建,促进农业增产、农民增收。推进"百村示范、千村创建"行动,培育一批乡村旅游重点村。加快电子商务进农村综合示范县创建,健全县、乡、村三级物流配送体系,全省农村网络零售额达到970亿元,62个贫困县网络零售额达到190亿元。着力打造一批设施配套、功能完善、环境优美、宜居宜业宜游的美丽乡村,深入推进"空心村"治理。

B.5
河北省生态文明建设发展报告

田翠琴 赵乃诗*

摘 要： 环境治理与生态环境保护是生态文明建设的重要领域、主要阵地和核心内容，也是推进生态文明建设的主要载体与根本途径。为了推进生态文明建设，河北省治理"三大污染"，不断采取新政策、新行动。但"三个偏重"一直是"三大污染"的主要诱因，是环境治理的难点。因此，应加快编制"河北省生态环境保护'十四五'规划"，加强生态环境标准体系与制度体系建设，以便更好地规范引领和促进生态文明建设。

关键词： 生态文明建设 生态环境标准 环境治理 河北省

一 生态文明建设的新实践

环境治理与生态环境保护是生态文明建设的重要领域、主要阵地和核心内容，也是推进生态文明建设的主要载体与根本途径。近几年，河北省加大环境治理力度，积极推进生态文明建设，具体表现在以下几个方面。

（一）打赢大气污染防治攻坚战

为了打赢大气污染防治攻坚战，河北省委、省政府集中出台了一系列关

---

* 田翠琴，本科，河北省社会科学院研究员，主要研究方向为环境治理与环境社会学；赵乃诗，硕士，浙商银行北京分行，主要研究方向为环境工程与环境科学。

于大气污染防治的管理办法与行动方案。

针对秋冬季大气污染严重的问题，河北省每年都会在秋冬季开展专项行动，以提高秋冬季大气质量。2020年10月，河北省生态环境厅启动2020～2021年秋冬季大气污染防治集中攻坚督导帮扶行动。通过向各地派驻督导帮扶组，督促各地切实落实大气污染防治责任，对各地大气污染综合治理工作责任落实、重点任务推进、重污染天气应对、区域联防联控措施等方面进行督导帮扶，推动大气环境质量持续改善。

（二）开展节水行动，保护水环境

2019年8月，由河北省水利厅、河北省发展和改革委员会联合制定的《河北省节水行动实施方案》正式实施。该方案确定了2020年、2022年和2035年的主要目标。提出到2020年，万元国内生产总值用水量和万元工业增加值用水量较2015年分别降低25%和23%，全省用水总量控制在200亿立方米以内，其中农业用水控制在130亿立方米以内。开展5项重点节水行动。一是总量强度双控。健全省、市、县三级行政区域用水总量、用水强度控制指标体系。二是农业节水增效。三是工业节水减排。推进工业节水设施改造，完善供用水计量体系和在线监测系统；推动高耗水行业节水增效，创建节水型企业；推进水循环梯级利用，树立节水标杆。四是城镇节水降损。五是重点地区节水开源。打造雄安新区节水样板，加大沿海地区海水利用力度。①

2020年1月，河北省颁布《河北省河湖保护和治理条例》，这是河北省第一部系统全面对河湖保护和治理予以规范的省级地方性法规。该条例提出，河湖保护和治理应当坚持"属地责任、规划先行、系统治理、修复功能、强化保护、合理利用"的原则。对编制全省河湖保护和治理规划做出详细的规定，要求把水域岸线空间管控、防洪、供水、生态环境保护、水资

---

① 赵红梅、赵佳林：《全省用水总量控制在200亿立方米以内》，《河北日报》2019年8月15日，第2版。

源消耗总量和强度的总体要求，保护和治理目标、任务和措施以及责任主体，允许或者限制、禁止开发利用对象等内容都纳入规划之中。该条例还对水环境的治理和修复做出专门规定，要求开展坚持跨区域统筹、全流域全过程治理的河湖系统治理与功能修复。该条例规定河北省实行河（湖）长制，落实河湖管理保护属地责任，构建河湖管理保护机制。明确规定了在河湖管理范围内禁止的8种行为。① 该条例的出台，为系统推进全省河湖水污染防治、水生态保护和水资源管理，提供了强有力的法律支撑。

2020年6月，河北省生态环境厅印发《关于对全省省级及以上工业园区水环境规范化管理工作开展督导调研的通知》，并组织对全省省级及以上工业园区水环境规范化管理情况开展督导调研。重点是检查指导省级及以上工业园区落实污水集中治理任务，规范环境管理措施制定实施情况。督促指导园区加快完善污水集中处理设施，推进各项目标任务按期完成，推动园区提升水环境规范化管理工作水平，促进区域水环境质量改善。督导调研工作分两个阶段进行。第一阶段的重点督导调研内容是省级及以上工业园区污水集中治理任务落实情况。第二阶段的重点督导调研内容是重点流域工业园区污水集中处理设施提标改造工作完成情况。

（三）加大农村环境污染治理力度

2018年2月26日，河北省委办公厅、省政府办公厅印发《河北省农村人居环境整治三年行动实施方案（2018—2020年）》，提出农村人居环境整治的主要目标是，到2020年，全省农村人居环境明显改观，基本形成"农村垃圾污水、卫生厕所、村容村貌治理体系，村庄环境干净整洁有序，长效管护机制基本建立"。

2019年1月，河北省生态环境厅与河北省农业农村厅联合印发《河北省农业农村污染治理攻坚战实施方案》。该方案提出，通过三年攻坚，

---

① 《河北省河湖保护和治理条例》，河北省水利厅网站，2020年3月11日，http://slt.hebei.gov.cn/a/2020/03/11/2020031138755.html。

实现农村生态环境明显好转，基本形成农业农村污染治理工作的体制机制，实现全省农村"一保两治三减四提升"：保护农村饮用水水源；治理农村生活垃圾和污水；减少化肥、农药使用量和农业用水总量；提升主要由农业面源污染造成的超标水体水质、农业废弃物综合利用率、环境监管能力和农村居民参与度。实施六项重点任务：一是加强农村饮用水水源保护；二是全面推进农村生活垃圾治理；三是梯次推进农村生活污水治理；四是强力推进养殖业污染防治；五是有效防控种植业污染；六是提升农业农村环境监管能力。[1]

农村生活污水治理是河北省农村人居环境整治三年行动的重要内容，也是打好污染防治攻坚战的关键环节。为了深入推进农村生活污水治理，河北省生态环境厅成立了工作小组和专班，制定印发了《河北省农村生活污水治理行动计划》《河北省农村生活污水治理工作方案（2021—2025年）》《河北省农村生活污水治理技术导则（试行）》等一系列政策文件，全力推进农村生活污水治理。

2019年2月3日，河北省水污染防治工作领导小组办公室印发《河北省农村生活污水治理行动计划》。该计划提出到2020年，全省农村生活污水治理管控基本达到全覆盖。农村生活污水治理行动计划要坚持以下五个基本原则。一是因村制宜、分类治理。因村制宜地确定生活污水治理模式。二是原位消纳、综合利用。坚持以原位消纳为主、末端处理为辅，努力实现村庄生活污水的原位消纳。三是城乡统筹、长效运营。强化县域内村庄生活污水治理的一体化推进。四是试点先行、梯次推进。扎实有序推进村庄生活污水治理。五是政府为主、社会参与。强化群众参与建设和运维管理，农村生活污水治理的主要任务是：制定方案，明确任务；因地制宜，分类推进；源头控制，减少排放；配套管网，同步实施；优选工艺，规范建设；建立机制，长效运营；加强管控，改善环境。

---

[1] 河北省生态环境厅、河北省农业农村厅：《河北省农业农村污染治理攻坚战实施方案》，河北省生态环境厅网站，2019年1月21日，http://hbepb.hebei.gov.cn/hbhjt/zwgk/fdzdgknr/faguibiaozhun/guifanxingwenjian/101594305449717.html。

2020年9月29日，河北省生态环境厅与河北省农业农村厅联合印发《河北省农村生活污水治理工作方案（2021—2025年）》，该方案提出的目标是：全面建立完善农村生活污水治理长效运维管理机制，到2025年，全省新增1.1万个（累计2.3万个）村庄生活污水得到有效治理，环境敏感区域的农村生活污水治理实现全覆盖，农村黑臭水体基本消除，其他村庄实现无害化化粪池或粪污处理站基本全覆盖，农村厕所粪污处理率达到100%。主要任务一是编制并发布县域农村生活污水治理专项规划；二是探索实施集中式污水处理，在人口密集度高、经济发展好的平原村庄推行集中处理，对人口规模较小、居住分散的平原村庄，实施分散收集、集中处理模式；三是鼓励城镇近郊村庄污水纳入城镇、园区污水处理厂；四是统筹推进村庄污水资源化利用和分散治理；五是全面推进厕所粪污无害化处理；六是持续整治农村黑臭水体和坑塘纳污问题。该方案体现了突出重点、统筹推进、分区分类治理的思路，在治理的目标、措施、模式、考核与管理方式等方面具有一定的创新性，为北方地区污水治理探索了路径。

截至2020年10月，河北省"累计实现1.2万多个村庄生活污水治理，基本实现农村生活污水治理管控全覆盖，治理率由2018年的11%提升到了26%，完成了3年目标任务"。[①]

（四）积极编制"三线一单"

2018年6月，中共中央、国务院《关于全面加强生态环境保护坚决打好污染防治攻坚战的意见》要求落实"三线一单"（生态保护红线、环境质量底线、资源利用上线和环境准入清单）。河北省"三线一单"编制工作取得四个方面的成果：一是确定了生态保护红线、环境质量底线、资源利用上线的管控要求；二是划分管控单元，全省共划定1987个管控单元，其中优

---

① 河北省生态环境厅土壤生态环境处：《河北省农村生活污水治理工作经验被生态环境部全国转发推广》，河北省生态环境厅网站，2020年11月14日，http://hbepb.hebei.gov.cn/hbhjt/xwzx/jihuanyaowen/101608622141387.html。

先保护单元760个、重点管控单元1100个、一般管控单元127个；三是制定了环境准入清单，编制形成全省、4个片区、14个地市及各单元四级生态环境准入清单，构建以环境管控单元为基础的生态环境空间管控体系；四是建立了"三线一单"信息管理平台。

（五）加大工业企业危险废物的污染治理力度

2020年，河北省加大了工业废料废液等危险废物的排查与整治力度。2020年5月，河北省组织实施《河北省工业废料废液等危险废物排查整治实施方案》。该方案要求全面排查涉及危险废物工业企业和处置企业，突出产生、收集、贮存、转移、运输、利用、处置等各个环节，健全完善工业废料废液等危险废物污染隐患排查治理工作机制。主要任务是对所有工业企业和处置企业开展拉网式、全覆盖排查整治，其中突出对工业园区、化工行业、涉酸涉废企业等的排查整治。

二 生态文明建设面临的新问题

目前，河北省区域发展水平不高，产业结构、布局性问题突出，主要包括：全省整体发展水平较低，资源环境利用效率不高，产业结构重工化特征突出，产业园区数量多但同质化严重；国土开发模式粗放，土壤污染风险日益增大；复合型大气污染严重，重化工业和交通源影响突出；流域性水污染问题突出，流域排放超载严重；水资源利用效率较低，结构性矛盾突出，水资源禀赋差，长期依赖地下水，漏斗和地下水污染问题日益突出。

（一）结构性污染问题较为突出

河北省存在的"三个偏重"即产业结构偏重、能源结构偏煤、交通运输结构偏公路，一直是造成河北省经济发展与环境保护之间矛盾的重要因素，是河北省生态环境不能承受之重，也是大气污染的主要原因。2018年，平板玻璃产量为1.22亿重量箱，约占全国产量的14%。2019年，河北省粗钢产量为2.416亿吨，约占全国产量的24.2%。大力调整产业结构和空间布局，推动产业绿色转型是河北省当前和今后一段时期的重大任务，① 也是改善环境质量、推进生态文明建设的根本之路。

河北虽然一直努力削减钢铁、煤炭等高耗能、高污染的产业与企业，但因为历史形成的偏重化工业的产业结构、偏化石燃料的能源结构和偏公路的交通运输结构尚未根本改变，加上基数过大，产业结构调整还不到位，部分城市存在"城中有钢""化工围城""煤电围城"等突出问题。机动车尾气是造成空气污染的重要因素之一，柴油货车污染排放占机动车排放总量的60%以上。公路货运占比偏高、铁路货运占比偏低是全国交通运输结构的通病，其中河北省有柴油货车135.9万辆，占全国柴油货车总量的8%，居全国第2位。另外，机动车污染和油品质量监管还不到位。"2017年，有关部门在天津、廊坊、唐山、保定、邢台等五市开展的柴油质量抽检中，合格率仅为47%。"②

（二）进一步推进环境质量改善的难度加大

1. 大气污染依然是河北最突出的环境问题

河北省是我国空气污染最严重的区域，大气污染排放量远超环境承载能力。国务院《打赢蓝天保卫战三年行动计划》，将河北省石家庄、唐山、邯郸、邢台、保定、沧州、廊坊、衡水以及雄安新区列为重点区域，明确了目标任务和措施要求。③《2019中国生态环境状况公报》按照环境空气质量综

---

① 生态环境部环境工程评估中心：《河北省典型区域生态环境保护管控对策研究专题报告》，2020年6月。
② 栗战书：《全国人民代表大会常务委员会执法检查组关于检查〈中华人民共和国大气污染防治法〉实施情况的报告——2018年7月9日在第十三届全国人民代表大会常务委员会第四次会议上》，中国人大网，2018年7月10日，http://www.npc.gov.cn/zgrdw/npc/xinwen/2018-07/10/content_2057946.htm。
③ 生态环境部环境工程评估中心：《河北省典型区域生态环境保护管控对策研究专题报告》，2020年6月。

合指数评价对全国168个城市进行了评价。评价结果显示，2019年，环境空气质量相对较差的20个城市（从第168名到第149名）依次是安阳、邢台、石家庄、邯郸、临汾、唐山、太原、淄博、焦作、晋城、保定等。[①] 其中河北占5个席位，邢台、石家庄、邯郸、唐山、保定分别排在倒数第2、3、4、6、11位。与2018年相比，保定虽然退出了"后十"，但排位也只是倒数第11位。因此，河北省"退出后十"的任务依然艰巨。另外，河北省大气质量改善效果不稳定，全省$PM_{2.5}$质量浓度超国家二级空气质量标准43.4%，春夏季臭氧污染问题日益凸显，全省大气质量还处于"气象影响型"阶段。

2. 水环境质量不容乐观

河北省地表水环境质量虽有改善，但达到或优于Ⅲ类水质的比例还有待提高。2019年河北省实际监测208个地表水国省控断面，包括河流断面165个，湖库淀断面43个。其中，达到或优于Ⅲ类水质断面占58.65%，Ⅳ类水质断面占22.60%，Ⅴ类水质断面占12.02%，劣Ⅴ类水质断面占6.73%。列入国家考核名单的74个地表水水质监测断面中，达到或优于Ⅲ类优良断面比例为52.7%，高于年度目标5.4个百分点；劣Ⅴ类水质断面比例为8.1%，高于年度目标21.6个百分点，提前完成国家"十三五"目标。[②] 2018年全省实际监测210个地表水国省控监测点位，达到或优于Ⅲ类的水质断面占53.81%；Ⅳ类水质断面占20.00%；Ⅴ类水质断面占11.43%；劣Ⅴ类水质断面占14.76%。[③] 与2018年相比，2019年达到或优于Ⅲ类水质断面所占比例提高4.84个百分点；2019年劣Ⅴ类水质断面所占比例下降6.66

[①] 生态环境部：《2019中国生态环境状况公报》，http：//www.mee.gov.cn/hjzl/sthjzk/zghjzkgb/202006/P020200602509464172096.pdf。

[②] 河北省生态环境宣传教育中心：《河北省政府新闻办举行"2019年河北省生态环境质量状况公报"新闻发布会》，河北省生态环境厅网站，2020年6月5日，http：//hbepb.hebei.gov.cn/hbhjt/xwzx/jihuanyaowen/101593685506752.html。

[③] 河北省生态环境宣传教育中心：《省政府新闻办召开〈2018年河北省生态环境质量状况公报〉新闻发布会》，河北省生态环境厅网站，2019年6月5日，http：//hbepb.hebei.gov.cn/hbhjt/xwzx/jihuanyaowen/101593685505579.html。

个百分点。

2020年1~9月,河北省对74个地表水国家考核断面和8个近岸海域水质国家考核点位开展了监测。监测结果(见表1)显示,除5~7月外,其余6个月Ⅰ~Ⅲ类水质断面占比都在60%以上。但不同月份之间水质的变化比较大,尤其是6月,Ⅰ~Ⅲ类水质断面占比仅为43.2%。

表1 2020年1~9月河北省74个地表水国家考核断面水质监测情况

单位:%

月份	Ⅰ~Ⅲ类水质断面占比	劣Ⅴ类水质断面占比
1月	64.9	12.2
2月	64.9	5.4
3月	66.2	4.1
4月	67.6	4.1
5月	58.1	6.8
6月	43.2	4.1
7月	52.7	5.4
8月	62.2	5.4
9月	60.8	8.1

(三)城乡发展和环境治理不平衡,农村环境污染依然严重

环境保护重城市、轻农村的问题依然没有被彻底解决,虽然这两年加大了对农村污水治理和垃圾治理等方面的投入力度,但农村污染防治工作远不到位,农村的环境保护仍然存在政策不健全、机构不完善、设施建设滞后、生态文明建设能力明显不足等问题。城乡发展和环境治理不平衡,农村人居环境仍然存在脏乱差现象,化肥、农药、农膜等不合理使用和超量使用造成的农业面源污染严重。城市污染企业出现向农村转移的趋势,低层次业态大量在农村集聚,进一步加剧了农村环境问题。

(四)生态环境保护机制不完善、监管不到位

在生态环境保护过程中,虽然充分发挥了中央环保督察、强化督查等行

政手段的重要作用，但市场机制、经济政策、技术支撑、公众参与等发展相对滞后，还没有形成生态环境质量改善的内生动力。体制机制改革总体设计虽然基本完成，但配套机制、能力建设还没有及时跟进，生态环境治理体系与治理能力现代化建设任重而道远。

生态文明体制改革任务的协调性和可操作性偏弱，导致执行力度不够。生态文明体制改革的主体框架确立后，细节仍需要不断完善，改革任务之间的协调以及配套措施都需要时间。还存在基础数据不齐全、测算技术和测算方法尚在探索等问题。环境保护的基础数据获取工作量大、投入不足、监管不到位，不仅导致存在环保监测数据造假问题，还存在去产能任务落实虚假问题。

（五）生态环境保护责任落实不到位，基层治理体系有待完善

一些地市级特别是县区级党委、政府及其有关部门，对绿色发展认识不足，仍以发展经济为主要目标，环境保护制度落实不到位。企业环保守法意识淡薄，往往追求短平快发展，环保创新投入和基础设施投入不足，违法违规问题突出，废水、废气偷排现象屡禁不止。公众践行绿色生活方式的意愿不足，攀比消费与高消费造成的环境污染问题不可小觑。

环境治理存在短板。城镇污水处理厂部分超负荷运行，配套管网建设滞后，雨污分流不彻底。农村污水、垃圾处理设施历史欠账多，设施运维经费保障不足，长期面临建而不运、时停时运的问题。固体废物、医疗废物转运处置能力不足，仍然存在污染风险。

三 新时代加强生态文明建设的建议

（一）加快编制和出台"河北省生态环境保护'十四五'规划"

生态环境保护规划是我国一项重要的生态环境保护制度，其作为生态文明建设领域的基本制度之一，是综合体现生态文明建设战略和政策制度的总

体框架，也是国民经济和社会发展规划体系的重要组成部分。生态环境保护规划是生态文明建设的顶层设计，在生态文明建设中起着至关重要的作用，是协调经济社会发展与生态文明建设的重要工具，也是各级政府环境保护部门开展环境保护工作的依据。

编制生态环境保护"十四五"规划，应全面总结河北省"十三五"生态环境保护成效，科学研判"十四五"经济社会发展和生态环境形势，深刻认识"十四五"生态环境领域重大变革，立足首都水源涵养功能区和京津冀生态环境支撑区定位，系统谋划新时代建设经济强省、美丽河北的生态环境保护的基本原则、目标任务、政策举措。要继续坚持以生态环境质量为核心，强化污染防治，突出绿色转型，加强科技支撑。具体建议包括如下几点。

一是明确"十四五"时期污染防治和环境保护的基本方向，继续打好防治"三大污染"攻坚战。深化大气污染精准治理，继续实施高耗能、高污染行业超低排放、深度治理和清洁化改造，强化臭氧治理攻坚，强化区域重污染天气应对和联防联控联治。坚持"三水"统筹，实施河湖连通工程，开展重点流域水生态治理，建立常态化补水机制，协同推进水生态、水资源、水环境保护；开展地下水综合治理，建立地下水污染防治法规标准体系、监测评估体系和分区防控体系。系统防控环境风险，全面实行农用地分类管控和安全利用，完善污染地块联动监管机制，保障土壤环境安全。二是探索实现绿色发展方式的新路径。统筹区域定位，突出重点行业，由以治标为主转向标本兼治、突出治本。从源头调整产业结构、能源结构、交通运输结构和投入结构，促进绿色发展。三是突出生态系统稳定性和生物多样性，加快构建健康、安全、完整的生态系统。严守生态保护红线，建立以"三线一单"为核心的生态分区管控体系。四是深化京津冀生态环境联防联治联建，强力推进传输通道城市大气污染治理，重点城市全部退出全国污染城市后十名。强化京津上游地区环境治理和水源涵养，制定水质、水量保障方案，确保京津水源安全。以白洋淀生态环境治理和修复保护工作为核心，高标准、高起点实施环境治理和生态建设，全力支持雄安新区建设发展。五是系统谋划现代化环境治理体系保障措施。通过完善生态文明建设目标考核体系，建立健全固定污染源监管制度体系，强化社会监督、公众参与，深化生态环境保护综合行政执法改革。全面加强全省环境治理体系和治理能力现代化建设。

（二）加强生态环境标准体系建设

标准是法律法规的重要补充和体现，是环境保护执法的重要抓手和依据，是促进企业绿色、高质量发展的引领、约束工具。构建一个科学合理的生态环境标准体系，对于提高生态文明建设质量与生态环境保护管理水平具有重要意义。制定地方生态环境标准是法律赋予地方省级人民政府的一项重要职责，制定地方标准已经成为衔接国家标准基本要求和区域环境质量改善需求的重要措施。

生态文明建设标准体系包括自然生态系统保护、土地资源保护、水资源保护、地质和矿产资源保护、环境保护、节能低碳等6个标准子体系。构建河北省生态文明建设标准体系，应该依据我国环境保护相关法律法规，结合河北省生态环境发展现状与存在的主要生态环境问题及治理难点，根据生态环境管理工作实际需求和发展趋势，提出河北省生态环境标准体系建设的框架及具体标准。河北省生态环境标准体系由国家生态环境标准和地方生态环境标准构成，标准类型按用途分为环境质量标准、污染物排放（控制）标准、环境监测标准、环境管理规范标准、环境基础标准等5类，按内容分为水环境保护、大气环境保护、环境噪声与振动、土壤环境保护、固体废物与化学品环境污染控制、核辐射与电磁辐射环境保护、生态环境保护、环境影响评价及其他生态环境标准等。

标准体系建设是一项系统工程，建议河北省生态环境厅领导组织召开专题会议，对河北省生态环境标准体系深入研究，充分讨论论证各类各种生态环境标准的合理性，使标准体系建设符合生态环境管理需求。标准体系的建设是一个不断完善的过程，应该实行动态调整。根据国家及河北省生态环境标准制定、修订、废止情况，标准体系内容实行动态调整。

参考文献

河北省生态环境宣传教育中心:《河北省政府新闻办举行"2019年河北省生态环境质量状况公报"新闻发布会》,河北省生态环境厅网站,2020年6月5日,http://hbepb.hebei.gov.cn/hbhjt/xwzx/jihuanyaowen/101593685506752.html。

河北省生态环境宣传教育中心:《省政府新闻办召开〈2018年河北省生态环境质量状况公报〉新闻发布会》,河北省生态环境厅网站,2019年6月5日,http://hbepb.hebei.gov.cn/hbhjt/xwzx/jihuanyaowen/101593685505579.html。

生态环境部环境工程评估中心:《河北省典型区域生态环境保护管控对策研究专题报告》,2020年6月。

生态环境部:《2019中国生态环境状况公报》,http://www.mee.gov.cn/hjzl/sthjzk/zghjzkgb/202006/P020200602509464172096.pdf。

田翠琴、田桐羽、赵乃诗:《河北省环境保护与生态建设(1978~2018)》,社会科学文献出版社,2019。

田翠琴、赵乃诗、赵志林:《京津冀环境保护历史、现状和对策》,北京时代华文书局,2018。

社会治理篇

Reports of Social Governance

B.6 河北省市域社会治理现代化路径研究*

樊雅丽 张春玲**

摘　要： 河北省目前正在开展以市域社会治理现代化为试点的新时代"枫桥经验"市域版平安河北建设。随着城镇化率的不断提高，树立科学的市域社会治理理念，厘清河北省市域社会治理现代化路径，完善社会治理体系，提升社会治理能力，具有基础性意义。对河北省市域社会治理现代化的路径进行研究，要以党的十九大及四中、五中全会精神为指导，坚持系统观念，从维护社会安全和稳定的层面上升到服务社会的高度，搭建市域层级大数据平台以完善社会治理体系，提升社会治理现代化水平，以人民为中心，解决民生问题，增强人

---

* 本报告为2020年河北省社会科学院重大课题"我省社会治理和市域社会治理现代化的重点难点问题研究"（批准号：2020Z18）的研究成果；2019年河北省科技厅软科学专项"信息技术提升乡村治理水平的机理、问题与对策研究"（项目号：19457406D）的阶段性成果。
** 樊雅丽，硕士，河北省社会科学院社会发展研究所研究员，主要研究方向为社会治理；张春玲，博士，燕山大学经济管理学院教授，主要研究方向为信息技术与管理创新。

民群众的获得感、幸福感和安全感，实现社会和谐有序又充满活力。

关键词： 市域社会治理　大数据平台　民生问题　河北省

一　市域社会治理的提出

社会治理是习近平新时代中国特色社会主义思想的重要内容。一般而言，社会治理强调建立和完善党委领导、政府负责、民主协商、社会协同、公众参与、法治保障、科技支撑的社会治理体系，强调建设人人有责、人人尽责、人人享有的社会治理共同体。中共中央党校龚维斌教授强调，社会治理的核心在人，重心在基层和城乡社区，出路在市域，保障在党建。随着社会治理资源的不断下沉，基层成为扩大的市域，市域社会治理现代化成为进一步推进社会治理的必然选择。

综合研究学者们对市域社会治理的理解可知，市域社会治理是以设区的城市为基本单位，以城为重点，覆盖乡，城乡联动，以市级层面治理为主导，在市域范围内统筹谋划和实施推动的社会治理。市域是宏观与微观的转承点，是撬动国家治理现代化的战略支点，是人流物流资金流信息流的重要汇聚节点，政治经济社会资源集中，对基层的辐射力、影响力巨大且直接。市域社会治理在国家治理之下、基层社会治理之上，具有承上启下的作用。市域社会治理在国家治理与基层实战之间，既要贯彻落实好中央的大政方针、制度安排和上级部门决策部署，又要对下指导基层工作，必须立足于本市域范围进行社会治理的统筹谋划和周密部署。市域社会治理是在新的形势下对当前社会治理方式的一次创新。

中共河北省委政法委〔2020〕6号文件提出了《关于推进市域社会治理现代化的实施意见》，河北省目前正在推进以市域社会治理现代化为试点的新时代"枫桥经验"市域版平安河北建设。随着城镇化率的不断提高，河北省也逐渐进入城市型社会、市域社会，树立适应时代发展的治理理念，对加快推进河北省市域社会治理现代化，完善治理体系，提升治理能力，具有基础性意义。应推进社会治理现代化，分析河北省市域社会治理中存在的问题，化解社会矛盾，在更大程度上满足老百姓对美好生活的需求，实现社会和谐有序又充满活力。

二 河北省市域社会治理现代化中存在的问题

1. 市域社会治理的制度机制很不健全

当前河北省市域社会治理实践中以党组织建设为引领、政府治理为主导、民众需求为导向、多主体参与为补充的治理格局还远未形成。多元共治的市域社会治理制度机制还很不健全，多元主体协同参与社会治理的理念有待进一步强化。在党建引领基层社会治理方面，一些地方、一些部门的党建工作仅仅停留在应付上级检查上，不能将党建引领的作用真实发挥，个别党员不作为、不担当问题还很突出，以人民为中心的服务要求还远远达不到。从市级到区县级再到街道乡镇一级，市域社会治理的制度体系不健全，很多政府部门该负的责没有负到位，该放的权没有放到位，责权问题依然突出，尤其是部门间协调不足、联动不够的问题非常严重。很多公共事务从决策到实施，还不能做到吸收采纳大多数利益相关民众的意见建议，民众参与社会公共事务治理的积极性还有待进一步激发。社会治理人才还有一定的缺口，人才保障机制也有待进一步完善。另外，社会组织参与社会治理的程度还远远不足。社会治理现代化是一项全方位的社会系统工程，需要全社会的力量参与进来，倡导了多年，喊了多年，但社会组织的作用在社会治理中还是非常有限，培育、引导、推动社会组织、社会力量参与社会治理的措施还很缺乏。在此情况下，虽然政府在促进社会组织参与社会治理方面已经采取了一系列的举措，如宣传部门以志愿服务的形式参与基层社会治理，还有一些基层社区设立了养老服务的"时间银行"等，但河北省大多数群团及社会组织还处于初级发展阶段，在基层社区养老、社区文娱活动等方面存在很多问题。

2. 利用大数据服务社会治理的力度远远不足

当前社会治理中,"数据孤岛"常被用来形容政府各部门之间各自为政,政务信息自产自销,信息壁垒林立,一个部门一个"孤岛","孤岛"与"孤岛"之间互不相通。"数据孤岛"的长期梗阻,"数据孤岛"现象长期存在,导致市域智能化、精细化治理能力与民生的服务需求还存在很远的距离,由"群众跑"转向"数据跑"还没有真正实现。整个社会,不管是政务还是公共服务,通过大数据平台进行数据整合共享的进程还比较滞后,数据信息爆炸式增长,但操作平台分散,信息无法实现互通、共享,多头采集、更新滞后、利用不足等问题依然普遍存在。比如一些城乡基层社区的网格员必须精通若干 App 信息采集方式,一些街道乡镇级指挥室有七八种网络系统接入口,分别受理、处置各个平台的信息。资源共享机制迫切需要进一步完善,信息化建设需要尽快打通卡口,大数据智能化技术在河北省市域社会治理现代化中的应用亟须大幅度加强。

3. 基层解决社会治理问题的资源和能力有限

基层社会治理的资源和能力非常有限,基层社区应对多重社会治理考核任务繁重。当前突出的一个现象就是,各个相关部门的社会治理触角开始向下延伸,在基层社区开始社会治理工程建设,如政法委的网格化综合治理、组织部门到社区的"双报到"、宣传部门以志愿服务的形式往下推的新时代文明实践的服务所服务站、民政部的社区工作站等。基层社区的工作人员是固定的,社会治理的相关部门越来越多,面对各种各样的考核,需要写的汇报材料越来越多,需要填的表格越来越多。调研中基层反映以前没有主管部门的时候工作量没那么大,现在需要上报各种各样的材料。有些社区的基层工作人员提出:"我们只有一个要求,能不能只填一张表?"因为每个部门填的表都是一样的,每个部门都需填一张表,本来只需要填一张表就能解决的问题,现在需要填多张表才能解决。由此可见,应对各个主管部门的检查牵扯不少的精力,导致百姓的需求得不到完整的满足。

4. 市域社会治理偏重社会治安管理问题

对于社会治理，很多人都理解成了治理社会，消除社会矛盾纠纷，维护社会稳定和社会平安。市域社会治理是由政法部门推动的社会治理，由于部门工作内容的限定，市域社会治理必然存在偏重社会治安管理的问题，因此河北省当前推进的市域社会治理现代化可以称为"升级版的网格化管理"。但是，社会治理的最终目标和任务是满足人民对于美好生活的需要，其要落实在满足人民对美好生活需求的任务中，也只有在美好社会中美好生活才能实现。按照社会治理现代化的要求，社会治理重心在不断向基层下沉，从基层来看，基层社区居民的利益诉求多元，基层社区是社会矛盾、社会问题的多发地。基层是社会治理的"最后一公里"，基层治理作为社会治理的末梢，更需要以人民为中心，以服务为理念，提升服务水平，为人民提供更好的精准化、精细化的民生服务，增强社会的凝聚力和向心力。

三 推进河北省市域社会治理现代化的路径分析

河北省在市域社会治理现代化的推进中要以党的十九大及四中、五中全会精神为指导，坚持系统观念，从维护社会安全和稳定的层面上升到服务社会的高度，搭建市域层级大数据平台，以完善社会治理体系，促进社会治理能力现代化，以人民为中心，解决民生问题，增强人民群众的获得感、幸福感和安全感，实现社会和谐有序又充满活力，为此提出以下建议。

1. 进一步强化党建政治引领在河北省市域社会治理中的核心作用

市域社会治理现代化的核心就是要发挥市级党委的统筹谋划功能。以党建为核心进行政治引领，构建"党建+社会治理"领导体系，把党的领导优势充分转化为市域社会治理效能。必须坚守党对市域社会治理领导的核心地位，发挥党建集中统一的政治优势，发挥党总揽全局、协调方方面面的作用，增强社会治理的凝聚力。通过制度不断提升三级党委对社会治理的统筹协调能力，增强其系统性，研究确定河北省各地市域社会治理的具体举措。推进融合化的党建引领工作，把加强基层党的建设作为贯穿基层社会治理的一条主线，深化区域化党建模式，实现社区党委全覆盖，以党建激发社会组织活力，健全基层社区听证、村民说事等协商议事机制。

强化推进市域社会治理的法治保障，尤其是地方立法权。设区的市具有相对完备的立法和行政司法权限，可制定相对完备的地方性法规规章。市域层级的地方立法权是市域社会治理中最有力度的社会资本，因此市域层级的治理具有特殊的地位。市域立足本地实际，统筹谋划，是结合当地区域情形的谋划者和治理行动的推动者，因此市域社会治理在地方社会治理中应扮演主导者的角色。在社会治理中要运用好这一地方立法权，根据区域发展的内在需求，通过制定完善条例法规，调整社会政策，在市域层面来统筹解决结构性社会问题，改善民生，协调社会各方面的利益关系，增强社会凝聚力，实现社会稳定和谐有序。

2. 把市域社会治理现代化摆到更加突出的位置

深入贯彻习近平总书记重要指示精神，按照中央的部署要求，探索市域社会治理现代化的路径，要立足省情，通盘谋划，整体联动，把加强市域社会治理作为一项艰巨的政治责任，作为推进河北现代化强省建设的关键一环，纳入全省经济社会发展大局。

市域社会治理是一项复杂的系统工程，需要对市域中市、区县、乡镇街道三级权责关系进行系统整理，完善权责明晰、层层推进的三级系统治理框架，形成由市级统筹协调、区县级组织实施、乡镇街道落实安排的治理架构。在市级层面，重在系统谋划，做好顶层的制度设计，整合资源、完善政策、强化督导；在区县层面，关键是区县的组织实施，要不断优化目标任务，制定具体实施方案，聚焦解决突出问题；在乡镇街道层面，要强化基层社会治理和公共服务职能，推动社会治理和服务重心向基层下移，把更多资源、服务、管理下沉到基层，健全基层社会治理新格局。

积极推进河北省市域社会治理现代化试点工作，要实现两个方面的创新。一方面要积极借鉴新时代"枫桥经验"，力争把重大矛盾风险防控化解在市域层级，维护社会的和谐与稳定，以"市域之治"助推"中国之治"。充分借鉴全国各类试点工作经验，以改革创新的思路，对市域社会治理现代化试点进行系统谋划，健全市域社会治理现代化的推进机制。另一方面要在推动社会治理民主化、科学化、精细化方面进行创新，在基层形成政府与社会良性互动、相互制衡、彼此增能的关系。同时应健全基层社区治理和服务机制，畅通群众参与基层社会治理的制度化渠道，实现社会有序而充满活力。

3. 以大数据平台建设为核心，整合市域三级大数据资源

针对传统条块分割的社会治理问题，全国各地都在推进创新大数据信息化技术的应用。为加快推进浙江省信息资源的整合开放和大数据产业发展，2015年浙江省数据管理中心成立，该中心组织实施大数据发展规划和政策措施，研究制定数据资源采集、应用、共享等标准规范，组织协调大数据资源归集整合、共享开放，推进大数据应用；2017年贵州印发《贵州省大数据发展管理局主要职责内设机构和人员编制规定》，贵州成立了贵州省大数据发展管理局，该局为省人民政府正厅级直属事业单位。截至2020年10月，全国已有20多个省市设立了大数据管理机构，河北省作为环绕京津的重要省份应迎头赶上，5G时代已经来临，数字经济社会高质量发展迫切需要河北省学习借鉴其他省市大数据管理机构设立的经验，加快设立大数据管理中心、大数据发展管理局。

针对市域社会治理，建议河北省在市域层面，进一步整合市域三级社会治理硬件资源，在市级层面积极搭建一个层级的大数据平台，加快大数据管理服务平台的建设工作。在横向上线上线下整合各个相关部门的数据资源，全面整合综治中心、智慧党建、数字城管、广电网络以及涉及环保、市场监管、民政、卫健、交通、水务等各部门的智慧系统；在纵向上进行市域中市、区县、乡镇街道三级线上线下的数据资源整合。通过大数据平台的建设，打破部门间"数据孤岛"，打通数据壁垒，推动云计算、大数据、人工

智能、区块链等现代科技与市域社会治理有效融合，推进大数据信息化手段在市域社会治理工作中的综合运用，在技术防范、技术管控和技术支撑上进一步拓展、融合、放大，提升智能化社会治理水平。通过大数据平台建设，聚合网络资源，构建党建网、远教网、雪亮工程等"一网式"智慧党建综合体，让数据多跑路、群众少跑腿，实现"一网通办、一次办好"，切实提升为民服务的质量。

4. 进一步加强市域社会治理现代化的制度创新

通过制度建设和强化制度实施提高民众参与社会治理的积极性，推进市域社会治理现代化的制度创新。一是建议提升网格化的社会治理精细化水平。目前，河北省网格化已经基本实现全覆盖，但存在服务管理不够精准、网格员保障制度落实不到位等问题。建议以社区、楼院为基本单元，进一步合理设置网格的规模和合理进行制度安排。完善奖励制度、"费随事转"的制度，逐步落实网格员岗位补助。二是建议完善对部门及群众的考评制度。一方面，在充分发挥各级各相关部门督导考评指挥作用的前提下，对其进行考核的优化或减量，将考核的工作成效与绩效奖金进行挂钩，进一步调动各级各部门抓好工作的积极性和主动性。另一方面，对广大群众，建议在社会治理工作中推行积分制。利用大数据信息技术，将社会治理各项事务转化为数量化指标，对广大群众日常行为进行评价并形成积分，形成一套有效的激励约束机制，把纷繁复杂的各级事务标准化、具象化，让各级治理工作可量化、有抓手，将基层治理由"任务命令"转化为"激励引导"，持续提升社会治理的精细化、科学化、透明化、规范化水平。三是创新制度机制，完善各类社会组织参与治理的制度化渠道。一方面，完善社会组织发展的制度机制，积极发展城乡基层生活服务类、公益慈善类、专业调处类、治保维稳类等各类社会组织。健全企业社会责任的激励约束机制，鼓励利用技术、数据、人才优势参与社会治理。另一方面，赋权社区，以基层社区治理为依托，以数字化技术为手段，建立社区"时间银行"，开展数字化的社区治理及组织生态系统工程。把每个人的志愿公益服务活动以数字化的分数形式记录在社区"时间银行"，将社区治理提升到新的高度，把以行政命令和倡导为主的管理模式转变成自发的、健康的、充满活力的、可持续的、共建共享的社区治理模式,实现社会的和谐共处。

5. 在保障与改善民生中推进河北省市域社会治理现代化

以民生推民治。社会治理的核心任务和目标是解决民生问题,推动重心下移、保障下倾、力量下沉,把更多资源下沉到基层,以服务为理念,提升服务水平,提供更优质的精准化、精细化服务。在基层社会治理中将治理寓于服务之中,坚持"放管服"三管齐下,减负、赋权、增能同时发力,将更多的人力、物力、财力配置到基层社区。充分发挥大数据技术在社会治理体制机制创新过程中的作用,将数字管理手段引入各个机制创新的过程中,打造"智慧党建""互联网+政务服务"等机制,提高公共服务供给的精细化和精准化水平,具体包括以下几个方面。

一是针对食品安全、环境污染等问题(这是市域社会治理的重要内容)。依托大数据平台,完善居民利益诉求表达机制,为居民反映和诉求表达创造便捷的条件;完善预防预测预警与突发事件应急处置机制,对食品安全生产等问题做好预警和应急处置。

二是针对基层社区物业服务、邻里纠纷等居民的小事务。以基层社区治理为突破口推进市域社会治理,解决民众切身烦心事,把准社会心态,疏解社会不良情绪。当前特别需要进行社会心理服务的建设,引导形成积极向上的社会心态,完善社会心理引导、教育、服务的管理制度和机制。

三是针对市域居民的住房、就业、工资待遇、劳动权益保障及弱势群体的救济救助、老年人等特殊人群的服务。这些服务关乎人民群众的生存、发展权益保障,要求市域党政机关、公共服务部门、群团组织构建科学规范、运行高效的职能体系和社会治理体系,在党政主导下推动公权力系统、执法司法机构、群团组织、社会组织、志愿者协调行动、增强合力,切实满足人民群众的服务需求,不断增强人民群众的获得感、幸福感和安全感。

市域社会治理是一项复杂的社会系统工程,涉及社会生活的方方面面。社会治理工作才刚刚起步,新形势下河北省市域社会治理的长期性、复杂性、艰巨性的深层次矛盾和根源还需要进一步全面分析和科学把握。河北省要担好首都政治"护城河"这一政治之责,做好这一为政之要,要坚持服从服务大局,全力维护并促进社会和谐稳定而又充满秩序和活力,在下一步治理工作中,要继续进一步完善市域社会治理现代化的路径,推动工作深入开展。总之,任务依然艰巨。

B.7
城市社区治理典型范式路径研究

郑 萍[*]

摘　要： 新时期城市社区治理呈现出新特点，对社区治理现代化提出更高要求。针对城市社区转型中呈现出的诸多新特征，河北在社区治理方面进行了大胆创新的探索实践，形成了多样化的社区治理范式。这些典型范式为推进社区治理现代化夯实了基础，但也呈现局部创新、碎片化实践的特点，需要在实践中不断创新完善，探索形成与河北实际高度契合的城市社区治理模式。面对新时期新特点新要求，河北在当下和未来相当长时期内城市社区治理现代化的重点应转向"软件"建设，充分发挥社区党组织的统筹协调功能，激发"多元共治"活水效应，以准入清单推动社区"减负增效"，完善社区工作者职业化体系，率先推进数字社区建设，构建健康社区治理长效机制。

关键词： 城市社区治理　社会组织　物业管理

社区治理是国家治理的基本单元和关键环节。随着城镇化的快速发展，城市各类社会矛盾和利益冲突延伸至社区，社区日益成为新时期社会主要矛盾集中的节点，传统城市基层管理体制已难以适应现代城市社区发

---

[*] 郑萍，硕士，河北省社会科学院社会发展研究所副研究员，主要研究方向为社会治理和社区研究。

展的要求,新冠肺炎疫情防控常态化更是对城市社区治理提出了新要求,亟须探索城市社区治理新机制,实现城市社区治理的整体蝶变。针对城市社区转型中呈现出的诸多新特征,河北在社区治理方面进行了大胆创新的探索实践,形成了多样化的社区治理范式。这些典型范式为推进社区治理现代化夯实了基础,但也呈现局部创新、碎片化实践的特点,需要在实践中不断创新完善,探索形成与河北实际高度契合的城市社区治理模式。本报告对河北23个社区进行了问卷调查和访谈,对实践中形成的不同社区治理范式进行了总结分析,对提升城市社区治理效能提出了一些探索性的新思路。

一 新时期城市社区治理新特征

(一)社区结构异质性凸显,急需新的整合机制推进社区共同体建设

随着城镇化快速发展,大量人口涌入城市,城市传统单位制居住模式迅速瓦解,社区人口异质性凸显,居民来源于不同地区、不同单位,利益诉求呈现多样化特征,城市社区由传统的"熟人社会"转型进入"陌生人社会",社区成为社会利益冲突新的交汇点,社区融合受到不同程度影响,急需新的整合机制推进社区共同体建设。

(二)社区治理主体多元化,急需新的协调机制理顺相互关系

社区异质性的增加使社区治理呈现日益复杂的现实状况,社区治理格局由政府"单打独斗"演变为由社区居委会、业委会、物业、社会组织、居民等多元主体共同参与。目前社区治理的制度体系不完善,部分政策法规多为原则性的提倡引导,缺乏可操作性,执行不规范,一定程度上引发了参与的无序化,出现"过度参与"和"无效参与"现象。面对日趋复杂的参与网络,城市社区急需一个能够有效协调主体间相互关系的立体化新型治理体系,实现治理资源有效配置和参与行为有效规范。

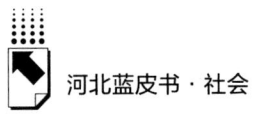

二 社区治理范式多样化

（一）社会组织协同治理范式

石家庄赵陵铺路街道办事处通过政府购买服务，积极引进社工机构专业孵化社区社会组织，社区为社工机构提供办公场所，社工机构派驻专业人员对社区社会组织进行培育孵化，在扩大社区社会组织规模的同时，提升社区社会组织参与社区治理的能力。赵陵铺路街道办事处积极推动红色社区与社会组织强强联合，把辖区内苏秀苑社区和星河御城社区作为试点，两个试点社区共培育22个社区社会组织。街道办事处以社区群众需求为导向，引进相关专业社工人才，有针对性地培育扶持特色社会组织，推动形成社区特色服务品牌。

现代基层治理的理念打破以往由政府单一主导的传统模式，倡导多元共治。协同治理通过引入社会力量，提供更有针对性的服务，满足群众多样化的服务需求，提升了社区治理的精细化程度。社会组织协同参与社区治理极大地丰富了社区治理的方式，加强了社区服务的针对性和精准性，同时增强了居民参与社区治理与自治的自觉性，居民成为社区治理的实质参与者。引入专业社工组织，对社区社会组织进行专业引导，为居民提供更加专业的服务，提升了社区治理的专业化、社会化水平。

（二）红色物业范式

随着城市化进程的加快，物业服务成为群众日常生活中不可或缺的基本服务，物业服务呈现加速发展趋势。截至2019年末，河北全省有住宅小区29969个，面积达13.1亿平方米，其中有物业管理的住宅小区13470个，面积达10.1亿平方米，住宅物业管理覆盖率达77.1%（按面积计算）。推进物业管理与社区治理融合发展，成为新时期城市社区治理的又一创新。石家庄打造红色物业，以党建引领加强社区居民委员会、物业和业主委员会的政治联系，构建社区与物业联动服务的制度机制，通过定期召开联席会议，对社区重大事务进行商讨，形成社区党组织、小区物业、业主协商共治的格局，推动物业管理由单向管理向多元共治转变。

红色物业充分发挥了基层党组织总揽全局、服务群众、凝聚力量的作用，加强了对物业服务的监管，有效缓解了基层物管矛盾，在实践中显著提升了社区治理能力，治理效果得到群众认可。同时让物业有偿承担部分公共服务职能，有效弥补了基层社区人力的不足，拓展了基层公共服务平台，提升了社区服务效能。但也应该看到，红色物业作为社区治理的一个新生事物，还处在不断完善的阶段。当前河北物业管理行业发展不充分、不均衡现象突出，存在监管不严、服务不优等问题，社区、物管和业主之间的关系有待进一步理顺。

（三）党建网格范式

网格化管理是社区治理精准化的一种重要方式，已经成为完善基层治理体制、推进基层治理现代化和打造共建共治共享社会治理格局的重大实践创新。黄骅市骅中街道以党建为引领统筹网格化管理全局，创新探索"网格＋红色支部""网格＋红色管家"等社区治理模式。"网格＋红色支部"通过在网格内嵌入建设党支部，推动党组织向末梢延伸。网格内有效发挥党组织的领导核心作用，协调公安、环卫、城管、安监、信访、志愿服务等多方力量，实现"人、地、物、事"全要素管理，及时回应民意民盼，解决了一批长期以来没能解决的问题。网格党支部创新"1＋3＋N"（1个党支部活动阵地、3个管理平台、N个服务品牌）工作模式，将网格党支部书记、网格员、环卫员、物管员、调解员全部纳入网格管理，"一网七员"组团参与网格化管理，极大地提升了战斗力。"网格＋红色管家"扩大了社区治理队伍的覆盖面。骅中街道将街道工作人员、社区工作者、网格员、志愿服务者、行政执法人员、辖区内机关单位党员干部、退休老干部、广大居民、普通党员、商户等这"十类人员"吸纳为"红色管家"，创新运用志愿服务、党政监管"两只手"助力网格化管理科学发展，并开展新时代文明实践"网格管家"招聘，面向辖区招聘"信誉楼大街街长""海园市场片长"等人员。

骈中街道的实践证明，网格化管理已经成为社区治理的重要抓手，尤其是面对新冠肺炎疫情的严峻考验，网格化管理充分发挥了党组织动员凝聚广大人民群众的重要功能，有效的社会动员为打赢疫情防控的人民战争奠定了坚实的人力和资源基础。网格化建设将党建覆盖社区治理全过程，快速收集问题、反馈结果，提高工作效率，确保为居民提供全面的公共服务。

三 新时期河北城市社区治理亟须突破的瓶颈

（一）社区治理"强行政，弱服务"，实践中尚未形成有效的民主自治

在国家加强基层建设过程中，社区居委会不可避免地承担了大量的行政下派事务，需要进行各种临时性统计，上报各种台账、报表，应付各类检查等。问卷数据显示，行政事务占社区工作量的比例最多达到76.8%，最少为62.3%，繁杂的行政事务使社区没有更多的精力创新性开展社区自治性活动，难以满足日趋多样化的群众需求。社区考核注重行政事务指标，忽视群众评价和反馈，尚未形成群众参与的民主监督考核机制。城市社区业主组织发育不成熟，一半以上的社区没有成立业主委员会，多数业主委员会处于萌芽或发展阶段。社区自治性的法律法规在实践中未能有效执行，问卷数据显示，城市社区居民委员会直接选举的覆盖面仅为23%，将近85%的被访居民从未参加过本社区居民会议，82%的被访居民没有参与过社区居委会换届选举。

（二）社区工作者职业化处于起步阶段，难以吸引优秀专业人才

社区工作人员工资待遇偏低，尚未建立相应的工资增长机制。调查显示，社区居委会中60%的人员处于临时聘用岗位，一直采用最低工资标准，

公开招聘的大学生社工岗位，虽然参照事业单位工资标准，但没有完善的职称晋升政策，工资提升幅度有限。社区工作缺乏有效的激励机制，职业发展空间有限，尚未建立职务晋升机制，缺少晋升机会，难以吸引优秀人才进入社区，不利于社区工作者队伍的整体稳定。对162名社区工作者的调查显示，仅有35%的人员愿意长期从事社区工作，这部分人主要集中在40岁及以上年龄段，40岁以下人员多希望寻求更好的发展机会。社区专业社工人才占比偏低，调查社区中拥有初级以上社会工作师资格的人员仅占23.6%，仅有18.7%的人接受过专业教育和相关技能培训。

（三）社区社会组织低水平发展，三社联动尚未取得预期成效

三社联动的实施一定程度上促进了社会组织的快速发展，但与预期成效存在一定差距。河北社区社会组织数量明显增多，但大多集中于文体娱乐领域，公共服务志愿类社区社会组织较为缺乏，难以满足居民日益多元化的服务需求。社区社会组织多基于共同兴趣爱好开展活动，没有完整的组织架构和财务制度，河北省会城市石家庄的社区社会组织登记注册率仅为15.6%，我们所调查的社区中，82.6%的社区社会组织由于不具备注册登记的条件，仅进行了备案管理，难以获得政府资助和社会捐赠，无法规范化、可持续参与社区治理。三社联动采取自上而下的项目供给方式，项目设计缺乏居民参与机制，造成项目供给与实际需求脱节，不利于整个联动模式高效运转。面对突如其来的新冠肺炎疫情，社区社会组织暴露出社会动员、回应需求、线上线下引导等方面能力的不足，在社区疫情防控中边缘化，三社联动效应尚未充分发挥。

（四）社区物管矛盾突出，物业管理与社区治理尚未实现深度融合

河北社区物业服务发展不充分，覆盖率较低，全省仅有不到一半（按小区数计算）的住宅小区配有物业管理，绝大多数的老旧小区缺乏正规的物业管理。社区物业管理过度市场化，物业服务的准公共产品性质弱化，社区物管矛盾突出。问卷数据显示，仅有23%的被访者对本小区物业服务表

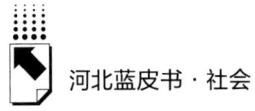

示满意,石家庄关于居民与物业矛盾的电话投诉占12345市长热线投诉总量的1/3。河北尚未出台物业参与社区治理的实质性激励政策,物业参与社区治理的积极性和潜力没有得到充分发挥,居委会对物业的监督指导缺乏实质性的制约机制,协商议事的实施效果大打折扣,物业管理与社区治理尚未实现深度融合。

(五)社区危机应对能力不足,尚未形成多元高效的社区疫情防控体系

社区作为防控第一线,在新冠肺炎疫情防控中暴露出危机应对能力的不足,多元高效的社区疫情防控体系尚未形成。疫情防控社区动员能力不足,志愿者多是依靠行政手段下沉社区支援抗疫的机关公职人员,个别社区甚至出现招募公众志愿者零响应的现象。疫情防控信息化程度不高,智慧城市信息数据平台没有延伸至社区,社区无法迅速、高效地提供并实时接收动态数据信息,导致社区疫情信息重复多头报送,无法满足便捷化的管理需求。社区与社区卫生机构横向联动机制不健全,社区卫生机构花费更多精力来应对上级医疗机构的工作安排,对社区开展应急演练、健康监测、环境消杀、生活垃圾安全处理等工作指导不够。社区常规性应急演练缺位,问卷数据显示,92%的被访社区没有开展过应急演练实践,遇到突发性事件时,多处于被动应付状态。

四 新时期河北城市社区治理的实践重点

(一)统筹行政任务与社区服务双重职能,推动社区"减负增效"

针对社区行政化倾向凸显问题,党和政府实施了一系列行政化改革,但实践中完全意义上的社区"去行政化"很难实现,因此,在很长一段时间,社区仍要担负行政任务与社区服务双重职能,应通过确定社区行政事项合理范围,为社区自治服务腾出更多时间和精力,逐步完成功能过渡。严格实行

准入制度，制定完善社区工作事项清单，对清单以外必须延伸到社区的临时性工作事项，执行必要的前置审批程序，同时要提供与此事项相匹配的经费保障。推行街区体制改革，扩大街道行政服务中心职能，集中承接社区行政事务。进一步规范社区民主与选举，完善细化候选人资格条件，提升社区居委会人员直选比例，提高居委会成员中本社区居民比例。依托财政资金保障社区办公和服务居民的基本经费需求，建立社区经费常态化保障机制，设立社区保障性资金，满足社区服务基本需求。积极拓展社区资金来源渠道，尤其要落实社区特别法人资格，探索建立社区公益金，盘活社区资源，为社区提供更加多元、更具有针对性的服务，鼓励社区居民积极进行项目申请，增强社区自治活力。弱化行政考核，增加居民满意度评价，优化社区考核，建立"上下融合"的评估反馈机制。

（二）优化社区人才配置，提升社区服务能力

适度提高门槛，优化人才结构。加大公开选聘力度，适度提高门槛，设置本科以上学历和拥有社会工作职业资格等门槛条件，增加高校毕业生在社区专职工作者队伍中的比例，优化学历结构。制度化聘请相关专家或专业社工开展社区服务专题讲座，提升社区工作人员能力。通过薪资奖励等措施，鼓励社区工作者参加社工资格考试，提升社区治理专业化水平，推动社区工作者向专业社会工作者转变。鼓励社区与高校深度合作，探索将社区作为高校学生的实习基地，一方面弥补社区人力方面的不足，另一方面通过高校学生的专业实践带动提升社区治理的专业化水平。建立科学合理的社区工作者职业化体系，完善职级并行制度，创新适合社区工作特点的动态调整、逐年增长的薪酬体系。

（三）党建引领，激发"多元共治"活水效应

探索实行组织联建，打造"嵌入式"党建。建立社区居委会、物业服务企业、业委会、社会组织党建联席会议制度，在党建中寻找各方价值认同的契合点，对社区内联动工作中的重大事项进行协商解决。推广"红

色物业",加强创新党组织对物业服务企业的指导,建立社区对物业服务企业的约束机制,推行社区和物业人员的交叉任职,促进物业参与社区治理。进一步完善物业管理地方性法规,明确物业服务的准公共产品性质,将物业纳入城市社区治理体系,弥补社区治理人手的不足,解决服务居民"最后100米"等痛点问题。充分盘活物业资源,建立面向物业行业的政府购买服务机制,支持物业企业承担公共服务职能,将物业作为社区公共服务平台的延伸,接受居民反映诉求,建立政务服务代办点,促使物业深度参与社区治理。完善社区物业激励机制,对在重大公共事件中表现优秀的给予奖励,对落实不力的给予曝光惩罚。撬动社会资源,积极挖掘和培养"社区居民领袖",鼓励贤能热心老年人退而不休,发挥余热,为社区治理出谋献策。通过项目申请方式,资助支持居民自发组织志愿服务,并给予专业引导和指导,提升居民参与志愿服务的积极性。与高校合作建立社区志愿服务长效机制,吸纳高校专家、大学生公益人才和高校志愿者定期进入社区开展志愿服务,培育发展专业引领的社区志愿者队伍,增强志愿服务专业性。着力加快培育孵化社区社会组织,扩大社区社会组织规模,重点培育孵化健康、家政、养老、救助等类型的社会组织,特别要着手培育具有应急救援能力的社会组织,补齐社区服务模式单一、精细化不足的短板,满足群众日益多样化的服务需求。设立专项扶持基金,给予新登记和备案的社区社会组织一次性成立扶持资金,给予公益性服务社会组织常态化资金扶持。通过政府购买,引进第三方专业孵化机构,通过培训、咨询和资源共享,提供专业精准的孵化服务,挖掘社会组织团队建设和服务的可持续发展潜力。

(四)抢抓"新基建"机遇,率先推进智慧社区建设

加快社区网络设施和便民服务终端统筹建设,推进社区数字基础设施适度超前建设,持续提升城市社区网络支撑能力。积极推动老旧小区基础设施智能化升级,推广智能机器人、智能充电桩等便民服务终端,重点加快群众反映强烈的社区监控系统、楼宇门禁系统、停车系统的改造升级,推动社区

治安防控数字化。统筹推进社区信息系统集约化建设，建设基于区块链的数字社区服务平台，建立与上级政务数据中心数据共享和同步更新的机制，适应疫情防控常态化背景下社区人口信息排查需求。先行先试建设数字社区，联网整合监控、门禁、职能识别等感知数据，接入市级平台，提升社区数字信息共享层次。简化智能操作流程，增强应用包容性。社区服务对象具有多元化特点，数字技术接受使用能力差异明显，尤其老年群体接受学习新技术能力较差，常因技术使用壁垒被排除在信息平台之外。智慧社区建设要最大可能地包容老年群体，简化平台操作程序，增加语音输入功能，增强技术应用的可及性。

参考文献

金昱彤：《城市社区治理创新：结构挑战与策略选择》，《中共南京市委党校学报》2018年第4期。

杨军剑：《城市社区治理效能的整体提升及优化路径探析》，《学习论坛》2019年第8期。

肖丹：《城市社区治理的现状、问题与发展之道》，《法制与社会》2018年第7期。

孔娜娜：《"新治理"：新时代城市社区治理的趋势与挑战》，《社会主义研究》2019年第4期。

B.8
公共危机应对中志愿服务参与问题研究

张齐超*

摘　要： 公共危机是现代社会治理中的重大问题，往往具有突发性、急迫性和广泛而强烈的社会影响，志愿服务是有效应对公共危机的重要力量。志愿服务体系大致可分为三类。新冠肺炎疫情防控中志愿服务呈现出服务内容的多样性，同时志愿服务更加突出专业性，更加聚焦社区场景；在志愿服务的动员和组织机制方面，志愿服务主要通过三种模式参与到疫情防控之中。面对新冠病毒引发的公共危机，志愿服务暴露出专业性不足、应急性不足、与其他社会治理主体协同性不足等缺陷。对此，应在社会治理现代化视域下提升志愿服务与社会治理多元主体的协同合作水平，加强志愿服务的专业性、社会性、制度化。

关键词： 志愿服务　公共危机　社会治理

一　公共危机应对与志愿服务

贝克在《风险社会》中提到，当今社会正进入风险社会，现代社会的

---

* 张齐超，博士，河北省社会科学院社会发展研究所助理研究员，主要研究方向为新型城镇化、社会治理、城乡社区变迁。

公共危机所具有的复杂性不是一些自然灾害所能够比拟的。关于公共危机，美国公共危机问题专家乌里尔·罗森塔尔的定义被广泛参考，公共危机是"对一个系统的基本价值和行为准则架构产生严重威胁，并且在时间压力和不确定极高的情况下，必须对其作出关键决策的事件"。① 薛澜等学者对公共危机的界定与之大体一致。② 李佳慧等则将公共危机定义为"由突发性事件引起，严重威胁与危害公共安全和公共利益并引发公众恐慌与社会紊乱，需要运用公共权力、公共政策以及公共资源紧急应对与处理的紧急状况与非常事态"。③

从以上关于公共危机的定义可以看出，公共危机具有突发性和急迫性，公共危机的触发具有突然性，并且在人群高度流动和信息高度网络化的社会背景下，公共危机会在短时间内产生极具扩散性的影响，新冠肺炎疫情、SARS等公共危机的产生和传播很明显能体现出这些特征。相应地，应对公共危机需要在很短时间内形成相应措施，常态化的治理机制往往失效，大量的人力、物资需要在短时间内被快速、精准地输送到有需要的地方，同时对专业性知识、专业化分工要求较高。另外，公共危机还具有较强的社会建构性，这既"体现在社会治理环境、主体、要素、机制对于应对突发事件具有重要影响，也体现在突发事件应对过程对社会治理体系的反向塑造作用"。④

志愿服务是现代社会的重要特征，经过多年发展，我国已经形成了庞大的志愿者队伍，截至2021年2月，我国实名志愿者总数达1.92亿人，志愿者团体总数达78万个，志愿项目总数达478万个，服务时间总数达

---

① 〔德〕贝克：《风险社会》，转引自闵兢、华学成《公共危机治理视域下的社区应急准备》，《学海》2011年第4期，第109页。
② 薛澜、张强、钟开斌：《危机管理：转型期中国面临的挑战》，《中国软科学》2003年第4期。
③ 李佳慧、张丽艳：《公共危机协同治理的路径构建研究》，《改革与开放》2017年第13期，第6页。
④ 张强、张元：《中国应急志愿服务发展现状与前瞻——基于新冠肺炎疫情应对的观察》，《杭州师范大学学报》（社会科学版）2020年第4期，第100页。

26亿小时。① 公共危机需要公众共同应对，将志愿者和志愿服务团队动员起来就是在集聚广泛的公众力量，形成应对公共危机的社会基础，提高应对公共危机的能力。学者将志愿服务的作用归纳为：应急管理中的人力供给渠道、知识传递渠道、服务递送渠道和社会调节渠道。②

本报告研究的问题是志愿服务如何介入公共危机应对之中，并从三个角度分析这一问题：介入面向、介入机制、介入历程。介入面向是指，志愿行动从哪些方面提供服务，呈现怎样的特征。介入机制是指，志愿行动通过怎样的机制被动员起来，不同机制的特征与行动的后果有哪些不同。介入历程是指，在公共危机应对周期的不同阶段，志愿服务参与的特征差异是什么。研究思路是首先从组织架构和动员机制两个方面对志愿服务体系加以简要介绍，以此呈现公共危机应对中，志愿服务的制度和组织基础；其次以新冠肺炎疫情防控为例，回答志愿服务如何介入公共危机应对之中；最后对志愿服务发挥的作用、表现出的不足和优化方向进行评论。

二 志愿服务体系

这一部分从组织和制度层面对常态化的志愿服务体系的构成和运行机制进行分析，以此为基础分析面对公共卫生危机，志愿服务体系如何发挥作用。

（一）政府主导的分级分类的志愿服务体系

2017年《志愿服务条例》提出县级以上政府有规划发展志愿服务的责任。通常由文明办（中心）作为牵头单位，指导党政各部门组建志愿

---

① 根据中国志愿服务网"全国志愿服务数据统计"整理（省略小数点后数字），https://www.chinavolunteer.cn/。
② 张强、张元：《中国应急志愿服务发展现状与前瞻——基于新冠肺炎疫情应对的观察》，《杭州师范大学学报》（社会科学版）2020年第4期。

服务队、志愿服务联合会或协会,志愿者多由本部门成员构成,形成了以"省级、市级、县级、乡级"四级党政机关、事业单位的党员干部职工为主要成员的志愿服务体系。在省、市、县还组建"统筹型志愿服务组织"①,即志愿服务联合会或协会,并在文明办(中心)指导下统筹联合各类志愿服务组织开展志愿服务。

社区志愿服务组织是另一种政府主导的志愿服务体系。基层社区建设的一个重要内容是加强社区志愿服务,社区通常设立志愿服务站,以此组建本社区的志愿服务组织,并在街道办事处和居委会的领导下开展志愿服务。

共青团、妇联、工会等群团组织领导下的志愿服务组织也是一种很重要的志愿服务体系。共青团很早就组建了领导青年志愿者的组织,凭借自身垂直性领导体系,各级团委均成立了青年志愿者组织,并指导高校、初高中学校成立青年志愿者组织,其发起和运行志愿服务项目的机制是,共青团利用自身联络青年人较多的优势,发动青年志愿者加入服务项目。

总体而言,政府主导的分级分类的志愿服务体系在志愿服务动员机制方面具有行政任务导向的特征,强调志愿服务的数量和覆盖面,具有动员能力强、组织架构完备的优点,但也存在形式化、非自主等不足。

(二)社会力量主导的志愿服务体系

除了政府主导的志愿服务体系,还存在大量民间志愿服务组织。这类民间志愿服务组织是"由民间自下而上设立的,以从事志愿服务等公益活动为主要任务",② 有些是在民政部门注册或备案过,也有些是没有进行正式注册的草根组织,相关统计估计这类非正式注册的志愿服务组织能够占到全

---

① 谭建光等:《中国志愿服务组织培育与发展报告》,中国志愿服务联合会编著《志愿服务蓝皮书:中国志愿服务发展报告(2017)》,社会科学文献出版社,2017,第96页。
② 谭建光等:《中国志愿服务组织培育与发展报告》,中国志愿服务联合会编著《志愿服务蓝皮书:中国志愿服务发展报告(2017)》,社会科学文献出版社,2017,第105页。

部志愿服务组织的8.58%,[1] 可见,民间志愿服务组织正成为我国志愿服务的重要力量。

相对于政府主导的志愿服务体系强烈的行政任务导向特征,民间社会力量主导的志愿服务体系更多是从社会需求、民生需求出发,"更好地体现了自愿、无偿、公益的志愿服务属性",[2] 其组织架构和动员机制更加灵活,对基层需求的反应更加迅速和灵敏。随着民间志愿服务体系的发展,其在救助弱势群体、保护环境、应急救援等方面发挥着越来越重要的作用。

(三)公民个人自发的、即兴的、互助的志愿行动

严格来说,公民个体的志愿行动并不构成志愿服务体系,但是基于个体志愿精神,个体开展的志愿服务是不能够忽视的,同时基于个人决策的志愿行动具有较强的自发性、灵活性,有些个体的志愿行动可能会被前面两个体系吸纳。

三 志愿服务参与新冠肺炎疫情防控的特征与机制

我们对2020年3月河北志愿服务网发布的各地市共286个服务项目进行了统计(见表1),以此分析新冠肺炎疫情防控期间志愿服务参与状况,这些样本不能够完全涵盖同期全省的志愿服务活动,但在一定程度上可以说明志愿服务参与的类型、内容和运作机制。接下来我们从三个方面分析志愿服务参与新冠肺炎疫情防控呈现出的特征。

---

[1] 谭建光等:《中国志愿服务组织培育与发展报告》,中国志愿服务联合会编著《志愿服务蓝皮书:中国志愿服务发展报告(2017)》,社会科学文献出版社,2017,第106页。
[2] 谭建光等:《中国志愿服务组织培育与发展报告》,中国志愿服务联合会编著《志愿服务蓝皮书:中国志愿服务发展报告(2017)》,社会科学文献出版社,2017,第106页。

表1 2020年3月河北省防疫志愿服务项目统计

单位：个

	社区防控	慰问照料	交通防控	捐赠物资	网络净化	防控宣传	防疫消杀	心理疏导	健康咨询	代办代买	预防药物调制
政府部门	22	3	2	1	1	1	1	0	0	0	0
群团组织	2	4	0	0	0	0	1	2	0	0	0
文明办(中心)	8	3	0	1	0	0	1	1	1	0	0
社区	146	5	0	0	1	16	7	3	0	2	0
企业	10	4	0	0	0	4	0	0	0	0	0
医院	0	0	0	0	0	0	1	0	1	0	1
民间社团	5	10	0	2	1	0	3	3	1	4	0
小计	193	29	2	4	3	21	15	9	3	6	1

资料来源：根据河北志愿服务网发布的"2020年3月报送志愿服务项目"相关信息整理而得。

（一）志愿服务的特征

1. 志愿服务内容多样性突出

从表1所列内容来看，疫情防控中志愿服务呈现出服务项目、服务对象和服务场景的多样性。首先，服务项目多达11种，涵盖社区防控、防疫消杀、慰问照料、防控宣传等疫情防控和民生照护各个方面。其次，在服务对象方面，包括志愿者帮助医护人员便捷通勤、慰问照料医务人员家属和社区生活困难群众等。最后，在服务场景方面，既包括社区、重点道路协助防疫执勤，也包括互联网"线上"进行防疫知识宣传、虚假信息和谣言净化、监测信息的网络更新、线上医疗咨询、线上心理疏导等志愿服务。

2. 志愿服务突出专业性

因为新型冠状病毒肺炎传染性强、影响广泛，所以志愿服务在参与疫情防控过程中呈现出较强的专业性，这表现在两个方面。

一方面，疫情防控有较高的专业知识要求，因此对专业志愿者、专业社会组织的需求量大，其中医生及护士群体的专业能力、社会工作者的心理疏导能力、红十字会下的蓝天救援队的专业消杀能力等在抗疫志愿服务中展现出很大优势。在石家庄2021年1月新冠肺炎疫情防控工作中，大量医生、护士组成志愿者队伍为全市1000多万人进行多轮核酸检测、参与医疗救助，发挥了不可替代的作用。

另一方面，志愿服务项目大多嵌入疫情防控的关键环节，对阻断疫情传播发挥了重要作用。新冠肺炎疫情暴发之后，科研人员和疫情防控部门不断揭示病毒传播的途径，并及时发布和更新疫情防控的科学指南，不仅包括个人预防和治疗措施，也包括整体疫情的防控措施。这些指南也为志愿服务参与疫情防控提供了依据，可以看到，志愿服务主要介入社区防控、防疫消杀、防控宣传等环节，这些环节正是阻断疫情传播的重要环节甚至关键环节，这体现出了志愿服务的专业性。

3. 志愿服务聚焦社区场景

社区在新冠肺炎疫情防控过程中居于极为关键的地位，"所有的灾害风险第一时间的发生都是在社区，因此如何抓好社区这个关键性节点的建设会成为风险治理中的关键点"。① 切断病毒感染链条、保障危机中人民的生活等各项任务都汇集到社区层面，社区基础薄弱的问题暴露无遗，城市中一些常住人口达万余人的社区仅有10名社区工作者，② 仅依靠社区工作者显然难以承担起新冠肺炎疫情社区防控的重任，必须迅速充实社区工作人员和物资。鉴于此，社区成为志愿服务的重点。一方面将动员起来的政府部门、社会组织的志愿者队伍和筹措的物资下沉到社区以补充社区力量，协助社区开展人员排查、防疫消杀、信息更新、防控宣传等工作；另一方面动员社区居民积极加入志愿服务，形成社区自身的志愿服务力量，同时借助邻里关系，社区居民的志愿服务在服务对象和方式上更加精细，进而增强社区应对公共卫生危机的韧性。

---

① 张强：《"机会窗口"与应急管理中政社合作"新常态"——全面认知新冠肺炎疫情应对中的社会参与》，《中国非营利评论》2020年第1期，第4页。
② 参考齐晨光《石家庄长安区桃园镇庄窠社区：300余名志愿者活跃在抗疫一线》，河北新闻网，2021年1月18日，http：//hebei．hebnews．cn/2021－01/18/content_8330448．htm。该报道称庄窠社区现有古运码头一期和二期、庄窠老旧小区、税务局宿舍、财富天下共5个小区，5503户，常住人口万余人，而社区只有10名工作人员。

（二）志愿服务的动员和组织机制

1. 依托政府主导的志愿服务体系的自上而下的动员模式

新冠肺炎疫情暴发之后，中央文明办联合中国志愿服务联合会发布号召志愿者和志愿服务组织积极有序参与疫情防控的倡议书，随后省级、市县级文明办（中心）积极响应，组织各志愿服务团队和志愿者有序参与疫情防控。首先动员了省市县乡四级机关、各事业单位以党员干部职工为主体的志愿服务队伍，这些志愿者就地到社区报到，并被安排下沉到社区、交通要道等基层一线，充实基层防控力量，协助开展社区测温排查、秩序维持、防控宣传、慰问照料等各项志愿服务。志愿者参与文明城市创建过程中建立起来的工作机制和人员队伍也发挥了重要作用，例如疫情暴发以后，湖北省的一些城市"将文明城市、文明村镇创建工作机制转化为疫情防控战时机制，依托创建工作体系层层传导疫情防控工作压力，推动工作落实落地"。①

民政部门则充分利用民政系统的力量，动员社会工作者和志愿者开展志愿服务。无论是面临2020年新冠肺炎疫情还是2021年1月河北省突如其来的新冠肺炎疫情，河北省民政部门均及时发布倡议，号召广大社会工作者和志愿者充分发挥自身专业优势，科学有序参与疫情防控，关爱照护弱势群体，使其免于在疫情时期陷入更大的生活困境。

共青团、妇联等群团组织利用自身组织优势，动员青年、妇女志愿者参与到疫情防控中。例如2021年1月，藁城区出现新冠肺炎疫情后，藁城区妇联发出《巾帼携手共抗疫情倡议书》和《巾帼抗疫志愿者招募令》，号召妇女积极加入疫情防控。共青团通常利用青年志愿者联合会广泛动员各级、各学校的青年学生主动参与到志愿服务中。

总体而言，政府部门发起志愿服务主要是采取自上而下的方式，具有统一安排、行政任务分配的特点，行政任务导向的志愿服务动员方式具有较强

---

① 湖北省文明办、湖北文明网：《湖北省文明办：深入开展志愿服务　助力打赢疫情防控阻击战》，中国文明网，2020年3月2日，http://www.wenming.cn/dfcz/hb_1679/202003/t20200304_5455648.shtml。

的动员性和行动力,能够在较短时间内动员庞大的志愿者队伍,快速提供志愿服务。

2."社区自治组织动员+社区居民自发动员"模式

正如上文提到的,社区是疫情防控的关键环节,社区志愿服务对于加强社区防疫力量也非常重要。实际上,"社区自治组织动员+社区居民自发动员"模式在志愿服务提供方面发挥了重要作用。社区志愿行动的成员不仅包括社区志愿者服务站内的志愿者,还吸纳了社区网格员、社区党员、物业人员、普通业主等。在防疫过程中,志愿者与社区工作人员共同行动,开展入户排查、防疫消杀、防控宣传、困难帮扶、社区出入监控、信息报送等,充实了社区疫情防控的力量,保障了社区居民的日常生活。根据相关报道,石家庄在应对2021年1月新冠肺炎疫情过程中,动员了2万余名社区工作者、4万余名志愿者,"每个社区都有一支由社区党支部、居委会领导的社区管理者、志愿者、网格员等多种力量参加的疫情防控队伍"。① 这样的志愿服务发挥了基层党组织和居委会的统筹动员作用,吸纳了社区网格化管理的组织优势,将更多社区成员编织进志愿服务网络中,形成一种"社区共建共治共享"的治理共同体。

3. 基于价值理念激励的社会主体自发动员模式

新冠肺炎疫情暴发之后,涌现出不少社会组织甚至个人积极开展志愿行动,其中包括社会组织动员自身成员和利用自身资源开展志愿服务、具有志愿精神的公民自发结成组织开展志愿服务、公民个人性的志愿服务。例如一些道德楷模、行业代表、知名人士发挥自身的社会网络、行业优势开展物资捐赠与分发、防控宣传等。② 更多的个体志愿者在提供志愿服务时,选择加入社区居委会、社会组织、网站、公众号发布的志愿服务招募,③ 个体自发

---

① 参见赵永辉《河北石家庄:防控疫情 志愿者在行动》,河北新闻网,2021年1月14日,http://hebei.hebnews.cn/2021-01/14/content_8324060.htm。
② 这类例子广泛见诸新闻报道,参见焦磊《河北衡水"老孟爱心团"5吨爱心蔬菜援助疫情防控一线》,河北新闻网,2020年2月5日,http://hebei.hebnews.cn/2020-02/05/content_7684101.htm。
③ 李芳:《公共卫生事件应急志愿服务的经验与前瞻》,《中国社会工作》2020年第10期。

的志愿服务更多地被纳入组织之中，体现出较强的组织性。实施的志愿服务的内容包括：防疫物资募集和捐赠、线上志愿服务（在线的心理危机干预、志愿者平台管理、求助信息收集与发布、资源整合与协调等）。总体而言，社会主体自发动员的志愿服务更多的是自下而上的行动，形成的志愿服务团队相对更具扁平性，所开展的志愿服务更具灵活性，也更多围绕着疫情需求和民生需求，较少受到行政任务导向的影响，在一定程度上弥补了政府主导下志愿服务存在遗漏点、灵活性不足等缺陷。

四　结论

（一）志愿服务对疫情防控的意义及存在的不足

面对新冠病毒引发的公共危机，志愿服务在危机应对中发挥了非常重要的作用。志愿服务提供了大量的人力资源、捐赠物资和专业知识，在较短时间内满足了公共危机治理对人力、物资、知识的需求。以2021年河北省应对突发疫情为例，仅从2021年1月1日至28日，全省"发动志愿者102335人参与疫情防控志愿服务，累计服务时长4070230小时"。①

不过志愿服务在突发公共危机事件的应对机制中存在的不足也暴露出不少，主要表现为志愿服务专业性不足、志愿服务应急性不足、志愿服务与其他社会治理主体协同性不足。具体而言，公共危机应对与治理往往需要较为专业的知识与技能，虽然志愿者数量较大，但在专业人员数量、专业化的动员机制方面尚存在不足。在新冠肺炎疫情应对中，大量志愿者被安排做社区防控，而专业性要求较高的心理疏导、消杀、疾病咨询等志愿服务因专业的志愿者数量不足而造成服务项目较少。应急反应机制方面，尽管疫情暴发之初，志愿服务组织就已经行动起来，但在志愿者招募、志愿服务管理、志愿

---

① 参见杜一方《河北青年志愿者战"疫"一线见闻》，新华网，2021年2月1日，http：//www. he. xinhuanet. com/xinwen/2021 - 02/01/c_ 1127048815. htm。

者培训及权益保障等方面存在不足，一个突出的案例是红十字会在接收和分配捐赠物资过程中，对志愿者的招募、志愿力量的组织与管理存在明显的短板，导致大量物资不能及时分发到有需要的地方。

（二）社会治理现代化视域下发展志愿服务

新冠肺炎疫情防控在某种意义上是一个窗口，暴露出志愿服务存在的问题，所以也应把握好这次"机会窗口"，从理念、实践等层面推动志愿服务在公共危机治理领域更好地发挥治理效能。如上文所述，志愿服务在疫情应对中提供了多方面、多场景的服务，更加聚焦社区，并且在社区场域中，志愿服务与社区其他治理主体协同合作，发挥出更大的治理效能。这意味着，发展志愿服务应当在社会治理现代化的视域下，提升志愿服务与社会治理多元主体的协同合作水平。基层社会治理存在人员、物资不足等缺点，而政府不能一味增加财政投入，此外，志愿服务组织和志愿者队伍力量巨大，那么将志愿服务充实到基层社会治理中，提高其协同合作能力，就成为更好地发挥志愿服务治理效能的重点。

从志愿服务自身角度来说，需要从加强志愿服务专业性、社会性、制度化等方面推进志愿服务建设。加强专业性，需要推进志愿者培训体系建设，杜绝视频自学等形式化的培训现象；志愿者招募方面，应有较为明晰的人员结构配备计划，加大对专业知识背景人士的招募和管理力度。加强社会性，要突出志愿服务的"自发、自愿、无偿"的特性，从人民群众需求和社会治理需求出发，提供满足真实需求的志愿服务。加强制度化，要优化志愿服务参与平台，在志愿服务供给与需求之间建立起有效机制，使志愿服务方便、快捷地参与到社会治理之中；同时强化志愿服务激励保障，形成对志愿服务的有效拉动。

参考文献

杜一方：《河北青年志愿者战"疫"一线见闻》，新华网，2021年2月1日，

http：//www. he. xinhuanet. com/xinwen/2021 – 02/01/c_ 1127048815. htm。

湖北省文明办、湖北文明网：《湖北省文明办：深入开展志愿服务 助力打赢疫情防控阻击战》，中国文明网，2020 年 3 月 2 日，http：//www. wenming. cn/dfcz/hb_ 1679/202003/t20200304_ 5455648. shtml。

焦磊：《河北衡水"老孟爱心团"5 吨爱心蔬菜援助疫情防控一线》，河北新闻网，2020 年 2 月 5 日，http：//hebei. hebnews. cn/2020 – 02/05/content_ 7684101. htm。

李芳：《公共卫生事件应急志愿服务的经验与前瞻》，《中国社会工作》2020 年第 10 期。

李佳慧、张丽艳：《公共危机协同治理的路径构建研究》，《改革与开放》2017 年第 13 期。

闵兢、华学成：《公共危机治理视域下的社区应急准备》，《学海》2011 年第 4 期。

齐晨光：《石家庄长安区桃园镇庄窠社区：300 余名志愿者活跃在抗疫一线》，河北新闻网，2021 年 1 月 18 日，http：//hebei. hebnews. cn/2021 – 01/18/content_ 8330448. htm。

谭建光等：《中国志愿服务组织培育与发展报告》，中国志愿服务联合会编著《志愿服务蓝皮书：中国志愿服务发展报告（2017）》，社会科学文献出版社，2017。

薛澜、张强、钟开斌：《危机管理：转型期中国面临的挑战》，《中国软科学》2003 年第 4 期。

赵永辉：《河北石家庄：防控疫情 志愿者在行动》，河北新闻网，2021 年 1 月 14 日，http：//hebei. hebnews. cn/2021 – 01/14/content_ 8324060. htm。

张强、张元：《中国应急志愿服务发展现状与前瞻——基于新冠肺炎疫情应对的观察》，《杭州师范大学学报》（社会科学版）2020 年第 4 期。

张强：《"机会窗口"与应急管理中政社合作"新常态"——全面认知新冠肺炎疫情应对中的社会参与》，《中国非营利评论》2020 年第 1 期。

B.9
农村社会治理中互联网技术支撑研究

田增志*

摘　要：	随着社会的发展、科技的进步，人类迎来了智能时代，特别是以大数据和云计算为核心的互联网技术发展尤为迅速，而且在现代传播中的影响力也越来越大。作为农业大国，中国的农村占有很大比例，城乡发展不够均衡，如何将最先进的互联网计算机技术与农村社会发展相结合，让现代科技为社会发展服务是非常重要的一个话题。只有当互联网能够对改善欠发达地区和农村贫困人口的生活发挥作用时，它才真正成为推动社会发展的技术工具。中国的互联网普及存在很多问题，通过对互联网在农村的发展现状进行分析，农村互联网的发展主要应从建立"互联网思维"、加大互联网基础设施建设力度等方面展开。
关键词：	农村社会治理　互联网技术　大数据应用

2017年，习近平总书记在党的十九大报告中首次提出"乡村振兴"这一命题，并对产业、生态、乡风、治理等方面提出了新时代的总体要求。习总书记的要求，总体来说，就是按照现代乡村发展的要求和未来社会发展的需要，建设美好的农村家园，从而为实现伟大的"中国梦"做出贡献。习

---

* 田增志，教育人类学博士，河北省社会科学院社会发展研究所助理研究员，主要研究方向为教育社会学、农村社会治理以及传统文化与社会治理等。

总书记为乡村发展描绘了一幅壮丽蓝图，为新农村的发展指明了方向。我们的任务，就是让这幅壮丽蓝图得以实现，这不仅是改善农村面貌、提高人民生活质量的需要，也是顺应时代发展、实现中华民族伟大复兴的需要，是时代赋予我们的历史使命。

其中，在整体推进"乡村振兴"的进程中，乡村治理是国家治理体系的重要组成部分，推进乡村治理也是完善乡村振兴组织保障的必然要求。互联网技术作为现代化发展的重要标志，已经在社会发展的各个方面发挥了巨大的潜力，在乡村治理现代化的进程中，主要的任务就是将互联网作为乡村治理的一把尖刀，使其起到突破和带头的作用。所谓互联网技术，是以计算机技术作为基础，集硬件、软件和应用于一体的现代技术。现在走在我们最前沿的云计算、大数据以及人工智能等就是互联网技术迅猛发展催生出来的。互联网技术作为时代发展的主要推动力量，必然会在我国农村社会治理的历史性变革中发挥巨大作用。

一 互联网技术在农村社会治理中的重要作用

我国农业总体上正处在传统农业向现代农业过渡的阶段。在生产方式上是以小农经济为主逐步朝规模化、产业化、社会化生产的方向转变。由于我国的国情限制，我们从传统农业向现代农业过渡的这一阶段将十分漫长。因此，也导致了现代化以及大数据、云计算为核心的互联网技术要想在农村全面推进，切实解决农户在生产和经营过程中遇到的问题和难题，需要我们做大量的工作。尤其是以大数据、云计算为核心的互联网技术在推进的过程中如何与农村旧的生产方式相结合，找到最佳的问题解决方式，是我们要面临的重大问题。但是，历史的车轮是不可逆转的，只有大力进行乡村治理，发展现代化和以大数据、云计算为核心的互联网技术，才是符合时代发展要求和人民需求的必然之路。

1. "农村生产发展"离不开农业以大数据、云计算为核心的互联网技术

农业以大数据、云计算为核心的互联网技术是将现代信息技术广泛应用

在农业的产前、产中、产后各个环节,快速、有效地改造和提升传统农业,推动农业产业化和现代化进程。

互联网给农民提供多样的信息获取和发布渠道,可以对农民的生产和生活方式产生根本性的影响。通过互联网,政府、企业可以在线上发布各类信息,从而使农村居民既快又准地获取信息,提高生产和生活的效率,改变传统的生产生活方式。最重要的是,农民也可以通过互联网自由发布信息,打开了向外界输出的重要通道,让更多的农村资源进入投资者的视野,从而进一步推动农村经济的发展。

互联网在农村的发展还能够实现城乡居民信息传播、资源共享、观念变革。每次新技术的传播都会增大整个社会每个成员的信息接触量,并且在新技术传播的同时,各种资源也可以通过这样的先进媒介得到共享。人们的观念和思维也在这种以大数据、云计算为核心的互联网技术的推动之下发生巨大的改变。这些改变将帮助农村更快地与现代社会接轨,从而为解决我国城乡发展不均衡的问题、早日实现国家复兴打下基础。

2. "农村政务管理"需要农村以大数据、云计算为核心的互联网技术

农村以大数据、云计算为核心的互联网技术能促进农村经济和社会发展。其中,在改善"农村政务管理"的过程中,互联网也有巨大的发展潜力,它可以让乡镇各级管理更加高效和科学,改变以前落后的管理方式。

例如,农村互联网的发展有助于乡镇各级基层政府电子政务的开展。我国农村基层政府实现政务联网后,大众能够第一时间了解政府的方针政策,政府也能够更及时、深入地了解到民意。一些问题也能得到更有效的反映,很多问题可以在矛盾激化之前解决,减少冲突。这就消除了之前政府和人民之间在信息沟通方面存在的障碍。因此,发展农村互联网对带动农村电子政务的发展意义非凡,这也是时代发展的必然趋势。

3. "新农村建设"需要不断提高农民的技能和综合素质

要充分利用互联网计算机先进的信息传播方式,为农民提供各种信息服务。新时代的农村发展,要求农民掌握现代化的技能和综合素质,而通过互

联网技术开展农村教育，为农民提供形式多样、内容丰富的教育培训服务，是非常好的，而且是一种行之有效的方式。同时，互联网对增加农村剩余劳动力就业机会和农民收入等都有促进作用。

发展农村互联网除了能促进农村经济发展，也能带来不可估量的社会效益。目前，我国农村文化、精神文明发展相对比较滞后，形式也不够丰富，互联网的引入可以满足农村精神文明发展和农村居民文化娱乐活动的需求。

但是，要想通过互联网技术进行农村社会治理，需要了解农村的发展现状。一些农村存在衰退迹象，这一情况与我国国家发展战略是不相符合的，也是与实现中华民族伟大复兴的"中国梦"不相符合的。中国实现"中国梦"不但不能没有农村，而且需要依靠农村。

二 农村居民互联网使用特征

目前，我国农村居民互联网的使用具备以下特征。

1. 农村互联网信息中心是农村居民主要的上网途径

与城镇居民多在家中上网相比，部分农村居民不具备家庭上网条件，有的农村最多也只有一两个互联网信息中心，难以满足广大群众的需求，这也是互联网技术在农村推广的现状。

还有一个值得注意的问题是，农村互联网信息中心存在严重的管理缺陷，更多的人上网只是纯粹为了娱乐和消遣，这削弱了互联网的实际作用，而且对未成年人上网缺乏限制，造成了某些负面影响，使人们对互联网的认识出现了偏差。而某些非法网站的监管不严，也使得许多不了解网络的非网民对网络没有正确的认识，妨碍了网络的发展。

2. 互联网应用人群结构不合理

农村网民大部分收入不高、学历较低，这也限制了互联网技术的应用。上网需要一定的计算机基础知识，而我国农村人口学历大多低于大专水平。所以导致形成了一种意识，即互联网就是用来娱乐和消遣的，这样的观念限制了互联网在农村的传播发展。目前,许多农村中小学都开设有计算机课,这使得更多的人具备了上网的能力。

3. 过于偏重娱乐使互联网失去了本质意义

信息传播虽然有消遣性传播的功能,但是,互联网的真正功能中,消遣娱乐只是其中一个部分,而且绝对不是主要功能。与现代互联网的运用相比较,农村网民更少浏览网络新闻、使用搜索引擎,能利用网络进行购物、炒股、银行账户管理的农村网民更是为数不多。许多网民将网络作为聊天和娱乐的工具,娱乐化倾向比较突出。除了欣赏网络音乐和各种视频,绝大多数中小学生参与网络游戏。这也让一部分并不了解互联网的农村居民特别是学生家长对农村互联网信息中心和网络产生误会。

三 农村社会治理中互联网应遵循的原则

现在,互联网技术正在深刻地影响我国经济和社会发展。在推动农村社会治理工作中,现代化和以大数据、云计算为核心的互联网技术是重中之重。但是在此过程中,我们还需审时度势,因地制宜,不能操之过急,应当遵循以下四项原则。

1. 以农民核心利益为方向

首先,推行互联网对农村发展来说,是落实"三农"政策,给农村发展提供支持的重要方式。在这个过程中,互联网的普及以农民核心利益为方向,给农民提供实际的好处是非常重要的出发点。只有做到这些,以这些作为支撑,互联网才能得到广大农民的接纳和支持。而且发展互联网,要因地制宜,发挥地区优势和资源优势。以农民最关心的切身利益为切入点,有条不紊地逐步推行。如具有农产品生产优势的地区应以互联网销售为导向;具有旅游观光优势的地区应以发展互联网旅游为导向;等等。

2. 优先发展具备优势地区的互联网经济,以带动相对落后地区,避免"一哄而上"

我国经济发展不平衡的问题,并非朝夕可解,农村社会治理工作是个长期工程，推进互联网的普及也不可能一蹴而就。互联网在农村社会治理中虽然大有可为，但是也不能操之过急，欲速则不达。互联网技术虽然代表了先进的技术水平，对农村社会治理和现代化发展有重大的推动作用，但毕竟也不是万能的，不能指望互联网解决一切问题。在发展初期，各地区要本着先简单后复杂的原则，具备条件的先搞，逐步推进，这样，才符合互联网和我国农村发展的客观规律。

3. 尊重互联网的客观事实，发挥年轻人的带动作用

事实已经充分说明，年轻人是祖国发展的重要力量，也是实现中华民族伟大复兴的中坚力量。农村发展相对滞后的根本原因，就在于大量人才和资源的流失，尤其是大量年轻人涌向城镇，没有对农村的发展起到作用。农村现在的人员多数年龄偏大、知识水平较低，这阻碍了互联网的发展。互联网时代，农村的发展离不开年轻人，也需要这股推动力量。年轻人有文化、有精力、有热情，只要给他们创造条件，就能够吸引他们回到农村广阔天地施展自己的才华。在实现农村社会治理、推动互联网发展中应发挥年轻人的作用。

4. 从点到面，稳步推进

发展互联网技术，应当遵循先试点后推广的原则，从点到面，逐步推行。首先在个别地区先试行，通过试行，在总结经验的基础上因地制宜、逐步推广。

四　推进农村互联网发展的建议

当今世界，互联网对社会经济生活的影响无处不在。在推动农村现代化治理的工作中，互联网的作用也是显而易见的。具体如何推进互联网在农村的发展，有以下几方面的建议。

1. 树立"互联网思维"，提升政府和个人对互联网的认识，有意识地运用互联网技术解决问题

从基层政府的角度，应该有意识地运用互联网技术进行管理，树立

"互联网思维"。目前,基层工作的问题是,普通群众和政府之间的联系和沟通存在问题,随着群众对政府工作透明度要求的不断提升,应借助互联网帮助政府在一定程度上满足群众的这种要求,提升群众对政府的"信任度"。农村基层政府工作应该从传统的粗放型向集约型转变,以现代化发展的要求实现自我提升。思想观念的转变是推动农村社会治理和互联网普及的基础。从农民个人角度来看,广大群众在生活和工作的方方面面,也要树立"互联网思维",有意识地运用互联网解决问题,对未知事物要有接纳和学习的意识。只有政府和群众的思维方式转变过来,才能真正使互联网的推行落到实处。否则,互联网的发展只能停留在表面,没有生命力。

2. 乡村治理中以大数据、云计算为核心的互联网技术建设应稳步推进,避免"一刀切"

在中国乡村治理中,以大数据、云计算为核心的互联网技术建设十分重要,互联网技术毕竟是一个新生事物,它虽对农村的发展有巨大的推动作用,但仍存在一些问题,需要今后不断给予解决。与城市相比,乡村的现状或潜在的因素制约着以大数据、云计算为核心的互联网技术建设,这是应该引起高度重视的。

首先,要根据乡村实际进行以大数据、云计算为核心的互联网技术建设,避免"一刀切"的机械做法。从大的方面讲,加快乡村以大数据、云计算为核心的互联网技术建设,推进互联网技术的发展无疑是接下来乡村治理的重要任务。但又不能不顾具体的实际情况,盲目跟风、攀高比附、下达硬性指标任务。对于许多偏僻落后的乡村来说,一下子实现"互联网思维"的治理模式,既不可能,也不现实,财力、物力、人力都达不到。千万不能把农村的互联网发展搞成面子工程,将硬件建设看成首要目标,忽视了互联网的真正作用。

其次,在重视互联网发展的过程中,还要处理好以大数据、云计算为核心的互联网技术发展与常规发展的关系。强调以大数据、云计算为核心的互联网技术建设,并不是否定传统的常规服务方式,也要避免"喜新厌旧"

思维的干扰。不是只要发展以大数据、云计算为核心的互联网技术就全盘放弃传统的发展，这是值得注意和警惕的。只有将二者有机结合起来，才是正确的发展道路。从某种程度上说，传统的服务和治理方式虽旧，但可能具有独特的作用，在具体的工作中，还是有优势的。以大数据、云计算为核心的互联网技术的发展需要一个过程，在这样一个漫长的变革进程中，也不能完全忽视传统的方式，尤其是一些相对落后、资金和技术支持一时达不到的地区，更要重视这个方面的问题。

最后，以大数据、云计算为核心的互联网技术发展应该立足于解决民众的实际问题。互联网只有真正使人们获得好处、感觉到有用，才能被大家真正接受，从而对整体推进以大数据、云计算为核心的互联网技术建设起到作用，也就是互联网要接地气，不能脱离实际。

3. 迅速推进互联网基础设施建设，为互联网的发展铺平道路

首先，要合理分配资源，对欠发达地区加大投入的力度，缩小东部和西部地区的投资力度差异，扩大互联网资源的人群覆盖面积。缩小城镇之间、不同群体之间的差距。尤其是发达地区要大力支援欠发达地区的互联网发展，多提供资金和技术的支持。此外，在推进互联网发展的过程中，可优先发展相对容易推广的互联网技术。比如依靠"微博"和"微信"等公众平台，搭建政府和农民之间、农民和农民之间的沟通桥梁。适当降低农民使用互联网的经济成本，提升农村手机用户上网的普及率。利用互联网手段和技术，创新农村基层治理技术与方法，增强相关制度的执行力和农民群众的主观认同感。智能手机、平板电脑等移动终端的兴起，将我们带进了移动互联网新时代。智能手机、平板电脑不断升级；换机潮一波未平一波又起；移动互联也迎来了大爆炸，微信用户蹿升至3亿人并且势头还在继续，各类应用每天都大量上线。

同样在农村，智能手机等新型交流工具也在不断普及，引导农民将手机和互联网相结合，让大家感受互联网技术的好处很重要。手机现在不光是一个接打电话、收发短信的交流工具，更是一个移动的上网平台，如何很好地将其利用起来是值得我们思考的。

还有就是网络的不均衡也是阻碍农村互联网发展的一个因素,宽带网可以开通的地区少之又少,即使在经济比较发达、网络联通到乡镇的地区,也普遍存在这样的问题,网络进村入户依然是全国性难题。最重要的是缺少硬件和上网设施。目前我国农村计算机拥有量与城市相比有很大的差距,至今还有为数不少的贫困农村是计算机空白点。网络基础设施缺位的必然结果是,农村互联网用户数量的不足。目前我国农民获取生产经营方面信息的渠道依次为看电视、听广播(包括收音机)、亲友传递、参加会议等,我国农村在应用计算机方面的水平,尚达不到欧美20世纪70年代的水平。

其次,建立公共服务信息沟通系统。传统的乡村信息沟通极为不便,尤其是一些经济欠发达地区,主要是通过口头传达、纸媒方式,以及邮寄、公告栏公示等进行信息交流。这种方式最大的问题是速度慢、容量小、效率低。而互联网技术可以彻底改变这一现状,让乡村之间的沟通变得更加高效和便捷,大大推动乡村治理走向深化。这就需要在农村建设和完善一整套信息沟通系统,将电视、手机和计算机等多种互联网传播媒介结合起来,形成一个完善的系统。

河北省作为中国东部重要的省份,紧邻京津,具有得天独厚的发展条件。但是由于种种原因,在现实的发展进程中,河北省明显落后于其他东部发达省份,城乡发展不均衡,城镇化程度不高,很多地区的农村发展相对落后,甚至有些地区的发展还不如中西部。面对这样的现状,河北需要尽快迎头赶上,否则会离兄弟省份越来越远。其中,尽快解决影响河北省发展的农村现代化问题是重中之重。因为只要农村的发展跟上时代步伐,河北省的发展就可以步入快车道。

前面我们综合分析了我国在以互联网技术推动乡村治理方面的现状和思考,同样,河北省的乡村治理、现代化的推进依然需要以大数据、云计算为核心的互联网技术的支撑。河北省互联网发展的现状不容乐观。河北省农村占比较大,而且各地发展不均衡,以大数据、云计算为核心的互联网技术的发展相对滞后。农村人口年龄结构不均衡,更多的是老人和留守儿童。年轻人越来越多地涌向城镇发展，城乡之间的差距越拉越大。为了改变这一现状，有以下几点建议。

鼓励农村互联网信息中心的建设，同时加强对农村互联网信息中心的规范化管理。农村的互联网普及需要一个漫长的过程，不可能一蹴而就，基于这样的现状，农村互联网信息中心在今后的一段时期内将依然是农村网民上网的主要途径。河北农村的现状是农村互联网信息中心更多集中在城镇，而在广大农村，尤其是欠发达地区，有的村里一个农村互联网信息中心都没有，因此，在农村大规模开设、合法经营农村互联网信息中心，是普及互联网的必由之路。

加大宣传力度，对农村居民普及互联网知识。农村互联网的推行，首先要让农村居民了解互联网，不仅要让他们了解互联网是什么，还要教会他们如何使用。现在河北农村的很多群众对互联网缺乏基本的认识，对互联网的作用也缺乏了解，大家已经习惯于用传统的方式获取信息和跟外界沟通，对这种新鲜事物缺乏认知。作为基层政府，可以开辟专门的场所，由专人开设定期的普及课程，对村民进行现场示范和讲解，这是非常有必要的。我国农民的平均受教育年限为6年左右，绝大多数人在未经培训的情况下只能望"网"兴叹。为此，应通过多种技术支农措施和培训计划，建立一支承担日常技术维护任务的队伍，普遍提高广大农民的上网兴趣和上网技能。

现在的很多村民对互联网有抵触情绪，好多家长也因为有些孩子沉迷于网络而对互联网有很多误解，这个问题不解决，互联网的推行就会有巨大阻力。事实上，现在很多地方，由政府牵头，联系相关的企业为农村居民提供免费的网络知识教育和上网体验，并取得很好的效果。这样的经验可以在广大的农村推广开来。

积极推动"乡乡有网"工程，加快农村以大数据、云计算为核心的互联网技术建设。此外，农村网络的普及也需要加大力度，现在的很多农村网络覆盖面积较小，很多农村没有网络覆盖，手机上网只能用自身流量，计算机上网只能通过网线连接，大大限制了群众对上网的热情和主动性。以村为单位，实现Wi-Fi覆盖是非常重要的。

结合河北农村的实际情况，充分利用电话、电视普及率高的优势，推广电话、电视、电脑"三电合一"的信息服务模式，可以在不进行巨大投资的条件下，实现网络进村入户的初级目标，然后根据发展需要和建设能力，逐渐对农村网络资源进行升级更新。

综上所述，互联网在中国的乡村治理进程中发挥着重要作用，也是我国早日实现"三步走"战略的关键。但是，互联网技术的推进也要符合中国国情和各地发展的实际。互联网发挥实际作用，需要政府和群众共同努力去完成。以习近平同志为核心的党中央着眼全面建成小康社会、全面建设社会主义现代化强国的奋斗目标，着力推进农业农村现代化，增强亿万农民获得感、幸福感，在十九大报告中首次提出实施乡村振兴战略，并明确要求善于运用以大数据、云计算为核心的互联网技术开展工作，推动互联网、大数据、人工智能和实体经济深度融合。

总而言之，以"互联网思维"来进行乡村治理，其最终目的是要通过群众的共同参与增强民众的获得感和认同感，关键是要加强基层组织的力量，提高农民的组织化程度。因此，只有充分调动广大群众支持参与基层农村的同创共建、自治共治的积极性和主动性，才能保持互联网在农村基层治理中的生命力和持久力。当然，在互联网技术发展的背景下，农村基层政府必须转变角色，由控制型管理向服务型管理转变，在治理手段的应用上要柔化一些，以互联网技术为支点，切实从以往的审批型、控制型政府，转变成为以人为本的服务型政府。

参考文献

习近平：《决胜全面建成小康社会　夺取新时代中国特色社会主义伟大胜利——在中国共产党第十九次全国代表大会上的报告》，《人民日报》2017年10月28日，第5版。

金军：《基于"互联网+"的农村基层治理创新研究》，《山东农业工程学院学报》

2019 年第 9 期。

王亚华、高瑞、孟庆国：《中国农村公共事务治理的危机与响应》，《清华大学学报》（哲学社会科学版）2016 年第 2 期。

万宝瑞：《我国农村又将面临一次重大变革——"互联网＋三农"调研与思考》，《农业经济问题》（月刊）2015 年第 8 期。

B.10
农业转移人口市民化路径分析

严晓萍*

摘 要: 在河北省新型城镇化发展过程中,存在户籍人口城镇化率低于常住人口城镇化率、城镇化发展不平衡等问题。城镇对农业转移人口的拉力不足,农业转移人口的就业技能单一,农民对"三权"利益依恋、对农村"根"的情感等,成为市民化的主要障碍。为改变"半市民化"状态,提高新型城镇化质量,提高农业转移人口市民化质量,本报告从增强城镇对转移人口的吸纳能力、提高农业转移人口的就业素质和城市生活适应能力等方面进行了初步分析,并提出了相应的对策建议。

关键词: 农业转移人口 市民化 城镇化

一 农业转移人口市民化的时代背景

(一)农业转移人口市民化政策演变

中国农业转移人口市民化经历了改革开放前严格限制,改革开放后实行指标控制,2000年之后政策积极引导,2010年以来政府主导推动的历

---

* 严晓萍,硕士,河北省社会科学院社会发展研究所研究员,主要研究方向为人口社会学、社会问题调查与分析。

程。户籍制度改革和居住证制度的全面实施,为加快农业转移人口市民化提供了保证。2014年国家新型城镇化规划,把有序推进农业转移人口市民化,放在四大战略任务之首。2018年政府工作报告也提出,提高新型城镇化质量,加快农业转移人口市民化。《2019年新型城镇化建设重点任务》提出,继续加大户籍制度的改革力度,城区常住人口100万以下的中小城镇,全面取消落户限制,城区常住人口100万~300万(前者包括本数,后者不包括本数,余同)的大城市,取消落户限制,城区常住人口300万~500万的大城市,放开、放宽落户条件,同时取消了对重点人群的落户限制。党的十九大报告提出,以城市群为主体,发挥大城市对周边的带动作用,构建大、中、小城市和小城镇协调发展格局,加快农业转移人口市民化步伐。《2020年新型城镇化建设和城乡融合发展重点任务》指出,实施以促进人的城镇化为核心、提高农业转移人口市民化质量的新型城镇化战略,促进新型城镇化向高质量发展转变。从户籍、公共服务、提升就业能力、"人地钱挂钩"配套政策等方面鼓励农业转移人口在城镇落户。[①] 2020年党的十九届五中全会公报提出,推进以人为核心的新型城镇化战略。习近平在《国家中长期经济社会发展战略若干重大问题》中也提出坚持以人民为中心,提高中心城市和城市群的经济和人口承载能力。"十四五"时期,重点提高农村转移人口稳定就业能力,维护进城落户农业转移人口的农村权益,使他们"留得下""过得好",促进农业转移人口更好地融入城市,解决好新市民安居问题,增强他们对城市的归属感和认同感。

(二)农业转移人口市民化

农业转移人口,不完全等同于那些从城镇到城镇、从城镇到农村或从农村到农村的流动人口。农业转移人口与农民工也不完全是一个概念,农民工分本地农民工和外出农民工两种,本地农民工指的是户籍在农村,工作生活

---

① 国家发展改革委:《国家发展改革委关于印发〈2020年新型城镇化建设和城乡融合发展重点任务〉的通知》(发改规划〔2020〕532号),国家发展改革委网站,2020年4月9日,https://www.ndrc.gov.cn/xxgk/zcfb/tz/202004/t20200409_1225431.html。

在本地乡镇，外出农民工指的是户籍在农村，工作生活跨乡镇、跨区县、跨省市。农业转移人口是指在城镇工作生活而户籍在农村的人，农业转移人口中，既有外出农民工部分，又包含农村非劳动适龄人口。农业转移人口主要分为两类：一类是户籍仍在农村，但已经从农村迁移到城镇工作生活或在农村与城镇之间流动的农业人口，另外一类则是在城市向外扩张的过程中，因为承包地、宅基地被征用，或由于区划调整，从农村居民转变为城镇居民的人口。农业转移人口市民化就是农业人口从农村向城镇转移，在城镇中与城镇户籍人口享受同等基本公共服务的过程。[1]

2003年河北省取消了农业、非农业的户口性质划分，统一登记为城乡居民户口，全省建立社区公共户口制度，推动居住证持有人享有基本公共服务，农业转移人口依法享受5项权利、8项公共服务、8项便利，并且以居住证为主要依据，确保符合条件的随迁子女入学应入尽入，确保农业转移人口市民化顺利进行。

二 河北省城镇化发展状况对农业转移人口市民化的影响

（一）河北省城镇化不同发展阶段对农业转移人口落户城镇数量的影响

农业转移人口市民化程度和质量的变化伴随着城镇化的发展历程，改革开放前，河北省城镇化总体处于波动发展状态，1949~1952年是全省的经济恢复时期，人口城镇化步入新的发展阶段，全省非农业人口由1949年的207万人增加到258万人，非农业人口比重由6.70%上升到7.89%。1953年，大规模经济建设开始，工业化的启动带动了城镇人口猛增，1960年非农业人口所占比重达到12.73%，比1949年提高6.03个

---

[1] 邱鹏旭：《对"农业转移人口市民化"的认识和理解》，人民网，2013年3月13日，http://theory.people.com.cn/n/2013/0313/c40537-20778267.html。

百分点，非农业人口数量增加到481万人，但由于经历特殊时期，1961年非农业人口比重开始回落到10.70%，非农业人口数量也减少到406万人。1969年非农业人口比重达到20世纪60年代的最低水平8.32%，非农业人口数量371万人，比1960年减少了110万人。1970年之后非农业人口比重慢慢回升到8.37%，到1978年达到10.93%，非农业人口数量也逐渐增加到553万人。

改革开放后，非农业人口数量不断增加，1982年668万人，常住人口城镇化率为13.69%，1990年非农业人口885万人，常住人口城镇化率为19.21%，2000年提高到26.08%，城镇人口已经增加到1739.35万人，2002年常住人口城镇化率达到31.86%，2003年河北省取消了农业、非农业的户口性质划分，统一登记为城乡居民户口。随着改革的不断推进，按照农村、城镇户口性质，提供不同公共服务和社会福利的政策逐步减少，农村和城镇的二元户口结构逐步被打破，初步形成了城乡统一的户籍管理制度和公共服务保障体系，从此之后城镇化开始进入快速发展阶段。尤其是新型城镇化战略提出以来，2015年常住人口城镇化率达51.33%，首次突破50%，2018年达到了56.43%，2019年为57.62%，比上年末提高1.19个百分点，城镇人口也相应增加到4374.49万人，河北省城镇化进入新的发展阶段（见图1）。

图1 近年来全国及河北省常住人口城镇化率

资料来源：历年《中国统计年鉴》。

（二）河北省常住人口城镇化率低于全国平均水平，人口转移吸纳能力不足

2019年末全国（不含港、澳、台）总人口140005万人，比上年末增加了467万人，其中城镇常住人口84843万人，常住人口城镇化率为60.60%，比上年末提高了1.02个百分点，户籍人口城镇化率为44.38%，比上年末提高了1.01个百分点。2019年末河北省常住总人口7591.97万人，比上年末增加35.67万人，其中，城镇常住人口4374.49万人，比上年末增加110.47万人。但与全国相比，河北省近些年的常住人口城镇化率一直落后于全国平均水平，2019年在全国排第19位，为57.62%，低于全国平均水平2.98个百分点（见表1）。

表1 2019年各省区市常住人口城镇化率

单位：%

排名	省区市	常住人口城镇化率	排名	省区市	常住人口城镇化率
1	上海	88.10	17	海南	59.23
2	北京	86.60	18	吉林	58.27
3	天津	83.48	19	河北	57.62
4	广东	71.40	20	江西	57.40
5	江苏	70.61	21	湖南	57.22
6	浙江	70.00	22	安徽	55.81
7	辽宁	68.11	23	青海	55.52
8	重庆	66.80	24	四川	53.79
9	福建	66.50	25	河南	53.21
10	内蒙古	63.40	26	新疆	51.87
11	山东	61.51	27	广西	51.09
12	湖北	61.00	28	贵州	49.02
13	黑龙江	60.90	29	云南	48.91
14	宁夏	59.86	30	甘肃	48.49
15	山西	59.55	31	西藏	31.50
16	陕西	59.43			

注：不含港、澳、台地区。
资料来源：根据各省区市公开资料整理。

（三）河北省各市城镇化发展不均衡，影响各地人口转移的规模和速度

从全省各设区市的比较来看，河北省有6个100万人及以上的大城市，7个50万人至100万人（含50万人）的中等城市，还有清河、大名、辛集、正定、黄骅等17个20万人及以上的Ⅰ型小城市，以及102个小城市和883个镇。但城镇化发展不均衡，其中石家庄、唐山、廊坊、秦皇岛4个城市2019年的常住人口城镇化率达到60%以上，超过全国平均水平。

从城镇化发展质量角度分析，2018年全省有7个县（市）——迁安（第13位）、辛集（第59位）、任丘（第69位）、香河（第88位）、涉县（第89位）、定州（第92位）、滦州（第99位）进入全国新型城镇化质量百强县（市），2019年有6个县（市）入选，涉县从第89位排到第91位，定州落选，其他5县（市）排名有所提前。从城镇化水平、基本公共服务、基础设施和资源环境4个方面评价中小城市新型城镇化质量，入选数量在河北省中小城市中所占比例较少，整体看，中小城市新型城镇化质量有待提高。

（四）户籍人口城镇化率低，人口转移的质量有待提高

河北省虽然常住人口城镇化率呈不断提高趋势，但户籍人口城镇化率一直低于常住人口城镇化率14个百分点以上。全国平均的常住人口城镇化率与户籍人口城镇化率2011年相差16.56个百分点，2013年相差18.3个百分点，2019年相差16.22个百分点，近10年以来户籍人口城镇化率一直低于常住人口城镇化率16~18个百分点，2015年以来保持在16个百分点之上。

城镇化不是见物不见人、兴城不兴业的简单式空间扩张和人口增加，而是以人为本、城乡融合发展的新型城镇化，农业人口是否真正转移到城镇、成为新市民取决于生活成本、工作机会、居住成本、生活习惯、公共服务等方面的综合作用，户籍人口城镇化率是衡量农业转移人口市民化的一个重要指标。

表2 2015~2019年河北省常住人口城镇化率、户籍人口城镇化率及二者差距

单位：%，个百分点

年份	2015	2016	2017	2018	2019
常住人口城镇化率	51.33	53.32	55.01	56.43	57.62
户籍人口城镇化率	36.34	38.73	39.89	41.40	43.45
相差	14.99	14.59	15.12	15.03	14.17

资料来源：历年《中国统计年鉴》；2015~2019年《河北省国民经济和社会发展统计公报》。

三 农业转移人口市民化中存在的制约因素

（一）城镇拉力不足，限制了农业转移人口规模

新型城镇化建设是我国现代化进程中的重大任务，其中农业转移人口市民化是关键。城镇化发展过程中，大城市产业高度集聚，城市规模快速扩张，房价升高、交通拥堵、环境污染等"城市病"凸显。一些中小城市和小城镇，产业支撑不足，基础设施和公共服务发展滞后，就业吸纳能力不足，经济社会发展后劲不足，限制了农业转移人口的规模。2010年，河北省常住人口城镇化率为44.50%，比2000年提高了18.42个百分点，年均提高1.842个百分点。2019年比2010年提高了13.12个百分点，年均提高1.458个百分点，城镇化发展速度在逐渐放缓。城镇化分浅层城镇化阶段、深度城镇化阶段。浅层城镇化阶段以"物"城镇化和"灰色"城镇化为主要特征，深度城镇化阶段以"人口"城镇化和"绿色"城镇化为主要特征，深度城镇化将是未来增强区域经济活力和可持续发展能力的重要策略。依靠农村廉价劳动力的城镇化发展、依靠土地等资源粗放消耗的城镇化发展、依靠基本公共服务非均等化的低成本城镇化发展的模式不具有可持续性，浅层粗放的城镇化模式，将面临产业升级缓慢、资源环境恶化、社会矛盾增多等诸多风险，根据世界城镇化发展普遍规律和其他发达国家经验，城镇化水平达到50%以上，就进入了城镇化高质量发展的关键阶段。截至2019年，河

北省常住人口城镇化率达到了57.62%,城镇化发展亟须转型,提高农业转移人口市民化质量,从就业环境、公共服务资源、社会保障等方面满足农业转移人口市民化的需求。

另外,大量人口向城镇转移,必然会加剧就业、就学、就医和交通、供水、供电等方面的压力。以就学为例,城镇义务教育公办学校数量、师资力量等不足,农民工随迁子女入学压力逐年增大。城镇优质学校数量不足、分布不均等问题仍然十分突出,特别是住宅区配套中小学建设历史欠账较多,教育设施严重不足,这对城镇公共服务承载能力是极大的考验。

(二)乡村振兴战略及城镇化推、拉力量变化,影响了农民落户城镇的积极性

随着乡村振兴战略的实施,"三农"工作受到前所未有的重视,农业生产现代化、美丽乡村建设、农业供给侧结构性改革等被不断推进,农业农村发展取得了历史性成就。农业生产力不断提高,农民收入持续稳步增长,1954年农村居民人均净收入仅为62.7元,2019年农村居民人均可支配收入为15373元,约增长244.18倍。农村基础设施全面改善,公共服务设施逐步健全,社会保障普及,生态环境效益显现。河北省第三次全国农业普查结果显示,到2016年末,全省所有行政村通了公路,94.1%的村通了宽带互联网,68.8%的村实现生活垃圾集中处理或部分处理。脱贫攻坚成效显著,1978年河北大多数农村居民处于贫困状态,改革开放特别是党的十八大以来,河北把脱贫攻坚作为重大政治任务、第一民生工程,2018年全省农村贫困发生率降至1.1%,累计减少贫困人口591.7万人,49个县退出贫困县序列。① 农民承包地经营权、宅基地使用权和集体收益分配权"三权"得到进一步保障,特别是疫情突发,城市就业机会减少,农村、农业是他们最后

---

① 《"三农"发展铸辉煌 乡村振兴绘新篇——新中国成立70周年河北经济社会发展成就系列报告之三》,河北省统计局网站,2019年9月19日,http://www.hetj.gov.cn/hetj/ztbd/dsjtjkfr/xzgcl70zn/101566430500540.html。

的退路，是最基本的生活保障。农民进城有四个目的：一是学校质量高，二是医疗服务好，三是就业机会多，四是文化娱乐设施便捷。

据石家庄有关抽样调查结果，愿意在石家庄市区落户的占23.3%，不愿意落户的46人，占76.7%。造成这种现象的主要原因有，城乡社会福利保障差距逐步缩小，城镇户口在医疗、社保等方面已经没有什么特殊之处，所具有的优越性逐渐消失，反而农村户口在一些方面具有一定优势。同时随着居住证制度的完善，原来城镇人口具有的子女就学等方面的公共服务和社会福利，农业转移人口也基本获得了，甚至获得了城镇和农村的双重福利，因此其在城镇落户的意愿不强烈。

随着户籍制度改革和市场经济发展，城镇户籍、子女升学、自主择业、住房等公共服务设施，农业转移人口都可以实现，户籍歧视消除，同时城镇户籍福利价值在降低，城镇对农业转移人口落户的吸引力在削弱，河北省在2017年出台了户籍新政，设立社区公共户口，对不能在合法稳定住所（含租赁）落户的人员，允许其在社区公共户口落户，尽管出台了宽松的户籍政策，但城镇化率并没有明显提高，许多人对于在城镇落户处于观望状态。

（三）农业转移人口素质较低，放缓了其落户城镇的步伐

农业转移人口市民化不仅意味着农村人口户籍由农村迁至城镇，享受城镇人口待遇，更意味着综合素质的提升，即受教育程度、公民道德修养、现代社会适应能力、社交能力等的提高，就业状态趋于稳定，生活方式和行为习惯转变，形成现代市民的价值观、生活方式和行为习惯，最重要的是社会地位不再边缘化。这些不仅是农业转移人口在城镇生活的基本素质，更是他们在城镇稳定就业的必要条件。农业转移人口普遍文化程度较低，从事简单劳动，个体私营就业，缺乏稳定性和可持续性，缺乏高新技术、技能，收入相对低，社会地位处于边缘化状态，就业能力、就业层次、收入的稳定性方面的不足都使他们有后顾之忧，这制约着他们市民化的步伐。

（四）农村是"家"、是"根"，家乡情结影响农业转移人口落户城镇的意愿

在对到城镇就业的农村人口的访谈中，某位受访者提到老家是"根"，户籍迁出了，就没有了家的感觉了，与家乡的联系就断了。目前虽然她已在城市结婚、工作、买房，孩子在市里上学，但户口依然没有迁出，该受访者有个弟弟也在县城结婚、工作、买房，但依然落户在农村老家，甚至弟弟的孩子也把户口落在村里，他们认为，如果孩子落在城市，家里未来就没有了继承人。他们虽然每年享受到村里的分红，但与城里工作的收入相比，已经微不足道，不迁户口的重要原因是他们认为那里是自己的"根"，是可以回家的地方。

四 农业转移人口市民化路径思考

（一）增强城镇对农业转移人口的吸纳能力

《2020年新型城镇化建设和城乡融合发展重点任务》提出，加快实施以促进人的城镇化为核心、提高质量为导向的新型城镇化战略，提高农业转移人口市民化质量。河北省以石家庄、唐山、邯郸、保定、张家口、秦皇岛6个100万人及以上的大城市为中心城市圈，带动周边城市圈同城化建设，在产业结构、就业环境、生态人居环境、道路交通、信息化，以及公共服务设施、服务项目等方面提升中心城市核心竞争力、城市群综合承载能力，发挥"中心城市+"和"城市群+"对高层次人口转移的综合带动作用。以承德、沧州、衡水、邢台、廊坊5个50万~100万人（含50万人）的中等城市为重点城市，推进公共服务设施提标扩面、产业配套设施提质增效、市政公用设施提档升级、环境卫生设施提级扩能，吸引相应的转移人口就业落户。

（二）提高县城和特色镇对农业转移人口的吸引力

在关于市民化过程中农民选择情况的调查中我们发现，80%的农民工不

愿意选择在农村工作，80%的农民工愿意选择在县级或县级以上的城市定居，全国农村户籍人口中，有超过20%的人已经在各级城市中购房。[①] 县城对新型城镇化建设具有重要作用，在县级或县级以上的城市定居符合部分农民就近就业和享受较好的教育、医疗、基础设施的需求，能满足农业转移人口对城市生活的基本需求，但需要改变农民愿意在城市买房、工作、生活，却选择把户口留在农村的"半市民化"状态。过去，农民千方百计进城落户，是因为城市户口价值大于农村户口价值。新型城镇化政策、户籍制度改革，使农业转移人口在城市就业、上学方面与户籍脱钩，中小城市户口相比过去已相对"贬值"，而农村土地的收益往往与农村户籍挂钩，近年来农村土地价值日益上涨，农民不想失去土地分红和"三权"利益。故应积极寻求在农业户口与收益脱钩状态下，转变农业转移人口的收益方式，在不减少农民"三权"收益前提下，吸引农业转移人口市民化。

（三）加大对农业转移人口重点群体的培训力度，提高其城镇就业能力

农业转移人口在城镇就业的不稳定性、对未来的不确定性、对家乡故土的情感，是他们不愿意放弃农村户籍落户城镇的障碍，在鼓励农民转移就业、改变居住地、落户城镇的同时，应加大对他们就业技能和城市生活适应能力的培训力度，这有助于解除他们在经济上和情感上的后顾之忧。根据农村劳动力的能力素质、就业意愿、务工职业，围绕城市发展需求、企业用工需要，结合地方经济社会发展特色，以重点行业用工需求为先，以提升岗位技能要求为导向，选择合适的培训方式，开展职业培训和转移就业精准服务，确保有培训意愿的农村转移到城镇就业的劳动力都能得到职业技能培训机会，提升农业转移人口职业技能，使其具备可持续发展能力。同时为引导他们适应城镇生活，积极转变观念，有必要进行文明卫生生活习惯、城镇交

[①] 欧阳慧：《加快农业转移人口市民化 稳步推进新型城镇化建设》，搜狐网，2018年5月15日，https://www.sohu.com/a/231668605_114882。

通安全意识、市民素质等方面的培训，主动引导他们熟悉城镇生活环境，消除他们对城镇环境的陌生感，为市民化做好充足准备。

参考文献

清华大学中国新型城镇化研究院主编《走以人民为中心的城镇化中国道路——中国城镇化大势与对策研究》，清华大学出版社，2019。

河北省人民政府办公厅等编《河北经济年鉴2005》，中国统计出版社，2005。

公共服务篇

Reports of Public Service

B.11
河北省基层公共服务体系建设调研报告

王文录 郑萍 张丽 王立源 张齐超*

摘 要： "十三五"期间，河北省教育、医疗卫生、社会保障、文化体育等基本公共服务取得了积极进展，但基层基本公共服务还存在农村公共服务"三缺一旧"、城镇优质公共服务资源"拥挤排队"、服务人员流失严重、信息化支撑不足、社会组织匮乏等短板，需要从教育、医疗、就业、社会救助、养老服务、文化体育、住房保障等多个方面提高基层公共服务质量。

关键词： 基层公共服务 服务体系建设 河北省

---

* 王文录，博士，河北省社会科学院社会发展研究所所长、研究员，主要研究方向为人口城镇化；郑萍，硕士，河北省社会科学院社会发展研究所副研究员，主要研究方向为社会治理和社区研究；张丽，硕士，河北省社会科学院社会发展研究所副研究员，主要研究方向为老年社会学、青年社会学；王立源，硕士，河北省社会科学院社会发展研究所助理研究员，主要研究方向为人口城镇化；张齐超，博士，河北省社会科学院社会发展研究所助理研究员，主要研究方向为新型城镇化、社会治理、城乡社区变迁。

习近平总书记强调:"基层公共服务关键看实效,要提高针对性,老百姓需要什么,我们就做什么。要加强对基层工作人员的培训,增强为民服务意识和能力。"① 基层公共服务是服务群众的"最后一公里",聚焦群众最关心、最直接、最现实的利益问题,深入调查研究,找出短板和发现群众诉求,提出切实有效的改进措施,对于增强人民群众获得感、幸福感、安全感具有重要意义。本报告主要依据文献资料、统计资料、案例资料,特别是本次实际走访座谈和问卷调查,在征求多方意见的基础上得以形成。

一 基层公共服务主要进展

经过"十三五"基本公共服务规划的贯彻执行,河北省基本公共服务以均等化为核心的制度体系基本建立起来,各个服务领域获得全面发展,基层公共服务重点实施扩面提质行动,教育、医疗卫生等基本公共服务取得重要进展,在一定程度上满足了人民群众对公共服务不断增长的需求。

(一)基层公共教育服务成绩斐然

1. 学前教育普及、普惠,实现长足发展

开展城镇小区配套幼儿园专项治理,规范城镇小区配套幼儿园的规划、建设和使用,大力推动公办幼儿园和普惠性幼儿园建设,学前教育取得的进展较为明显。截至2020年9月,配套园整改完成1352所,居全国第2位,新增普惠性学位25万个。

2. 积极推进农村学前教育全覆盖

加强农村小学附设幼儿园建设,并通过大村独办、小村联办的形式建设村级幼儿园。2019年,全省幼儿园总数达到16559所,幼儿园规模居全国

---

① 《习近平谈基层公共服务:关键看实效》,中新网,2020年9月17日,https://www.chinanews.com/gn/2020/09-17/9293055.shtml。

第4位,在园幼儿数量居全国第6位。截至2020年9月,农村学前教育全覆盖工程项目竣工740所,新增学位5.8万个。

3. 贫困地区办学条件显著改善

各级财政加大投入力度,实施"全面改薄"工程,义务教育阶段学校基本办学条件得到明显改善。2014~2018年,全省财政累计投入262亿元,校舍竣工1026万平方米,设备购置价值67.7亿元。2019年,168个县(市、区)全部通过国家义务教育基本均衡达标验收,提前完成义务教育基本均衡发展目标。

4. 义务教育大班额基本消除

大力实施中小学校舍提升、两类学校建设、义务教育薄弱环节改造和能力提升、山区教育扶贫等一系列民心工程,积极扩大城乡义务教育学位供给。截至2019年底,全省义务教育学校大班额比例降至4.84%,提前完成大班额基本消除目标。

(二)基层公共医疗卫生服务体系持续完善

1. 乡村一体化建设取得重要进展

乡村一体化是实现乡镇和村级医疗卫生资源高度融合、全面提升农村医疗卫生服务能力的重要抓手,其核心就是"十统一":人员统一、财务统一、药械统一、业务统一、管理统一、工资统一、准入退出统一、绩效考核统一、奖惩统一和教育培训统一。2020年以来,河北省聚焦村医工资、收入补偿及村卫生室运行等重点环节,加快推进"十统一",截至2020年9月底,1962个乡镇卫生院和48798个村卫生室已全部实现"十统一"管理,"以乡带村、以村促乡、乡村一体、共同发展"的新格局初步实现。

2. 基层疫情防控"哨点"作用发挥明显

疫情期间,乡村(社区)医疗卫生机构以农村和社区排查为先导,针对城乡接合部、出租房、城中村以及"三无"社区等重点部位,充分利用道路筛查、入冀交通排查、发热门诊筛查等多渠道,依托公安三道防线排查、公安大数据精准排查、三大运营商信息推送等多手段，全面开展地毯式摸排，进行网格化管理，有效落实门诊筛查、医学跟踪、预检分诊等疫情防控措施，联防联控、群防群治，有效阻断了疫情传播渠道。

3. 家庭医生签约服务取得新进展

以慢性病患者、贫困人口、老年人等 10 类人群为重点，以重履约、重质量、重群众感受度为核心，大力推广"互联网+家庭医生签约服务"，为签约居民提供预约、咨询、随访、健康管理、报告查询、延伸处方等服务，不断推动家庭医生签约服务规范化。持续推进贫困人口"4+6"慢性病服务，加强对罹患高血压、糖尿病、结核病、严重精神障碍等 4 种重点慢性病贫困人口的规范管理，提供基本公共卫生、基本公共医疗和健康管理服务。累计完成 230 万建档立卡贫困人口签约，实现了贫困人口慢性病签约服务全覆盖。

（三）基层公共就业服务体系建设取得突破性进展

1. 基本实现乡镇（街道）就业服务平台标准化建设全覆盖

投入资金 1.61 亿元，奖补全省乡镇（街道）开展就业服务平台标准化建设，基本实现标准化建设全覆盖。全省 343 个街道中建立就业服务事务所 343 个，建设率达 100%；2043 个乡镇中建立就业服务事务所 2017 个，建设率达 99%。

2. 职业技能培训取得重要进展

着眼于培训后促进和实现就业，积极开展订单、定岗、定向式培训，全省共培训 66.45 万人次。调查数据显示，居民对社区或村就业服务及技能培训满意率达到 89.36%。

3. 农村劳动力转移就业有序开展

大力开发就业市场，优先吸纳当地农民工就业，加强农民工返岗复工"点对点"服务保障，促进农民工返岗就业，实现 1232.18 万名农民工返岗就业和就地就近就业。

（四）基层社会救助加速兜底保障步伐

1. 贫困救助不落一户一人

积极推进脱贫攻坚工作，全面开展自然村贫困救助对象查漏补缺，动态监测困难群众"两不愁三保障"稳定实现情况。截至2020年9月，全省229.7万贫困人口中，兜底保障84.04万人，占36.6%。其中，2019年底未脱贫的3.26万人中，兜底保障2.78万人，占85.3%。

2. 稳步提高城乡最低生活保障水平

实施低保标准动态调整，低保水平实现了与全国平均水平同步提升。截至2019年12月底，全省城市低保对象19.5万人，城市最低生活保障平均标准为7956元/（人·年），较2015年底提高50.3%；农村低保对象157.4万人，最低生活保障平均标准为4907元/（人·年），较2015年底提高83.7%。

3. 特困人员救助供养制度更加健全

明确提出特困人员基本生活标准原则上不低于当地低保标准的1.3倍，完全或部分丧失生活自理能力的特困人员年照料护理标准以不低于所在市、县年最低工资标准的10%确定。"十三五"以来，全省农村特困资金总支出58亿元。截至2019年12月底，城乡特困人员基本生活平均标准分别达到10759元/（人·年）和6751元/（人·年），全省农村特困人员从2015年底的22.8万人增长到26.1万人。

（五）养老服务聚焦居家、社区、机构服务供给

1. 城镇街道、社区日间照料推行"嵌入式"

推动日间照料设施嵌入城镇街道、社区，强化社区日间照料中心服务延伸，重点推动解决社区老年人日间照料用地、用房问题。截至2019年底，全省建成各类城镇日间照料设施2358个，覆盖67.3%的城镇社区，其中，建成社区老年人日间照料中心363家，服务覆盖90%的城镇街道。

2. 农村互助幸福院提质增效

大力发展政府扶得起、村里办得起、农民用得上、服务可持续的互助养老服务设施，开展农村互助幸福院升级改造试点，增强助餐、助医、助娱等日间照料功能。截至2019年底，全省建成农村互助幸福院3.1万个，服务覆盖70%以上的行政村。

3. 老年人福利制度日益健全

完善高龄津贴制度，建立经济困难的高龄、失能老年人养老服务补贴制度，提升养老支付能力。80岁以上老年人高龄津贴制度基本实现全覆盖，享受高龄津贴的总人数达130余万人，年度发放高龄津贴近6亿元。2019年发放经济困难的高龄、失能老年人养老服务补贴1.2亿元，惠及9.3万名老年人。

4. 医养结合试点取得推广经验

逐步探索出"四结合一突出"的医养结合工作模式。石家庄、邯郸、保定、邢台等4市开展国家级医养结合试点，确定42个省级医养结合试点单位。邢台巨鹿县"医养一体、两院融合"的医养结合工作模式经国家发改委、民政部向全国推广。截至2019年底，90%的养老机构和医疗机构建立了合作关系，其中679家养老机构拥有医疗机构。

（六）基层公共文化体育服务打通"最后一公里"

1. 公共文化服务水平整体跃升

先后开展4批国家示范区、2批省级示范区创建工作，到2020年底，全省有65个县（市、区）达到国家或省级示范区建设标准，约占总数的40%。全面加强县、乡（街道）、村（社区）文化阵地建设和文化服务供给，免费开放基层公共文化服务设施，截至2020年底，全省已建成乡镇综合文化站1989个、村综合文化服务中心4.8万个、乡村学校少年宫1128个、村文化广场6.3万个，基本形成了"功能完善、分布合理、适度超前"的乡村公共文化服务设施体系。

2. 基层公共文化推动建设"总分馆制"

各级公共图书馆、文化馆开展流动服务车下基层活动,建立健全以县级图书馆和文化馆为总馆、乡镇文化站为分馆的"总分馆制",促进城乡优质文化资源共建共享。截至2020年底,全省共建立县级图书馆分馆746个、文化馆分馆847个,涌现出石家庄井陉"总馆+分馆+文旅融合阅读服务点"、邯郸涉县"文化馆+文艺辅导基地"等一批典型做法。本次调查问卷显示,当前基层群众对社区文化设施条件的满意度达到88.76%。

3. 全民健身实现多点突破

开展冬奥惠民工程、全民健身公共服务体系示范区创建活动,加快冰雪场馆建设,为3000万人上冰雪提供了保障。此前,预计到2020年底将建成室内滑冰馆200座以上,滑雪场80个,河北省已成为全国冰雪场馆建设第一大省。2020年各类体育场地达到12.95万个,健身步道1700多公里,新增健身站点5000个,全省城市社区健身设施覆盖率达到100%。

(七)保障性安居工程建设强化住有所居、居有所安

1. 棚户区改造稳步推进

截至2020年9月底,全省累计改造棚户区住房183.5万套,近500万名棚户区居民"出棚进楼",实现城市建成区内既有棚户区"清零"。其中,"十三五"期间已累计新开工80.6万套,超额完成75万套棚改目标任务。

2. 公租房保障水平显著提升

向城镇住房困难人员出租保障性住房,实行公租房货币化,住房保障方式采取实物保障和货币补贴并重。截至2020年9月,全省列入国家开工计划的公租房46.7万套,已分配44.6万套,发放租赁补贴2.28万户,解决47万户150多万人的住房困难。

3. 老旧小区改造持续开展

以省政府办公厅名义印发了《河北省推进老旧小区改造工作方案》《河北省老旧小区改造三年行动计划(2018—2020年)》,明确了改造计划、重

点任务和保障措施。2018~2019年，全省共有4370个老旧小区完成改造，实现了"旧貌"换"新颜"，惠及居民106万户，涉及面积8234万平方米，完成投资119亿元。

二　基层基本公共服务主要短板

（一）普通社区、村庄公共服务缺失严重，"三缺一旧"现象突出

近年来，政府向明星社区、贫困村庄投入了大量的资金和项目，据有关扶贫工作人员估计，近5年有些村子投入的资金超亿元，这些社区、村庄的基本公共服务得到极大改善，但占全省5万多个村庄近80%的普通村庄基本公共服务建设面临发展资金短缺、公共服务项目短缺、公共服务设施短缺、设施陈旧破损更新缓慢的状况。

1. 文化体育领域，普通社区、村庄的文化体育设施面积小、功能不健全、陈旧破损

2019年，全省人均文化事业费39.25元，仅为全国平均水平的51.6%，每万人拥有群众文化设施面积178.1平方米，在全国排第28位。问卷调查结果显示，43.78%的人认为"文化设备简陋、老化破损"，47.98%的人认为"文化设施场地数量不够、活动空间较小"。就业服务领域，社区、村庄仅能发挥就业失业信息登记和政策宣传功能，缺少创业就业、技能培训项目支撑，难以满足需求。问卷调查结果显示，50.5%的人认为"社区、村庄缺乏创业项目指导"，43.2%的人认为"技能培训项目少、质量不高"。

2. 医疗卫生领域，边远普通社区、村庄医生专业化水平低、设备不足且比较落后

医疗卫生专业技术人员和先进医疗设施仍是河北省农村医疗卫生服务体系中的薄弱环节，与满足农村居民日益增长的公共医疗卫生服务需求、织牢农村医疗卫生服务网尚有一定差距，深度贫困、高海拔、艰苦边远、

常住人口较少的行政村医生短缺问题就更加突出。问卷调查结果显示，群众认为社区、村庄的医疗卫生服务存在的最突出的3个问题分别是"医疗卫生服务人员短缺"（22.49%）、"医疗卫生服务供给不能满足需求"（19.64%）和"医疗卫生服务设施和硬件环境差"（16.64%）。从基层公共服务重要指标来看，河北省农村卫生机构数量和床位数量与先进省区市相比有不小的差距，2018年，每千农业人口乡镇卫生院人员数仅0.99人，在全国排第29名；每千农业人口乡镇卫生院床位数1.23张，在全国排第22名。

（二）城镇优质公共服务资源高度紧张，"拥挤排队"现象突出

随着城镇化进程加快，农村人口持续向城镇流动，但"资源跟着人口走"落实得不到位，优质资源增幅远远低于人口增幅，基层公共服务资源与人口数量匹配度明显较低，导致城镇优质公共服务资源与人民群众不断增长、升级的需求不一致。

1. 城镇优质教育资源日趋紧张

在教育领域，随着城镇化进程的不断加快和"二孩"政策的全面实施，城区适龄幼儿数量大幅增加，公办幼儿园资源较为短缺，群众对优质中小学教育资源需求强烈。据统计，全省城镇公办幼儿园数量占比仅为19.33%，城镇公办幼儿园在园幼儿占比仅为35.65%。问卷调查结果显示，62.8%的人认为"公办幼儿园数量不足、班级幼儿人数过多"，51.4%的人认为义务教育存在"优质教育资源不足、学校容量过大"问题，29.7%的人指出"城区公办老旧中小学硬件设施陈旧"。

2. 城镇优质养老资源"一床难求"

一些规模大、环境优、服务好、收费合理的养老机构床位非常紧张，申请入住的老年人需要在1~2年后才能获得入住床位。问卷调查结果显示，有47.7%的人认为"半自理、失能老年人的居家长期照护专业服务短缺"；有37.5%的人认为"质优价廉的养老机构进不去、高端养老机构住不起"。

与此同时，部分公共服务资源闲置现象较为突出。一是公共服务资源品质低劣造成闲置，农村社区图书室图书资料种类少、质量不高，导致利用率较低；二是管理政策局限性造成闲置，公办养老机构服务对象主要是特困老年人，将大量有需要的老年人排除在外，造成养老机构床位闲置，养老院空置率普遍达到45%以上；三是服务对象流失造成闲置，随着适龄儿童随父母进入城镇就学，不少农村校舍存在利用率不高的问题；四是乡镇卫生院自身定位不明造成闲置。问卷调查结果显示，仅14.9%的人将乡镇卫生院/社区卫生服务中心作为看病的首选机构，显著低于市（县）级医院和村卫生室/社区卫生服务站。

此外，从基本公共服务指标对比情况来看，河北省在优质教育资源、医疗卫生资源、文化体育资源等方面不仅与北京、天津两市存在较大差距，而且反映优质公共服务资源的每百万人口三级医院数、每25万人拥有博物馆数、人均文化事业费支出等指标，与全国平均水平的差距也较大，甚至呈现差距扩大的趋势。问卷调查结果显示了人民群众对优质基本公共服务的强烈需求。最希望增加的三类文化设施分别是博物馆/图书馆/影剧院/美术馆/群众文化馆（61.3%）、社区文体活动中心（49.2%）、儿童与青少年活动中心（46.1%）；最希望增加的三类体育设施分别是健身广场（51.6%）、综合性体育场馆（49.1%）、健身步道（46.2%）。

（三）基层公共服务人员待遇最差，"流失多、下沉难"现象突出

"轻人才"的状况在公共服务各个领域不同程度存在。基层公共服务人员面临工资待遇偏低、晋升通道不畅两大突出难题，直接导致专业技术人员不愿到基层、基层人才流失严重现象凸显。

1. 基层公共服务人员工资待遇普遍偏低，待遇落实不到位，难以留住人才

基层调查结果显示，养老、就业、医疗卫生、文化体育、残疾人等领域的基层公共服务从业人员很多从事兼职岗、临时岗或公益岗，月均工资区间为800~2000元，河北省最低工资标准为1380~1650元/（人·月），基层

公共服务从业人员工资基本处于最低标准水平，有些甚至低于最低标准。基层公共服务从业人员工资明显低于全省居民人均可支配收入（2138.75元/月），另外，还有一些从业人员待遇难以按时落实，部分人员没有社会保险待遇，这些因素导致多数基层公共服务从业人员缺乏职业归属感，随时可能另觅高就。

2. 基层工资收入、成长途径和配套服务均不理想，人才下沉困难

基层公共服务领域不仅工资较低，而且机构服务人员缺编制、不稳定，晋升机会少且渠道不畅、工作强度大且事务繁杂、激励补偿机制未建立健全等因素，导致难以吸引优秀专业技术人才到基层从事公共服务工作。课题组基层调查结果显示，教育、养老、医疗卫生等领域的专业人才短板问题最为突出，农村幼儿园教师短缺，农村小学体育、音乐、美术、信息技术等学科老师不足。基层养老机构服务人员多是"三高三低"（学历低、收入低、社会地位低；流动性高、年龄偏高、劳动强度高），专业人才不足。部分乡镇文化站甚至存在无编制、无人员。乡村一级优秀医疗人才长期短缺，村医队伍更新滞后，河北省现有104256名乡村医生中，45岁及以下的占38.62%，55岁以上的占比超过35%，平均年龄超过55岁，甚至部分地区仍有70多岁的乡村医生在岗，年龄明显偏大。

（四）信息化应用普及不充分，"低效率、不便捷"现象突出

1. 公共服务信息平台尚未实现共建共享，服务群众的实际效果大打折扣

受制于技术成熟度较低、前期投入成本较高、专业应用人才缺乏等各方面因素，公共服务领域的信息平台建设较为滞后，已有的信息平台均为各部门独立建设以便于管理，"信息孤岛"现象比较严重，缺乏统一规划和技术规范，存在重复投入、各自为政的现象，尚未建立跨地区、跨系统业务协同共享的基层综合信息服务平台，导致目前各领域的公共服务信息平台提供的公共服务信息无法共享使用，实际利用率较低。走访调查结果显示，相较于江苏、浙江等先进省份，河北省大部分地区信息化公共服务平台建设仍然滞后，尤其是贫困地区，"硬件设施老化、

软件实用度低"问题突出，尚不能完全实现"一体化、一站式"服务。涉及教育、养老、医疗卫生、社会保险的公共服务数据仅停留在本区域、本部门，信息资源的互联互通、整合共享仍不能实现，这降低了河北省基层公共服务效能。

2.公共服务应用软件的适配性和可操作性不强，便民服务出现数字鸿沟

随着数字社会的到来，一些新技术应用服务并未完全考虑不同群体的需求，缺少个性化、有针对性的设计，有的应用软件更新慢、操作繁，不能充分发挥便民作用。调研走访发现，针对老年人、残疾人等特殊群体的App软件适配性、可操作性不强问题比较突出，这些群体不会使用手机App进行社保查询、网络退休认证、预约挂号、扫健康码、学习网课等，对新技术、新产品的无所适从已成为老年人和残疾人现实生活的"绊脚石"。

（五）基层公共服务社会组织缺失，"弱生力军"现象突出

1.基层社会组织自身公共服务能力普遍较弱，难以高质量参与公共服务供给

一是注册登记比例低，管理不规范，基层社会组织多基于共同的兴趣爱好开展活动，没有完整的组织架构和财务制度，所调查社区中，85%以上的社区社会组织仅进行了备案管理，不具备注册登记条件，无法规范化、可持续性参与政府委托的公共服务供给。二是专业化程度不高，尤其以专业社会工作组织为代表的新社会组织数量十分有限。三是基层社会组织普遍面临资金缺乏、人才短缺、资源链条不足的困境，难以高质量承接政府购买服务。在基层疫情防控中，基层社会组织暴露出在链接社会资源、回应社会关切、线上线下引导等方面能力的不足，在基层疫情防控中边缘化，尚未对基层公共服务供给形成有效支撑。

2.社会组织参与基层公共服务供给乏力，难以回应群众多元服务需求

当前，社会组织，包括各种注册社会组织、基金会、志愿者组织等，深入基层制度化参与公共服务数量少、程度低、质量差，使得基层公共服务供给往往由政府唱"独角戏"，政府单一主体的供给模式容易产生"一刀切"

行为，不能很好地回应社会的需求，难以提供多样、精准的公共服务，无法满足民众对公共服务多层次的需求。

三 提高基层公共服务质量的对策建议

（一）增加基层公共教育服务有效供给，推动基础教育优质普及

1. 扩大普惠性学前教育资源供给

扩大城镇学前教育资源供给，根据城镇人口分布变化状况，在公办资源不足的城镇地区，新建、改扩建一批公办幼儿园，满足城镇适龄幼儿对公办学前教育资源的需求。改善农村幼儿园办园条件，使园舍条件、玩教具和幼儿图书配备等逐步达到规定要求，推动农村学前教育从基本覆盖向有质量的覆盖发展。鼓励社会力量开办普惠性幼儿园，通过购买服务、减免租金、综合奖补、派驻公办教师、培训教师、教研指导等方式，积极扶持普惠性民办幼儿园发展。

2. 加快城镇义务教育学校扩容增位

通过新建、改扩建城镇义务教育学校，增加城镇学位供给，满足学生就近入学需要。加强城镇新建居住小区配套标准化学校建设，确保新建居住小区配套学校与住宅建设同步规划、同步建设、同步交付使用。盘活教育资源，鼓励各地老城区高中阶段学校外迁办学，利用腾出的高中学校校舍办初中、腾出的初中学校校舍办小学，梯次补位办学，扩大城区义务教育学校的办学空间。加快中心城区中小学老旧校舍改造升级，改善教学设施设备，满足教育现代化发展需求。

3. 加强乡镇寄宿制学校和乡村小规模学校建设

落实乡镇寄宿制学校和乡村小规模学校办学标准，加强乡镇寄宿制中心学校学习、生活基础设施建设，满足偏远地区学生和留守儿童的寄宿需求，为规划保留的乡村小规模学校配备必要的设施设备，保障基本教育教学需求。加大农村地区教师周转宿舍建设力度，保障教师基本工作和生活条件。

推进农村学校教育信息化建设，完善学校网络教学环境，促进优质教育资源共享。

（二）推进基层医疗机构提质升级，全面提升服务能力

1. 全面推开社区医院建设

推动符合条件的社区卫生服务中心提档升格为社区医院，拓展医疗服务功能，健全科室设置，配备相应的医技科室设备，不断提高门诊常见病、多发病诊治和住院等医疗卫生服务能力。做实"医联体"，鼓励社区医院积极参与医联体建设，强化医联体内上级医院对基层医疗机构资源与技术的支持，探索医联体内上级医院在社区医院开设联合病房。

2. 深入推进乡村一体化管理

全面落实乡镇卫生院和村卫生室人员、财务、药械、业务、管理、工资、准入退出、绩效考核、奖惩和教育培训"十统一"。全面加强村卫生室标准化建设，完善紧急医疗呼叫系统等设备配备，鼓励村卫生室开展中医药服务。推动村卫生室实施基本药物制度，配备药品按国家基本药物目录不少于260个品种，实行药品"零差率"销售，促进合理用药，增强医疗卫生服务的安全性和有效性。

3. 加强乡村医生队伍建设

继续开展乡村医生继续教育项目，支持各级医疗机构和医学院校对在岗乡村医生进行学历教育，提升乡村医生学历水平。对乡村医生参加学历教育取得高一级学历并获得执业（助理）医师资格的，鼓励各地给予一定奖励。积极面向在岗乡村医生开展技能培训，以送教下乡或者定期选派乡村医生到上级专业医院进修的方式，开展以适宜农村的慢性病诊治、全科医学知识、突发传染病处置及中医适宜技术为重点的免费轮训，适当给予误工、交通、食宿等补助，提高乡村医生参训率和培训质量。充分发挥"互联网+医疗"的优势，利用网络教学搭建乡村医生学习平台，对乡村医生开展健康教育技术指导，确保基本满足当地农民群众基本医疗和公共卫生服务需求，确保农村群众看病就医的公平性、可及性、便利性得到显著增强。

（三）发挥社区平台作用，促进基层就业服务

1. 积极拓展社区就业岗位

社区在合理开发保洁、绿化、保安等社会公益性岗位基础上，加快发展社区服务业，鼓励驻区企业和下岗职工、失业人员开办各种形式的社区服务经济实体，增强养老、托幼、心理疏导和社会工作等社区服务业的吸纳就业能力。与企业合作搭建用工供需平台，加大向企业尤其是餐饮等服务企业推荐劳动者的力度，开辟社区与企业交流协作的通道。

2. 聚焦重点群体就业服务

开展就业个性化服务，创新就业援助方式，根据不同求职者和雇主的需要提供有针对性的多样化服务，对年龄较大、技能老化的求职者提供面对面服务，对长期失业者、残疾人或其他特困群体提供一对一的跟踪服务等。重视失业者的心理疏导，全面了解失业者的心理状况和身体状况，及时召开失业者座谈会，积极宣传再就业援助政策，及时做好失业者心理疏导工作，鼓励协助再就业。

3. 加强职业技能培训

积极推进职业技能培训进社区，探索创建社区学校，扩大职业培训范围，鼓励社区与职业院校建立合作关系，针对大学生、失业人员、农民工、复退军人等不同群体，组织开展养老、托幼、家政、餐饮、维修、美容美发等技能培训和新兴产业、先进制造业、现代服务业等领域新职业技能培训，推进线上线下结合，灵活安排培训时间和培训方式，提升培训质量，强化教学管理，提升就业能力。

（四）完善社会救助服务体系，提升基层救助实效

1. 构建综合救助格局

加快构建政府主导、社会参与、制度健全、政策衔接、兜底有力的综合救助格局。以基本生活救助、专项社会救助、急难社会救助为主体，以社会力量参与为补充，建立健全分层分类的救助制度体系。完善体制机制，构建

全省统一的社会救助信息管理平台,推进救助事项协同办理、资源统筹聚合,实现精准救助、高效救助、温暖救助、智慧救助。

2. 打造多层次救助体系

完善低保、特困和低收入家庭认定办法。对符合低保或特困供养条件的困难群众给予基本生活救助,根据实际需要给予相应的医疗、住房、教育、就业等专项社会救助。对不符合低保或特困供养条件的低收入家庭和刚性支出较大导致基本生活出现严重困难的家庭,根据实际需要给予相应的医疗、住房、教育、就业等专项社会救助或实施其他必要的救助措施。对基本生活暂时陷入困境的家庭或个人以及临时遇困、生活无着人员给予急难社会救助。对遭遇自然灾害的,给予受灾人员救助。加强法律援助,开展司法救助、取暖救助等,切实保障困难群众基本生活。

3. 创新社会救助方式

积极发展服务类社会救助,形成"物质+服务"的救助方式。探索通过政府购买服务为社会救助家庭中生活不能自理的老年人、未成年人、残疾人等提供必要的访视、照料服务。加强专业社会工作服务,帮助救助对象构建家庭和社会支持网络。完善特殊困难群体救助政策,依据困难类型、困难程度实施类别化、差异化救助。

4. 促进城乡统筹发展

稳妥推进社会救助制度城乡统筹,加快实现城乡救助服务均等化。加强与乡村振兴战略的衔接,加大农村社会救助投入力度,逐步缩小城乡差距,及时为符合条件的农业转移人口提供相应的救助帮扶。有条件的地区有序推进持有居住证人员在居住地申办社会救助。加大社会救助力度,助力城镇困难群众解困脱困。

(五)创新养老服务多元供给,提升老年人生活品质,实施居家、社区养老服务提升工程

到2022年,城镇社区日间照料机构覆盖率大于90%,农村(社区)日间照料机构覆盖率大于70%,普遍建立居家、社区养老紧急救援系统,基本建成"一刻钟"居家养老服务圈；城镇社区"三社联动"机制基本实现全覆盖；探索建立养老服务"时间银行"，全面建立居家、社区探访制度，失能老年人社区帮扶率和特殊困难老年人月探访率达到100%。到2035年，居家、社区养老服务网络实现全覆盖。

1. 加快建设社区养老服务设施

鼓励各地在新建住宅、居住（小）区按一定比例配建社区嵌入式养老公寓。制定和完善适老性住宅、各类养老设施的建筑标准和规范。新建居住（小）区按照每百户不低于30平方米的标准，配套建设养老服务设施，到2022年，配建设施达标率达到100%；老旧小区按照每百户不低于20平方米的标准补齐短板。到2035年，具备日间照料、文化娱乐、老年人教育、康复护理等综合服务功能的社区服务设施实现以村（社区）为单位的全覆盖。

2. 实施农村养老服务能力提升计划

到2022年，全省农村特困人员供养服务机构达到基本规范要求，农村留守老年人关爱服务体系初步形成；到2035年，农村养老机构基本具备提供失能老年人照护服务的设施条件，具有医养结合、社区日间照料和上门服务功能。

3. 实施养老服务质量提升计划

建立完善养老机构服务质量评估和监管机制，加强养老服务信用体系建设，提高公办机构兜底保障能力，加强服务设施建设，建立健全公办养老机构入住综合评估和轮候制度。鼓励社会资本投资兴办养老机构，落实同等优惠政策。

4. 推进医养结合

推动养老机构配备医务室、护理站等，鼓励养老机构和医疗卫生机构开展协议合作。养老机构内设医疗机构取消行政审批，实行备案管理；符合条件的按规定纳入医保协议管理范围。按照国家统一部署，探索将符合条件的家庭病床、安宁疗护等医疗费用纳入基本医疗保险支付范围。到2022年，医疗机构普遍开设为老年人服务的"绿色通道"。

（六）提升公共文化体育服务效能，推动资源服务下沉，开展基层公共文化设施达标提质工程

推动各市政府围绕"补足空白、健全功能"，加快完善公共文化设施网络，推进基层公共文化设施标准化、规范化建设，补齐公共文化设施建设短板。争取在"十四五"末，乡镇（街道）综合文化站达标率100%；村（社区）综合文化服务中心达标率100%。采取政府购买项目补贴、定向资助、贷款贴息等方式，吸引更多社会资金投入公共文化服务体系建设。打造文化志愿服务网络平台，配齐配强基层公共文化单位人才队伍。

1. 推动农家书屋提档升级

依托以县级文化馆、图书馆为总馆的"总分馆制"建设，推动农家书屋融入县域公共图书馆服务体系，加快部分精品农家书屋转型升级为县级图书馆分馆。整合利用农村小学、废弃宗祠等拓展农家书屋空间，升级软硬件设施，建设数字化平台。延伸农家书屋服务平台，丰富服务内容，探索创新"农家书屋+"运营模式，推动"农家书屋+活动营""农家书屋+农家乐""农家书屋+村邮站"等融合发展。利用数字农家书屋、融媒体渠道和平台，开展线上培训课程。高标准建设农家书屋特色分馆，突显乡村特色，打造新型农村社区文化地标。

2. 加强健身场地设施建设

创新健身场地设施建设模式，激发社会投资建设积极性，聚焦群众就近健身需要，优先规划建设贴近社区、方便可达的全民健身中心、多功能运动场、体育公园、健身步道、健身广场、小型足球场等健身设施，统筹考虑增加应急避难（险）功能设置。挖掘存量建设用地潜力，利用城市空闲地、边角地、公园绿地、城市路桥附属用地、厂房、建筑屋顶等空间资源，推动形成布局合理、覆盖面广、类型多样、普惠性强的健身场地设施网络。

（七）加强保障性住房服务管理，保障改善居住环境，提升公租房运营管理水平

推广政府购买公租房运营管理服务工作，全面梳理各类公租房运营管理

内容，对适合以市场化方式提供的，通过政府购买服务方式实施，提升公租房管理专业化水平。加大公租房智慧小区建设力度，搭建智能管理系统平台，积极应用人脸识别、大数据比对等先进技术，防止公租房空置或转租转借。

1. 开展社区特殊群体关爱服务

针对公租房小区居住群体的特殊性，提供精准服务。加强对孤老病残等独居群体的关爱，适时上门走访探望，发展社区日间照料、社区养老。与社会组织合作，提供纠纷调解、心理咨询、法律援助、社区巡诊、创业技能培训等服务，鼓励小区物业服务企业优先从本小区居民中选聘保安、保洁等物业服务人员。

2. 加大老旧小区改造力度

全面完成2000年底前建成的需改造城镇老旧小区改造任务。以"菜单式"方式为居民提供"点菜式"征求意愿服务，确保将居民"最关心、最现实、最直接"的诉求纳入改造内容。把城镇老旧小区改造与社区治理结合起来，加强基层党建引领，建立社区党支部、居委会、业委会、物业服务企业、楼门长、综合服务站等"六位一体"的党建联席协调机制。通过搭建沟通议事平台，组织居民开展广泛协商，加强城镇老旧小区改造和改后管理。将社区治理能力建设融入改造过程，结合城镇老旧小区改造补齐社区公共服务短板，促进小区治理模式创新，加快基层治理体系现代化建设。

B.12
河北省养老服务高质量发展研究

侯建华*

摘　要： 河北省已经步入中度老龄化社会，"十四五"时期又将迎来老年人口增长高峰，人口老龄化形势日趋严峻，加之20世纪计划生育政策影响，独生子女家庭养老问题也逐步凸显，养老问题成为当前和今后一段时期内社会发展面临的重大问题之一。虽然，河北省养老服务取得了显著进步，但仍存在社区养老服务作用发挥不充分、机构养老服务供给结构失衡、健康服务需求得不到有效保障、智慧化养老水平较低、农村养老服务基础薄弱等问题，难以满足老年人多元化、多样性的养老服务需求，必须扩大养老服务规模，提高养老服务质量，积极应对严峻的人口老龄化形势。

关键词： 人口老龄化　养老服务　养老需求　河北省

河北省自1999年正式步入老龄化社会以来，老年人口规模持续扩大、比重不断增长，到2019年末，全省60周岁及以上老年人口占总人口比重已经达到20%。"十四五"时期，河北省又将迎来老年人口增长高峰和"60后"退休高峰，两"峰"叠加，人口老龄化形势更加严峻。应对人口老龄化，必须在"质"和"量"两个维度强化养老服务供给，推进养老服务社

---

* 侯建华，本科，河北省社会科学院社会发展研究所副研究员，主要研究方向为社会政策和人口城镇化。

会化，完善养老服务体系，走"居家社区机构相协调、医养康养相结合"发展之路，全面增强河北省老年人幸福感、获得感。

一 河北省人口老龄化现状、特征和主要走势

1. 老年人口规模持续扩大，比重不断加大，开始进入中度老龄化社会

2019年末，河北省总人口7591.97万人，60周岁及以上老年人口1518.39万人，占总人口的比重为20.00%，其中65周岁及以上老年人口1017.32万人，占总人口的比重为13.40%（见图1、图2）①。按照60周岁及以上老年人口占总人口比重20%~30%为中度老龄化社会的划分标准，河北省开始步入中度老龄化社会。

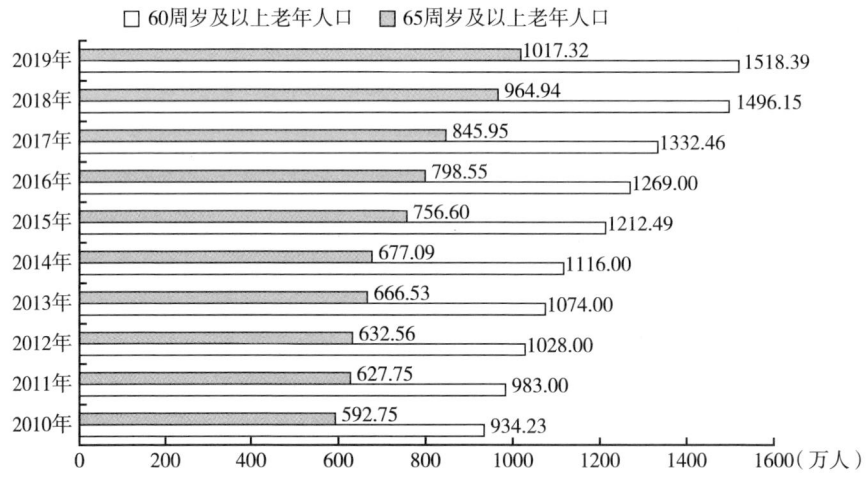

图1 2010~2019年河北省不同年龄段老年人口数量

资料来源：历年《河北经济年鉴》；《河北省2019年国民经济和社会发展统计公报》。

---

① 河北省统计局、国家统计局河北调查总队：《河北省2019年国民经济和社会发展统计公报》，河北省统计局网站，2020年2月25日，http://www.hetj.gov.cn/hetj/app/tjgb/101591084423716.html。

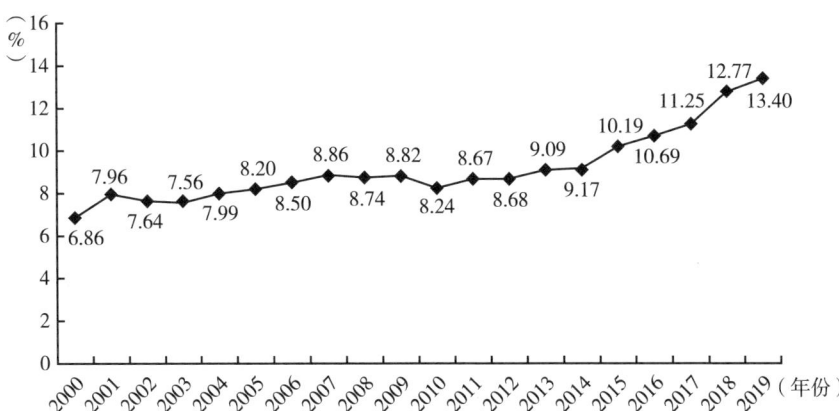

图 2　2000~2019 年河北省 65 周岁及以上人口占总人口比重

资料来源：历年《河北经济年鉴》；《河北省 2019 年国民经济和社会发展统计公报》。

2. 劳动年龄人口减少，老年人口抚养比持续上升，社会养老负担加重

2019 年末，河北省 16~59 周岁的劳动年龄人口 4542.28 万人，占总人口的比重为 59.83%①，与上一年相比，劳动年龄人口总数减少 60 万人，占总人口的比重降低 0.81 个百分点。2018 年，老年人口抚养比②达 18.4%③，比 2011 年提高 7.4 个百分点，老年人口抚养比不断上升，社会养老负担不断加重（见图 3）。

3. 农村人口老龄化程度高于城镇，人口老龄化的城乡倒置特征明显

根据河北省 2018 年 1‰人口变动情况抽样调查样本汇总数据，农村 60 周岁及以上老年人口比重为 22.07%，高于城镇地区 3.83 个百分点，高于全省平均水平 2.14 个百分点；农村 65 周岁及以上老年人口比重为 13.84%，高于城镇地区 1.92 个百分点，高于全省平均水平 1.07 个百分点。受农村青壮年劳动力向城镇迁移流动的影响，人口老龄化的城乡倒置特征明显，农村人口老龄化程度高于城镇。

---

① 河北省统计局、国家统计局河北调查总队：《河北省 2019 年国民经济和社会发展统计公报》，河北省统计局网站，2020 年 2 月 25 日，http://www.hetj.gov.cn/hetj/app/tjgb/101591084423716.html。
② 本报告老年人口抚养比采用国际通用的 65 周岁及以上老年人口抚养比，老年人口抚养比 = 65 周岁及以上老年人口/15~64 周岁劳动年龄人口×100%。
③ 参见河北省 2018 年 1‰人口变动情况抽样调查样本汇总数据。

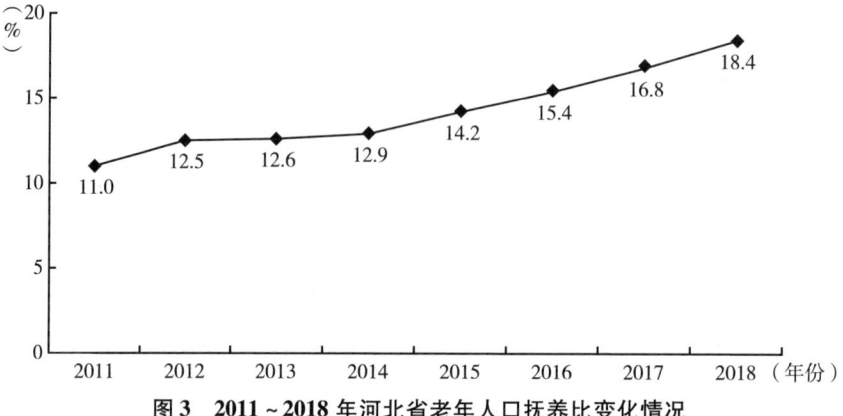

图 3　2011～2018 年河北省老年人口抚养比变化情况

资料来源：历年《河北经济年鉴》；河北省 2018 年 1‰ 人口变动情况抽样调查样本汇总数据。

4. 空巢家庭比重高，高龄失能特征突出

根据 2018 年 1‰ 人口变动情况抽样调查样本汇总数据，河北省空巢老人家庭占有 60 周岁及以上老年人家庭总户数的 47.68%，比 2010 年（34.28%）提高 13.40 个百分点，空巢老人家庭占比高，增速快。2015 年 1% 人口变动情况抽样调查样本汇总数据显示，河北省 60 周岁及以上老年人口失能率为 3.07%，随着年龄增长，老年人健康状况逐渐变差，80 周岁及以上高龄老年人组失能率迅速上升（见图 4）。

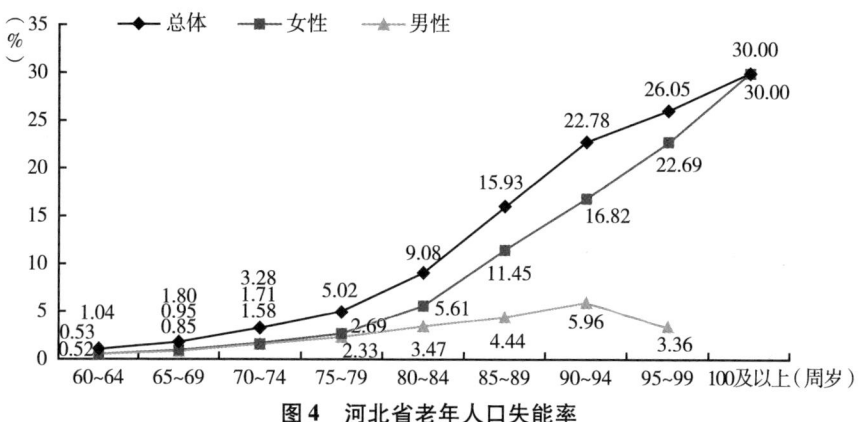

图 4　河北省老年人口失能率

注：100 周岁及以上男性老年人口失能率数据缺。

资料来源：河北省 2015 年 1% 人口变动情况抽样调查样本汇总数据。

5. "60后"退休高峰将至，人口老龄化程度进一步加深

"60后"于2020年开始进入老年人行列，受新中国成立后1962~1972年河北省第二个人口出生高峰影响，河北省将迎来"60后"退休高峰。1962~1972年河北省人口净增加932万人，年均增加85万人，年均增长2.0%，其中，1963年出生151万人，是人口出生的峰值，相对应地，2023年将是60周岁及以上老年人口涨幅最大的一年。"60后"正逢20世纪计划生育政策实施，城市中相当多的"60后"只生育一个子女，随着他们相继进入老年阶段，空巢或留守老人比例还将持续增高。据预测，2035年河北省60周岁及以上老年人口占总人口比重将突破30%（见图5），届时河北省将进入深度老龄化社会，老龄化程度将进一步加深。

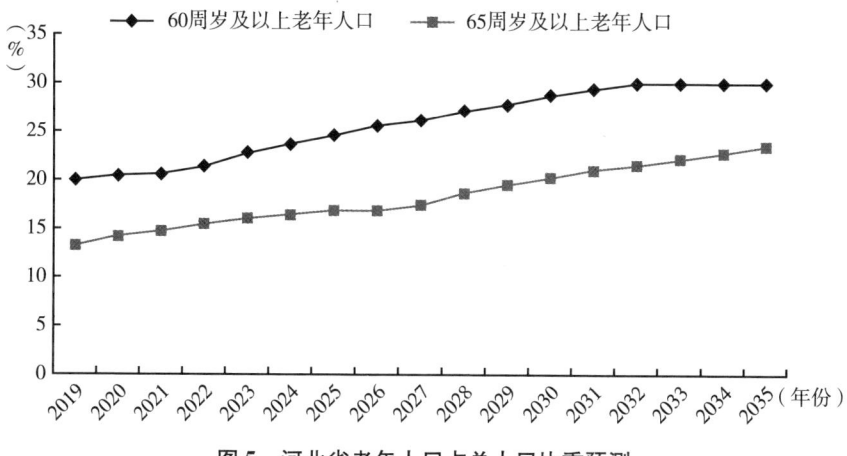

图5 河北省老年人口占总人口比重预测

资料来源：根据2010年人口普查结果和2019年1‰人口变动情况抽样调查样本汇总数据进行预测。

二 河北省养老服务发展现状和面临的问题

1. 居家养老功能弱化，社区养老服务作用发挥不充分

居家养老是我国传统的养老模式，但随着家庭规模小型化和社会流动的加快，居家养老功能逐步弱化，特别是我们即将面对老年人口增长高峰，新

增加的老年人口相当一部分来自独生子女家庭。"421"或"422"的家庭结构已经是现在的常态，激烈的社会竞争，日益上涨的生活成本，已经使年轻人"压力山大"，再要赡养四位老人，抚养一两个孩子，难度可想而知，不但经济压力大，而且老年人生活需求和精神需求很难很好地得到满足，完全依靠传统的居家养老已经不现实了。

2018年以来，河北省连续三年将居家和社区养老服务设施建设列入20项民心工程，推进城镇社区老年人日间照料设施建设，为老年人提供生活照料、健康护理、精神慰藉、文化娱乐等多种服务，满足老年人居家和社区养老服务需求。2020年，社区和居家养老工程，新（改）建45个居家养老服务中心、412个日间照料服务站，社区和居家养老服务覆盖面不断扩大。社区、居家服务水平和日间照料设施覆盖率虽然得到了一定程度的提高，但社区、居家养老服务覆盖老年人数量还十分有限，作用发挥不够充分。一方面，社区适老化设施普遍不足，公共空间、公共设施在建设之初为老服务意识普遍不足，这一矛盾在社区体现得最为明显，尤其是老旧社区问题表现得更加突出，老旧社区居住的老年人比较多，对适老化设施有较多需求。另一方面，社区、居家养老服务以为健康老年人提供的文体娱乐活动场所、简便餐饮、午休床椅和基本生活照料等日常生活服务为主，缺少为居家失能、半失能老年人提供的康复护理、医疗保健和精神慰藉等专业化服务，难以为社区、居家养老提供有力支撑。

2.机构养老服务供给总量不足，结构失衡

"十三五"以来，河北省不断加大养老服务体系建设力度，基本形成了"以居家为基础、社区为依托、机构为补充，医养相结合"的养老服务体系。截至2020年第三季度，河北省共有养老机构1620个，社区养老照料机构和设施2064个，社区互助型养老设施28015个，养老服务床位总数44.47万张，其中机构养老床位21.92万张，社区养老床位22.55万张[①]。按照

---

① 《河北省2020年第三季度民政统计数据》，河北省民政厅网站，2020年10月20日，http://minzheng.hebei.gov.cn/detail?id=1038948。

3%的老年人需要机构养老这一标准,现在机构养老床位至少需要45万张,"十四五"末需要56万张,2035年需要70万张,缺口达到23万~50万张。

供给结构失衡,"一床难求"与床位闲置并存,资源利用率整体不高。硬件设施好、服务质量有保障的公办养老院数量少,且主要用于满足特困人员集中供养需求和为经济困难失能失智老年人、计划生育特殊家庭老年人提供无偿或低收费托养服务;规模大、环境优、服务好、收费合理的民办养老院"一床难求","排队等位"现象十分突出,一些小型民办养老院则床位闲置率较高。此外,现在养老机构以一般生活照料为主,高龄、失能等生活不能自理老年人需要的护理型床位占比偏低,随着老龄化程度加深,人均寿命延长,居家养老功能弱化,护理型养老床位需求将会更高,现有供给结构难以满足高龄、失能老年人增长的需求。

3. 老年人健康服务不充分,健康服务需求得不到有效保障

健康是保障老年人生活自理和社会参与的基本条件,是老年人的首要需求,对老年人生活质量的提高具有重要意义。截至2019年末,河北省60周岁及以上老年人口已经超过1500万人,人均预期寿命超过77周岁,但老年人健康状况不容乐观,平均有8年左右的时间带病生存。按照全国老年人75%患有一种以上慢性病的平均比例算,河北省老年人患病人数高达1100多万人,失能和部分失能老年人超过240万人,健康教育、预防保健、老年病医疗诊治、康复护理、长期照护、安宁疗护等成为老年人实现健康养老的迫切需求。虽然近几年来河北省医疗服务体系和医养结合工作取得了很大成绩,但随着老龄化程度的进一步加深,现有的老年人健康服务体系还不健全,有效供给不足,发展不平衡、不充分的问题比较突出,老年人日益增长的健康服务需求得不到满足。

4. 农村养老服务基础薄弱,难以应对即将显现的养老服务需求

近年来,随着社会发展水平的提高,社会政策开始关注农村,农村养老服务取得了一定的成绩,2008年,肥乡县(现肥乡区)前屯村创办了河北省第一家农村互助幸福院,由村集体提供水、电、暖等基础设施,老年人自己负担吃、穿等生活用品,集中居住,互助养老,这种农村互助养老模式在

全国引起强烈反响，在河北省也得到了广泛推广，为解决农村空巢老人的养老问题提供了新途径。截至 2020 年第三季度，全省建设农村互助幸福院 27630 个，服务覆盖 70% 以上的行政村。但大规模推广后，互助幸福院在农村养老体系中并未发挥大的作用，很多地方的互助幸福院并未提供实质性的养老服务，一定程度上存在"空壳化"现象。而作为农村主要养老服务机构的乡镇敬老院，存在设施简陋、功能单一、服务质量不高、服务对象（主要是农村特困供养人员）单一等问题，绝大多数农村老年人还是采用传统的居家养老模式。河北省农村人口老龄化程度明显高于城镇，随着城镇化的发展，农村留守老人还将持续增多。以往由于生活水平和思想观念限制，农村养老服务尚未充分凸显，但随着社会发展水平和生活水平的提高，在城市消费示范的影响下，返乡农民将形成新的消费群体，对养老服务的需求将会逐步显现，从简单的基本生活照顾快速升级到包括健康、护理、精神慰藉在内的多元化服务需求，构成农村养老服务体系的外在压力。

5. 智慧化养老水平较低，无法适应高质量需求

河北省积极打造"养老服务信息平台"，促进互联网、物联网、云计算、大数据技术与养老服务相结合，实现信息化平台产生数据资源的共享共用、集中存储、统一管理。截至 2019 年底，已建成并运营 27 个养老服务信息平台，基本实现线上点单线下企业就近提供保洁、助餐、康复护理等各类服务 21 项，初步实现 13 个市（含定州、辛集）主城区的市级居家养老服务全覆盖，固定入网老年人近 100 万人。但从总体上说，河北省智慧养老服务还处于初级阶段，智能化水平较低，覆盖面偏小，服务效率不高。一方面，政府、企业、社会组织养老信息系统各自独立，条块分割，各智能养老服务信息平台、服务终端互不兼容，形成一个个"信息孤岛"，智能化水平低，资源配置和信息处理手段滞后，难以有效发挥信息技术优势。智慧养老服务信息平台提供的产品和服务也比较单一，以保洁、送餐等低端服务为主，医疗卫生、心理健康等服务需求反馈机制还不完善，服务质量不高，服务效率较低。另一方面，老年人对智慧养老服务的认知度和接受度也较低，缺乏被老年人广泛认可的智慧服务产品。

三 扩大社会养老服务规模，提高养老服务质量，积极应对老年人口增长高峰

1. 政府主导、多元参与，满足养老服务不断增长的总量需求和多样化需求

面对日渐增加的老年人口，未来养老服务体系需要面对的既有养老服务需求总量的不断增长，还有老年人需求层次逐渐提高而产生的新增服务内容，以及不同老年人群体在养老服务需求方面的多样性。政府作为养老服务的单一主体已经远远不能满足需要，应充分发挥政府、市场、社会组织、家庭等各种力量的作用，形成政府主导、多元参与的养老服务格局，共同推进养老服务发展。政府是养老服务供给的首要责任主体，是养老服务供给的核心与主导力量，需要在完善制度设计、优化财政支持、强化统筹监管等方面重点施力，在保障兜底性、福利性养老服务供给的同时，充分运用市场和社会资源，大力培育养老服务市场主体和社会组织，全面发展社会养老服务。鼓励社会资本投资运营养老服务机构，扩大社会养老服务规模，进一步降低社会资本进入门槛，简化审批手续，规范申请程序，为社会资本投资养老服务提供便捷服务，在财政补贴、税收、用地、人才、技术及服务模式等方面给予政策扶持，提高企业和社会组织参与养老服务业的积极性。同时，通过政府和社会的合作和优势互补，推动形成多元化、多层次、专业化的养老服务体系，满足不同老年人群体多样化、个性化的养老服务需求。

2. 推动养老服务向医养康养相结合转变，进一步提高养老服务质量

一是加强健康教育。利用多种方式和渠道，对老年人及其照护者开展营养膳食、运动健身、心理健康、疾病预防、养生保健等健康教育活动，提高老年人健康意识。二是加强老年人健康管理。为老年人提供健康状况评估和体检、健康指导服务，做实老年人家庭医生签约服务。三是加密老年人医疗服务网络。优化老年人医疗资源布局，建立健全老年人医疗服务网络，使老年人可以就地、就近获得基本医疗服务，鼓励医疗卫生机构为居家失能老年

人提供家庭病床、巡诊等上门医疗服务。四是加强康复和护理服务。建立完善以机构为支撑、社区为依托、居家为基础的老年人护理服务网络,为老年患者提供早期、系统、专业的康复医疗服务。五是探索建立失能老年人长期照护服务体系。通过政府购买服务方式支持社区嵌入式为老服务机构发展。六是建设医养康养基地。选择环境舒适、风景优美、交通便利、医疗资源丰富的地区规划建设大型综合性医养康养基地,在大中城市布局建设医养康养综合体,满足不同层次老年人医养康养需求。

3. 完善居家和社区养老支持体系,夯实居家养老基础地位

一是建立健全居家养老支持政策,强化居家养老基础地位。以经济补偿、税收减免、服务配套、带薪休假、免费培训等方式减轻居家养老负担,提高家庭照护能力。二是探索互助养老新模式。在全省范围内探索建立以互助养老为特色的"时间银行",鼓励志愿者为社区老年人提供志愿服务,为本人或亲属换取养老服务时间。三是积极推进适老化改造。对经评估符合条件的老年人及其家庭开展适老化改造,给予一定资金补贴,减少老年人意外伤害;推进老旧小区加装电梯和公共空间适老化改造,营造老年人友好型宜居环境。四是完善居家、社区养老服务体系,为老年人实现居家和社区养老提供支撑。在加快居家养老服务中心、日间照料中心、居家养老服务平台等硬件设施建设基础上,广泛开展老年人居家养老需求调研,针对不同类型老年人的服务需求,细化养老服务项目,通过提供日间托养、助餐、助洁、助浴、陪医、探访巡视、送医上门等各类服务妥善解决老年人居家养老中面临的生活照料、健康护理和精神慰藉等问题。

4. 建立区域性农村养老服务中心,全面推进农村养老服务体系建设

一是加强农村养老机构的布局与建设。根据人口数量、地理分布、经济发展程度,在县域范围内建立若干区域性农村养老服务中心,辐射周边乡镇和村庄。二是推进乡镇卫生院改革。利用卫生院医疗卫生设施、专业人才和场所等资源,推动乡镇卫生院增设养老服务职能,将乡镇卫生院改造成为乡镇医养结合养老服务中心,为乡镇范围内老年人提供养老服务。三是推动农村互助幸福院转型。推动互助幸福院转型为村级养老服务站,推进新型社区

按比例配建养老服务站，与乡镇医养结合养老服务中心联动发展，形成"走读式"和"上门式"双向养老服务机制。四是建立城市与农村养老机构结对帮扶机制。推动城市优质养老院对口支援农村养老院，在现代化管理、专业化服务等多方面为农村养老院提供帮扶，提高农村养老院的服务质量。五是养老资源向农村倾斜。加大财政对农村养老服务的支持力度，大力发展农村社会化养老服务，引导社会养老资源向农村倾斜，向孤寡、高龄、失能老年人等重点人群倾斜。

5. 着眼于京津冀养老服务协同发展，优化河北省养老服务布局

一是在科学研究和预测基础上做好养老服务规划。河北省要在对京津转移养老服务业和养老人口规模分析预测的基础上，结合河北省老龄化发展趋势，做好健康养老服务基地和养老设施规划，优化养老服务布局。二是共建养老服务基地。引进京津优质养老资源，采用自建、共建等多种方式，在河北省环境质量较好的太行山、坝上等地区建设养老服务项目或养老服务基地，集中承接京津转移的养老服务。三是有序推进京津冀养老服务合作。有组织地推动京津冀合作养老服务项目建设，避免各地恶性竞争、同质性建设严重，造成资源浪费。四是积极引进京津养老服务人才。主动对接京津大型优质养老服务机构，采用交叉任职、交流培训等方式，积极引进京津养老服务管理人才和专业服务人才，提高本地养老服务质量。

6. 开展多层次养老服务人才培训，全面提高服务的专业化水平

一是加快养老服务专业人才培养。在中高等职业院校增设养老服务相关专业，采取委托培训、院校与养老机构合作培养等多种形式，加快培养具有基本医疗康复知识和专业护理水平的养老机构管理和护理人才，尤其是要在医学类学校和培训机构中增设养老护理专业，培养专业的老年人护理人才。二是强化养老服务从业人员职业技能培训。依托各类专业培训机构，采用政府购买服务形式，对从业人员定期进行专业技能培训，同时，针对养老机构管理人才不足的问题，做好养老机构建设规划和养老服务管理人才的培养及培训，提高管理人员养老服务的专业知识水平和管理技能。三是整合养老志愿服务资源。挖掘和整合青年志愿者、老年人协会、专业社会工作机构等各

类养老志愿服务资源，鼓励大学生、低龄老年人、社区居民、专业社会工作者等各类群体参加志愿者服务，形成社区居民积极参与互助服务的良性循环。

7. 加强科技支撑，努力打造智慧养老服务体系

一是进一步加强智慧养老服务信息平台建设。建立市、区、街道、社区四级养老服务信息管理系统，建立健全老年人档案，并与医疗机构、养老机构、社区日间照料中心、家政及餐饮等服务企业实现联网。二是拓展智慧养老服务领域。鼓励养老服务机构和相关养老服务企业在满足老年人基本服务需求的基础上，利用大数据、互联网等信息技术手段，积极拓展养老服务项目和服务内容，开发适合老年人特点的文化娱乐、体育健身、休闲旅游、法律咨询、精神慰藉等服务。三是加强智慧养老技术研发。针对老年人需求特点和使用习惯，开发老年人易于应用的智能腕表、智能手环等终端设备和智慧养老服务 App 等互联网应用，强化智慧养老的技术支撑。

B.13 城市养老服务综合体建设的对策研究

张 丽*

摘　要： 党的十九届五中全会提出了"构建居家社区机构相协调、医养康养相结合的养老服务体系"的养老政策新导向，意味着促进各类养老服务资源协调、融合发展是未来养老服务体系发展的新方向。已有省市实践表明，建设城市养老服务综合体是解决养老服务问题的创新路径。本报告对城市养老服务综合体内涵进行了界定，在借鉴浙江省、北京市、上海市建设养老服务综合体的先进经验以及总结河北省已有建设基础后，指出建设城市养老服务综合体面临的不足：居家、社区、机构养老缺少核心要素连接，三者协调度不高；养老服务需求呈现多样化，单一供给模式难以满足需求；养老服务资源综合协调制约因素多，一体化整合难度大。对此，提出了建设城市养老服务综合体的对策建议：科学打造多层次城市养老服务综合体、建立多资源跨界协同合作机制、探索创新养老服务综合体发展模式、提供多功能融合的"一站式"服务。

关键词： 养老服务综合体　资源整合　"一站式"服务

---

* 张丽，硕士，河北省社会科学院社会发展研究所副研究员，主要研究方向为老年社会学、青年社会学。

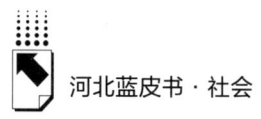

党的十九届五中全会将积极应对人口老龄化上升为国家战略，其中提出了"构建居家社区机构相协调、医养康养相结合的养老服务体系"的养老政策新导向，意味着促进各类养老服务资源协调、融合发展是未来养老服务体系发展的新方向。城市养老服务综合体建设将是应对人口老龄化高峰、解开养老服务症结的重要创新举措。

一 城市养老服务综合体内涵界定及建设意义

（一）城市养老服务综合体内涵界定

城市养老服务综合体是指面向广大老年人、由政府政策引导、社会资本参与、依托市场供给，集专业养老机构、居家养老服务中心、日间照料中心、医疗健康机构、社会和市场等多种为老服务资源于一体的新型养老服务模式。从功能定位上看，养老服务综合体实现了城市各类养老服务资源的高效、集约、共享使用以及各类养老服务机构的线上线下互动融合发展，让城市居家老年人能够就近就便享受到多样化、专业化的服务。从发展模式上看，养老服务综合体建设由各地政府政策引导，根据当地资源特色不同，体量可大可小可微，主要是实现资源的整合、功能的融合、信息的聚合。

（二）城市养老服务综合体的建设意义

建设城市养老服务综合体，对集约养老资源、发挥专业优势、实现资源共享、有效提升养老服务质量具有重要意义。

1. 有助于促进资源整合，实现养老服务资源的优化组合

城市养老服务综合体集聚优化居家、社区、机构各类养老服务资源，多种资源之间彼此良性的互动作用，可实现优势互补，放大彼此的价值，从而实现了1+1+1远大于3的整体效能，会产生良好的社会效益与经济效益，构成一个更具生命力的城市养老服务生态系统。

2.有助于增加服务供给，满足更多老年人多元化需求

城市养老服务综合体具有较强的功能整合和承载能力，与传统单一模式只注重物质层面的基本养老服务供给相比，将更注重提供康复保健、医疗护理、文化娱乐、购物理财、精神慰藉、社会参与、临终关怀等全方位、多层次的品质养老服务供给，以满足老年人多样化、个性化、品质化需求。

3.有助于提高精细化水平，促进养老服务效率提升

城市养老服务综合体建设可促进养老服务管理由过去粗放型向集约化转变、由"传统经验式服务"向"精细化服务"转变，可使多元养老服务责任主体精准定位自身服务职能，逐步实现优势互补、相互融合、无缝对接，进而能够精准确定服务范围和流程，细化服务标准和内容，可最大限度地善用政府和社会的各类养老服务资源，提升养老服务的效能。

二 全国先进省市及河北省建设城市养老服务综合体情况

（一）先进省市城市养老服务综合体建设经验值得借鉴

目前，全国有十几个省市将"养老服务综合体/养老综合体"建设列入政府部门养老专项规划或政策中，有明确的目标任务和实施措施。浙江、北京、上海等地经验可资借鉴，主要采取"政府政策引导、社会资本参与"的方式，走"居家养老服务机构化、机构养老服务社区化"之路，依托专业养老机构、街道综合养老服务中心等设施，聚合各类资源，打造集多种养老服务功能于一体的养老服务综合体。

1.浙江省杭州市"社区依托型"

专业机构养老服务送到家，汇聚各类具备养老服务功能的资源，打造各类资源互通共享的居家、社区养老服务综合体和街区养老服务综合体。

一是率先垂范，打造全国首批综合体。2018年，浙江省政府发布的《关于深化养老服务综合改革提升养老服务质量的实施意见》率先提出在全

国打造一批"养老服务综合体",改变以往居家养老、机构养老、社区养老和医疗健康资源各自独立的局面,让老年人就近就便共享到养老和医疗机构的服务。

二是资源共享,打造居家、社区养老服务综合体。浙江省支持老年公寓等养老机构承接或进驻居家、社区养老服务中心,发挥养老机构的专业服务优势开展居家、社区养老服务。

三是依托街道,创建街区养老服务综合体。杭州市江干区采荷街道打造全国首个"医养护"一体化的惠老服务特色街区,汇聚了省民政康复医院、颐食坊、颐乐坊、颐养院等机构,形成紧贴社区的街区养老服务综合体,为老年人提供"短期+长期""全托+半托""无偿+低偿""治病+健身"等阶梯式综合养老服务。

2. 北京市海淀区"政府撬动型"

部分社区先行开展试点,聚合居家、社区、机构养老服务资源,以政府补贴方式,推出专业养老床位"搬"进家的综合养老服务新模式。

一是科学制定方案,探索"居家社区机构相协调"新路径。2019年,海淀区创新养老服务模式——专业养老床位"搬"进家,出台了《海淀区家庭养老床位建设试点实施方案》,在辖区5个街道的部分社区先行开展试点,设立家庭养老床位,为失能、失智、空巢、残疾等特殊困难居家老年人提供上门服务,这种新模式在一定程度上解决了当地养老床位不足的问题,试点社区老年人对这种"足不出户有补贴、就近就便享服务"的新型养老服务模式的接受和认可程度较高。

二是聚合养老资源,依托智慧平台提供全流程服务。按照"就近服务"的原则,家庭养老床位服务机构均是满足规定条件的、在海淀区域范围内合法的养老服务机构,如日间照料中心、社区养老服务驿站等,海淀区居家养老服务管理平台为有需要且符合条件的对象提供从申请到服务的全流程服务。

三是设定补贴标准,老年人和机构同享补贴。在家庭养老床位项目中,民政部门为老年人和机构发放补贴,主要包括服务补贴、建设一次性补贴、机构运营补贴3项,并按照"政府保障基本、市场提供个性化服务"的原则,设定补贴范围、服务项目和服务内容。

3. 上海市静安区"实体聚集型"

打造"机构＋社区＋居家"一站式服务及"医疗资源＋养老需求"充分融合的养老综合体。

一是融合各类养老服务机构功能,聘请专职社工为长者群体提供一站式服务。上海市中心首个城市养老综合体是恒裕曹家渡老年福利院,它融合了日间照料中心、长者照护之家等的服务功能,并提供居家照护服务,注重对接老年人文化教育需求,与周边老年大学合作开设长者学院,以专业服务队伍为老年人提供物质层面和精神层面的贴心、高品质服务。

二是实现医养康养相结合的专业服务,与对口医院建立合作关系,实现医保互联,提供更专业的老年人医疗、康复、护理服务。福利院与两家医院展开24小时绿色就医通道等多项医疗合作,并在机构内部设有涵盖四大科室连通医保体系的医疗机构,配备专业的康复护理团队,建有500平方米的康护功能诊疗区,主要为老年人提供康复项目。

三是开展特殊老年人认知症专护,让认知症长者能有尊严地安度晚年。福利院也是上海市首批开放认知症照护单元的养老机构,首推家庭式小单元的认知症照护,主要有小单元住宅模式、家庭氛围布置、五大功能训练区、六大评估体系、多元化康复活动、专业化照护等服务特色。

（二）河北省城市养老服务综合体建设基础初步具备

1. 从政策层面看,养老服务综合体建设有据可循

河北省以开展居家和社区养老民心工程为抓手,重点推动落实河北省民政厅和河北省卫生健康委于2019年联合印发的《河北省加快推进养老服务体系建设三年行动方案（2020—2022年）》,其中提出"全面建立居家社区机构相协调、医养康养相结合的,功能完善、规模适度、覆盖城乡的养老服务体系",并明确了行动目标和重点任务。"十三五"期间,河北省还先后出台《河北省推进医疗卫生与养老服务相结合的实施意见》《河北省人民政

府办公厅关于大力推进康养产业发展的意见》《河北省人民政府办公厅关于支持社会力量提供多层次多样化医疗服务的实施意见》等一系列政策文件，为促进河北省医养康养相结合蓬勃发展奠定了政策基础。2020年，《中共河北省委关于制定国民经济和社会发展第十四个五年规划和二〇三五年远景目标的建议》提出"加强医养康养综合体建设，推动养老事业和康养产业协同发展"，首次提出"综合体"的概念，为推进养老服务高质量发展提供了新遵循、指明了新方向、带来了新机遇。

2. 从实践层面看，河北省城市居家社区养老服务相协调程度较高，机构养老相对独立，医养康养相结合探索推进，智慧养老服务平台逐步建立

一是城镇居家和社区养老服务覆盖面逐步扩大。2018~2020年，居家和社区养老服务作为民心工程连续三年持续推进，截至2020年底，河北省310个城镇街道已建成符合750平方米以上标准的居家养老服务中心403家，已经实现全覆盖，建成社区日间照料服务站（点）2412个，具备日间照料服务功能的养老机构810家，城镇社区养老服务设施覆盖率达83.31%，为老年人提供生活照料、健康护理、文化娱乐等多样化服务。

二是家庭照护能力逐步增强。河北省石家庄市、唐山市民政部门依托养老服务机构、相关职业院校、专业培训机构，定期面向家庭照护者等人员开设老年人护理、保健课程或开展专项技能培训，提升了家庭照护者的照护能力。

三是积极实施全省公办养老机构改造提升，采取政府和社会资本合作、公建民营等方式，改造升级照护型床位，开辟失能老年人照护单元，推动养老机构建设改革发展。

四是医养康养相结合探索推进。医养结合试点工作创新推进，其中特色突出、成效初显的是，石家庄医养扶一体化服务保障机制，邢台计划生育家庭养老照护模式、医养联合体城市模式、医养教综合体模式，廊坊燕达医养康养相结合模式。河北省创新"四结合一突出"（政府保障与引入社会资本相结合、居家养老与机构养老相结合、县乡村相结合、中西医相结合，突出重

点人群）的医养结合工作模式，得到国家卫生健康委和民政部的肯定。截至2019年底，河北省90%以上的养老机构与医疗机构建立合作关系，80%以上的医疗机构开设为老年人提供优先挂号、优先就医等便利服务的绿色通道。

五是智慧养老服务信息平台初步建立。截至2019年底，河北省已建成并运营27个养老服务信息平台，逐步引入社会资本参与运营管理，基本实现线上点单线下企业就近提供保洁、助餐、康复护理等各类服务21项，基本实现13个市（含定州、辛集）主城区服务全覆盖。

三 河北省城市养老服务综合体建设面临的不足

（一）居家、社区、机构养老缺少核心要素连接，三者协调度不高

实现居家、社区、机构养老三者之间相协调，需要将政策、运营模式等核心要素连接。从目前的发展看，三者互联互通性不强，养老服务资源缺乏互通共享，要素衔接链条尚未形成。从政策层面看，已出台养老服务相关文件对居家、社区、机构养老的目标、任务等内容各有规定，但关于三者相协调的内容不多。从运营模式看，三者还处于相对独立、分块运营状态，居家养老仍以自我照料、子女照料、保姆照料、家政服务为主，专业性服务欠缺；社区养老机构运营资金和专业人才短缺，缺乏有效的盈利模式；机构养老资源匹配度不高，条件好的"一床难求"，条件差的"少人问津"，普惠型的"难以多得"，截至2019年底，河北省机构养老的现有床位使用率仅为43.97%。

（二）养老服务需求呈现多样化，单一供给模式难以满足需求

河北省老年人仍以居家养老为主，对养老服务的需求逐渐呈现多元化趋势。调查数据显示，89.4%的老年人最注重医疗护理需求，51.5%的老年人

注重休闲娱乐和文化教育等精神需求，45.4%注重生活照料和家政服务物质层面需求，对送货上门、老年人用品以及维权服务等其他需求的占比为20%~30%。从目前河北省居家、社区、机构养老服务供给看，实际服务供给与老年人的需求契合度并不高，居家和社区养老仍以家政服务、日常照料为主，机构养老以饮食起居、生活护理等养护服务为主，虽各有侧重，但涉及医康护、文教娱等服务内容的比重较低，普遍存在服务项目内容少、同质化、质量不高等问题。

（三）养老服务资源综合协调制约因素多，一体化整合难度大

一是政府部门协同性不足，目前养老服务由多个政府部门管理，横向涉及民政、卫健、发改、工信等20多个委厅局，纵向涉及河北省各地人民政府，由于涉及面广，尚缺少整体、系统的协调机制，政府各部门间思想认识有待统一、权责不够明晰、协同推进难度较大。二是机构制约因素多，居家、社区、机构养老采取政府引导、社会资本参与的公办民营或社会化运营等多种模式，项目规模有大小，运作方式有差异，服务行为和利益诉求不一，且尚缺乏相应的规范和统一的标准，服务链各主体之间的利益平衡难度较大。三是家庭制约因素多，老年人及其家属思想认识、消费观念不一，出于自身利益和自身喜好的考虑，对养老服务综合体建设运营的认知度和接受度可能会出现不同声音。

四 河北省建设城市养老服务综合体的对策建议

2021年正值"十四五"开局之年，河北省应抢抓有利时机，依据国家出台的一系列利好政策，充分吸收各地养老服务先进经验，挖掘自身优势资源，夯实发展基础，积极推进养老服务综合体建设。养老服务综合体建设应以"政府支持、社会参与"的原则，按照居家养老服务机构化、机构养老服务社区化、医养康养相结合、以智慧科技手段为支撑的思路，打造多层次养老服务综合体。

（一）统筹做好整体规划，科学打造多层次城市养老服务综合体

河北省可认真测算养老服务综合体财政承受能力，将"养老服务综合体建设"列入"十四五"基本公共服务规划和养老服务专项规划。各地可综合考量当地资源特色、城市承载力、群体消费需求等因素，科学定位、合理布局，打造体量可大可小可微的社区养老服务综合体、"养老＋"服务综合街区、区域养老服务综合体。

1. 重点打造社区养老服务综合体

通过政府部门引导，吸引优质社会资本进入，依托街道综合养老服务中心等平台，串联各养老服务载体，打造集日托、全托、助餐、医养结合、康养服务、文化娱乐、便民服务等功能于一体的综合枢纽型社区养老服务综合体。

2. 积极创建"养老＋"服务综合街区

借鉴杭州模式，注重参与主体的多元性，应依托社会力量、市场主体的优势，紧贴社区的街区养老服务综合体，聚合各类医养康护和社会服务资源，打造"养老＋医康护文娱购"一体化的惠老服务特色综合街区，为老年人提供多样化、阶梯式综合养老服务。力争"十四五"期间，每个市均有1个为老服务特色综合街区。

3. 分层建设区域养老服务综合体

在市级区域，以各市行政区为单位，分区建立1个综合养老服务中心，负责统筹协调辖区内各街道养老服务资源。在省级区域，建立1个综合养老服务中心，建立综合养老服务信息管理平台，实现全省养老服务资源的统筹管理和配置，逐步实现将基本公共服务资源、市场化资源进行有机整合。对接京津优质医疗服务资源，打造京津冀区域养老服务综合体，如燕达金色年华健康养护中心等CCRC①，打造"医养康护文娱"特色服务品牌。

---

① CCRC（Continuing Care Retirement Community），即持续照料退休社区。

（二）打破各主体间的协作壁垒，建立多资源跨界协同合作机制

养老服务综合体建设需要统筹行政资源、市场资源、社会资源，建立多资源跨界协同合作机制，做好各类资源的无缝衔接和有效利用，实现服务资源由"分散供给"到"聚合共享"。

1. 建立政府和相关部门协同联动机制

打破政府各部门各自为政的话语结构，做好各部门的养老服务行政资源有效配置与共享使用。政府优化顶层设计，出台专项规划或实施意见，分层谋划、分类指导、分步实施，研究制定实施标准，推动民政、卫健、财政、发改、工信、教育、文化等多部门合力共建，形成由牵头部门负责、相关职能部门配合的协同联动机制，确保实行过程中权责明晰、规范有序、协调同步、运行高效。

2. 建立不同市场主体之间的合作和协调机制

有序推动市场中养老服务业内资源的整合以及跨界资源融合，协调各利益主体的行为，平衡其相互利益关系。"十四五"期间，河北省各市可积极探索打造1~2个"养老+"业态融合发展示范市（区），以试点示范带动各市养老产业的发展。特别注重向上下游延伸产业链条，推进养老服务全链条无缝衔接，特别注重与健康、医疗、文化、旅游、体育、金融、教育、家政等与之相关的行业间的资源共享、优势互补、融合发展，实现"养老+"服务链、资金链和产业链的畅通，进而提升养老服务及其相关产业协同发展活力，有利于达到"1+1+1>3"的成效。

3. 建立"四社联动"为老服务机制

以党的领导为核心，探索"以社区养老服务综合体为服务平台，以社会组织为服务载体，以社会工作为服务手段，以社区志愿服务为有益补充"的"四社联动"机制，充分调动各类社会资源参与养老事业和养老产业的积极性，整合不同资源，减少主体间的摩擦，发挥各要素的作用，实现社区养老服务的良性健康发展。

（三）"线上+线下"共同发力，探索创新养老服务综合体发展模式

河北省推动多种模式并存的养老服务综合体建设，重点探索"线上+线下"双渠道优势互补、共同发力，可以考虑发展智慧养老服务综合体模式、社区嵌入式养老服务综合体模式。

1. 探索智慧养老服务综合体模式

建议借鉴浙江宁波江北区构建的集"一个智慧平台、一条绿色通道、一个评估机构、一支救援队伍、一个热线电话、一张意外保单"于一体的"六个一"智慧养老服务综合体模式。在河北省建立健全以大数据、区块链、物联网等信息技术为支撑的"三级智慧养老综合服务平台"（省、市、区）和"五级养老服务信息网络"（省、市、区、街道、社区），服务平台要具备供需链接功能，发挥平台辐射带动作用，整合利用专业养老服务资源，建设"线上+线下"资源融合的智慧养老服务综合体，实现老年人信息收集、咨询、受理以及需求评估、资源调配等各类为老服务的数据管理和组织实施，推动河北省智慧养老服务规模化发展。

2. 建立社区嵌入式养老服务综合体模式

尊重大多数老年人"原居安养"的意愿，让社区成为河北省发展养老服务的牢固基石和桥梁纽带。以为老服务为轴线，可先在有条件的社区进行试点，以已有的社区居家养老服务中心、社区医养结合服务中心为基础，通过竞争机制，统筹整合医疗机构、物业空间、小区配套、社区服务等多种资源，嵌入"政府引导监督、市场化运营"的养老服务综合体。在融入发展阶段，需要政府鼓励连锁经营，以实现社区嵌入式养老服务综合体的可持续创新发展。

（四）面对不同群体分类施策，提供多功能融合的"一站式"服务

依托社区养老服务综合体，通过养老服务项目"同类项"合并，为不同年龄、不同健康状况、不同消费水平、不同需求的老年人合理配置全方位

服务项目，配比专业的服务人员，注重管理服务的精细化，让老年人多层次、多元化的养老需求都在综合体中得到"一站式"满足。

一是面向所有老年人，提供标准化服务和定制化服务，主要包括自我照护培训指导、生活照料、长短期照护、医疗康复、健康监测指导、中医治未病、家庭医生签约、陪同就诊、安宁疗护、提供老年人食堂或餐桌、法律维权、老年人教育、文体娱乐、法律援助等，注重服务项目和服务设施的普惠性，让所有老年人都能选购适合自身需求的养老服务项目，实现"买得到、买得起、买得安、买得好"，让所有老年人享受"对需求、有品质"的贴心服务。

二是面向高龄、失能、独居以及其他需要短期托养的有特殊需求的老年人，提供就近日托、全托以及机构床位"搬"进家等养老照护服务及场所设施，政府给予个人和机构相应的补贴。"十四五"期间，河北省各地应重点探索"家庭养老床位"建设，推动养老和医疗机构专业养护服务向居家、社区延伸，试点有实力的养老服务机构为居家、有专业养护需求、不愿或不需要入住养老机构的老年人设立家庭床位，由养老机构对老年人疾病情况、身心状况、健康需求进行全面评估，后根据照护等级签订协议，配备专业的照护人员，提供短期或长期的生活照料、康养护理等服务，并在被护理老年人家中安装智能化设备，进行24小时网络动态管理。

三是面向老年人的家属，提供专业的老年人家庭照护培训服务，包括居家健康养生、介护康复、起居照料、情绪管理、体征监测和临终关怀等培训服务项目，主要提高家属的家庭照护老年人技能，提升老年人居家养老的生活品质。各级民政部门可依托社区日间照料中心、养老机构、医疗机构、相关大中专院校、专业培训机构等，聘请具有专业养老、医疗、康复护理资格的老师授课，定期面向老年人的家属开展线上或线下的免费培训或者收费课堂，还可以根据居家老年人及其家属的需要，设置定制课程，以入户指导为主，现场教学指导老年人家属学会基本护理和应对突发状况的一系列居家护理技能，并提供长期持续性跟踪指导服务，通过"课堂培训＋入户指导＋

网络答疑"三渠道，帮助更多有家庭护理需求的老年人家属提升护理技能，做到实时排忧解难。

参考文献

《河北省人民政府办公厅关于大力推进康养产业发展的意见》（冀政办字〔2018〕160号），河北省人民政府网站，2018年10月9日，http://info.hebei.gov.cn//eportal/ui?pageId=6809997&articleKey=6836131&columnId=6810097。

胡亚光、曹亦鸣：《河南省建设多元化养老综合体的经验与对策研究》，《劳动保障世界》2019年第17期。

河北省民政厅：《用心用情用力保障改善民生》，《中国社会报》2020年12月16日，第3版。

施佳琦：《浙江计划打造"养老服务综合体"》，浙江舆情网，2018年8月22日，https://yq.zjol.com.cn/yqjd/201808/t20180822_8074655.shtml。

北京市海淀区融媒体中心：《政府补贴！海淀推养老新模式！把养老床位"搬"进家》，百家号，2019年12月5日，https://baijiahao.baidu.com/s?id=1652067095246206269&wfr=spider&for=pc。

上海静安：《上海市中心首个城市养老综合体项目就在静安!》，东方网，2020年1月23日，http://city.eastday.com/gk/20200123/u1ai20318183.html。

沈建平：《杭州市江干区：开创"原居安养"服务新路径》，《社会福利》2018年第8期。

B.14 建设保定西部山区京津冀医养康养基地的建议

王文录*

摘　要： 为有效承接北京养老服务业转移、主动填补雄安新区养老服务空缺、积极应对老年人口高峰，需要在京津周边点状布局养老服务基地，而保定西部山区无论是自然条件、文化条件、区位条件还是现实基础，都是建设京津冀医养康养基地的最佳选择，应该重新规划环京津健康产业布局，推进保定西部山区八县养老服务统一规划，整体对接北京、天津、雄安养老产业需求，选择县城和特色镇建设养老服务综合体，开展保定西部山区养老服务创新试点。

关键词： 保定西部山区　养老服务　医养康养基地

首届河北省旅游产业发展大会提出了"京西百渡—涞涞易"的崭新概念，让很多人眼前一亮，但是，时间过去四年了，"涞涞易"没有形成后期跟进发展局面，其主要原因是未能找到"当家产业"。随着北京非首都功能的进一步疏解，特别是雄安新区的建设，在我国迎来"60后"退休高峰的今天，保定西部山区获得了一个极其难得的发展机遇，那就是整体规划建设京津冀医养康养基地，打造保定西部山区京津冀养老功能区。为此，我们从

---

* 王文录，博士，河北省社会科学院社会发展研究所所长、研究员，主要研究方向为人口城镇化。

京津冀协同发展的角度出发，针对雄安新区养老政策未来走向，从理论和实践两个维度研究分析保定西部山区建设医养康养基地的优越性和可行性。

一 保定西部山区建设养老服务基地的重要性

（一）有效承接北京养老服务业转移

北京教育、医疗等公共服务功能是疏解的重要领域。随着北京医疗资源以各种方式向外转移，近年来河北省市县，特别是临近北京的市县医疗资源得到较大程度的优化改善，一批北京—河北联动型优质医疗机构发展起来，必将带动与其紧密相关的老年人服务业的发展，其中，具有医养结合特征的大型综合性养老服务机构将成为新生力量，同时，北京的大型养老服务机构根据京津冀协同发展的政策要求，也陆续向周边地区疏解，与河北合作建设适于长远发展的综合养老目的地。其中，涞水与北京第一社会福利院合作建设的"祖冲之古镇"养老示范基地，已经拉开了北京养老服务产业向外转移的序幕。

（二）主动填补雄安新区养老服务空缺

根据雄安新区发展规划，雄安新区养老服务产业不是重点支持发展的产业，"雄安不养老"已经明确，将来退休人员需要到周边地区寻找养老服务，这就为周边养老服务产业的发展提供了重要机遇。保定作为距离雄安新区最近的地区，无疑是承接雄安新区养老服务的最佳地区。从规划建设的角度说，政府也会为雄安新区未来的养老服务寻找一块较为理想的建设基地。

（三）积极应对老年人口高峰

1980年中国共青团中央发出公开信，20世纪60年代出生的人口群体首先整体进入生育"一孩"时代，到2020年开始陆续退休。有关统计数据显示，60年代是我国人口出生率最高（峰值为1963年）的一个时间段，据测算河北省每年将有近30万"60后"人员进入退休年龄段，与此同时，独生子女群体又是伴随着我国改革开放成长起来的，他们的教育水平、经济能力、交往能力，特别是婚姻圈和迁移距离，已经远远超过他们的前辈，他们在经济收入提高的同时，与父母的空间距离开始拉长，其结果是相当多的独生子女不能居家赡养父母。"退休高峰"遇到"独生子女"就催生出我国极为特殊的一个社会化养老需求旺盛期，推动社会化养老已经迫在眉睫。

综上，需要在京津周边点状布局养老服务基地。京津周边曾经分布着30多个贫困县，形成了著名的"环京津贫困带"，随着京津冀一体化发展，贫困带被逐步打破，随之而起的是养老服务业。有关专家担心，贫困带被养老带代替，又形成一个制约京津冀功能优化与合理布局的环首都养老带。因此，河北省在积极承接北京非首都功能疏解和对接雄安新区养老服务业发展的过程中，可采取"点状分布"的空间战略，在最适合养老服务业发展的保定西部山区集中建设京津冀养老服务基地，为京津冀老年人提供一个集养老、医疗、休闲于一体的医养康养目的地。

二 保定西部山区具备最佳养老服务基地建设条件

（一）自然条件：森林氧吧、西部凉都

高森林覆盖率的自然生态。1994年国家启动太行山绿化工程，河北省太行山森林覆盖率由最初的13%，提高到目前的30%以上，预计2035年将达到40%。保定西部山区作为太行山绿化的主力军，各县在森林绿化方面均迈出重大步伐，有些县的森林覆盖率达到或超过40%，阜平县39.5%，易县49.3%，涞水县45%，这些县的植被覆盖率均超过了80%，构成北方大地的一条南北绿色屏障，成为名副其实的天然森林氧吧。

相对丰富的水资源。虽然北方缺水，但保定西部山区各县相对而言是水资源较为丰富的地区。保定西部山区是海河水系大清河上游，主要河流如潴

龙河、大沙河、拒马河及其支流，除去极为干旱季节，基本保持形成径流水，西大洋水库（库容11.37亿立方米）、王快水库（库容13.89亿立方米）等更是为西部山区水源增添了基本支撑。阜平县境内五大河流基本常年有水，为县城、特色镇及美丽乡村建设提供了充足的水源和水生态自然景观。其他山区县的河流也多有径流水。

精致优美的人居环境。经过改革开放40多年，特别是近10年的改造，保定西部山区已经成为最具吸引力的休闲旅游目的地之一，县城面貌改造提升，特色小镇规划，美丽乡村建设以及一大批环境优美的景区景点设施不断完善，山区各县人居环境得到较大改善，每年都有大批保定、石家庄、北京、天津等都市游客来到这里。保定西部山区是太行山与燕山山脉的交汇区域，形成了两山挤压、断裂的特殊山体地貌特征，大理岩峰林地貌峡谷奇石极具观赏价值，高海拔（1000米）又让这里成为夏天休闲度假的著名"凉都"，与此同时，浅山丘陵地带又盛产各类坚果、水果，适合养生食用。因此，可以说，保定西部山区有着医养康养基地建设的优越人居条件。

（二）文化条件：别样多彩的太行文化

保定西部山区有着丰富多彩的山地文化，古村古镇建筑文化、民风民俗乡土文化、传统美味饮食文化、晋察冀红色文化，城南庄、北岳庙、尧帝故里、悲歌易水、皇家西陵、狼牙山五壮士以及近年来备受青睐的农耕文化等，构成了保定西部山区五彩缤纷的太行文化画卷，为建设高品质医养康养基地奠定了雄厚的文化基础。

（三）区位条件：邻近京津雄大都市区

保定西部山区既是京津冀世界级城市群的重要组成部分，又是几个大都市的西部后花园，在地理空间上与北京、天津、雄安、石家庄等大都市相邻相近，特别是北京、雄安与保定西部山区相邻，这让保定西部山区建设医养康养基地具备了区位优势。

紧邻北京。北京十渡直接与保定西部山区相连，使涞水成为面向北京建设医养康养基地的"桥头堡"，连续向西进入山区腹地，素有"京西百渡—涞涞易"之称。

近距雄安。保定西部山区距离雄安不到100公里，是承接雄安新区养老服务产业的最近养生目的地。

远眺天津。保定西部山区距离天津200公里，虽然空间距离较远，但天津缺山少凉，如果天津人寻找夏季养老基地，保定西部山区的距离也不成问题，特别是忻雄高铁的通车，将使天津与保定西部山区的时间距离大大缩短，保定西部山区夏季医养康养基地也将是天津的首选。

延伸至石家庄。石家庄尽管有本区域西部山区众多的休养度假胜地，但保定西部山区的特色十分鲜明，白石山、狼牙山、野三坡等都比较知名，特别是太行山高速公路通车以后，石家庄与曲阳、唐县、易县、涞源等县的时间距离大大缩短，一般车程都可以控制在3个小时以内，保定西部山区医养康养基地辐射延伸到石家庄也完全是现实的。

（四）现实基础：综合配套条件日臻完善

城镇基础条件不断改善。保定西部山区各县县城建设快速推进，城镇功能配套比较完善，很多县城开始创建园林县城、森林县城、宜居城市，县城基础设施得到较大改善。其中，海拔较高的深山区阜平、涞源、易县、涞水等县城城镇功能配套得到较大幅度改善，阜东新区建设水平较高，已经实现高端服务业城镇功能配套，涞源、易县、涞水等县城焕然一新，美丽山城，十分宜居。近年来，各县依托自然地理地貌和水域条件，开发建设了众多特色小镇，如易县太行水镇、涞水国际红木文化小镇、顺平白求恩小镇等正在创造红色豪情、绿色山水优美休闲度假条件。县城和特色小镇的发展为建设医养康养基地提供了必备的城镇基础设施支撑条件。

医疗配套服务能力大幅提升。医养康养基地建设的一个重要配套条件是有足够的医疗配套设施。长期以来，保定西部山区形成了完整的公共医疗服务体系，各县县医院、县中医院、乡镇卫生院等医疗机构配备齐全，医院的设施、设备、人员等条件多次更新换代，有些已经达到较高水平，如唐县人民医院成为保定市第四中心医院、保定市西部区域医疗中心，成为"三级医院"。同时，近年来各种专业化医院兴起，特别是康复医院和康复中心建设开始受到高度重视，成为建设医养康养基地的重要先决条件。其中，全面改革乡镇卫生院，建设依托乡镇卫生院体制下的医养康养老年人综合服务机构是一个新的尝试。

医养康养服务新模式加快形成。自《京津冀协同发展规划纲要》出台以来，保定西部山区各县积极探索发展路径，其中涞水等县把发展养老服务产业作为承接北京非首都功能疏解的重要途径，积极对接北京各大养老服务企业，谋划建设养老服务产业基地，其中，涞水天鹅湖养老产业、祖冲之古镇养老服务项目等都是先行者，为保定西部山区建设医养康养基地提供了可借鉴的宝贵经验。

三 保定西部山区养老服务基地建设措施

（一）重新规划环京津健康产业布局

全面梳理北京转移产业数据资料，在充分考虑雄安新区产业发展方向的基础上，对河北省环京津健康产业，特别是养老服务产业进行优化布局，集中安排保定西部山区养老项目，适度限制其他地区养老产业项目，逐步形成以保定西部山区为重点的环京津养老服务产业点状分布结构。把保定西部山区养老服务产业发展列入河北省"十四五"规划和保定"十四五"规划，力争"十四五"期间初步形成保定西部山区养老服务产业规划基础。

（二）实现西部山区八县养老服务统一规划

在保定市政府的主持下，采取集中优势、功能分区的战略，每个县选择3~5个点位，对西部山区八县养老服务进行统一规划。在保定市民政局，

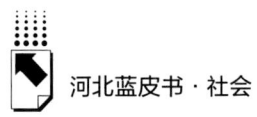

设立统一协调管理机构,具体指导养老服务基地的规划建设工作,防止同等次、同功能重复建设和恶性竞争。建议高海拔四县重点发展以夏季休闲度假为核心的康养养老服务产业。浅山四县重点发展以医养结合养老服务综合体为主要特征的养老服务产业。

(三)整体对接北京、天津、雄安养老产业需求

在省级养老管理机构统一协调下,保定市西部山区养老服务作为一个有机整体,统一对接北京、天津、雄安养老服务产业转移和发展需求,探索成立由保定市牵头的山区八县养老服务产业发展联席会议,建立一体化的信息平台,并适时纳入北京、天津、雄安养老服务信息系统,全面针对北京、天津、雄安实施信息公开共享。在条件成熟的情况下,可以适时召开京津雄冀养老产业发展"涞涞易"现场交流会,鼓励各县与北京、天津、雄安各类养老服务机构建立协作发展关系。

(四)重点选择县城和特色镇建设养老服务综合体

在医养康养基地的具体选址上,应重点依托现有医院、卫生院进行产权改革和资产重组,调整医疗机构功能,开拓医养康养项目,实现医疗机构与养老服务有机结合。为此,在空间选择上,应重点在县城和特色镇实施医养康养项目计划,特别是卫生院基础好、环境优美的特色镇,应充分利用卫生院土地、人员、设备等医疗优势,逐步规划建设成为医养康养小镇。医养康养基地建设可以引入市场机制,探索建立政府与企业合作的新型产权关系,形成医养康养与养老地产相结合的新型发展模式,防止医养康养项目成为单纯的地产项目。

(五)积极开展保定西部山区养老服务创新试点

面对独生子女家庭老年人退休高峰,面对京津冀协同发展和雄安新区建设对养老服务产业的紧迫需求,谋划建设综合性养老服务产业集群已是当前河北省养老服务形势的迫切需要。因此,可以考虑在省级层面设立养老服务

综合体建设试点单位，重点支持试点单位开展医养康养综合体建设，在取得一定成功经验后，可以在全省推广。建议把保定西部山区整体作为一个养老服务产业集群建设的试点，在政策、资金、人才等方面先行开展创新实践。保定市可以针对各个县开展市级医养康养综合体试点，重点支持西部山区养老服务业的发展。

B.15 城市老旧小区适老化改造研究

张齐超*

摘　要： 面对人口老龄化程度不断加深、城市老旧小区老化导致居住环境恶化的形势，实施老旧小区适老化改造是积极应对人口老龄化、营造适老宜居环境、提高老年人居家养老生活质量、提高养老服务社会效能的重要措施。当前河北省老旧小区适老化改造取得一定进展，出台多项推进适老化改造政策，通过加大政府财政投入力度，推动各地适老化改造工程启动，同时编制国内首个适老化改造地方标准《既有住宅建筑综合改造技术规程》。但老旧小区适老化改造仍面临不少问题，主要是老旧小区适老化改造项目数量偏少、普遍适用的适老化改造设计和施工服务体系尚未形成、适老化改造资金来源渠道单一和利益协调机制不完善等。为加快推进适老化改造进程，建议全面启动老旧小区适老化改造专项计划，政府积极引导群众构建适老化改造利益协调机制，形成老旧小区适老化改造的政策支撑体系，最后要积极吸引社会资本投入适老化改造中，培育适老化改造产业和市场。

关键词： 老旧小区　适老化改造　城市更新　人口老龄化

---

* 张齐超，博士，河北省社会科学院社会发展研究所助理研究员，主要研究方向为新型城镇化、社会治理、城乡社区变迁。

随着年龄增长，老年人生理机能变得不如年轻时灵活、健康和适应性强，原本的住宅和社区环境逐渐不再适应老年人的生理特点，而适应老年人生理、心理需求的环境有助于老年人保持身心健康，营造这样的宜居环境需要对住宅和社区环境进行适老化改造。所谓适老化改造就是依据老年人群的生理特点及生活习惯，对老年人住宅及周边环境进行适老性设计，消除潜在的不安全因素，营造满足老年人生理、心理需求的安全、便利、舒适的宜居环境。河北省城市有5000多个老旧小区，对这些老旧小区进行适老化改造，对于妥善解决人口老龄化带来的养老问题具有重要意义。目前河北省老旧小区适老化改造尚未全面开展，需要加快推进老旧小区和老年人家庭的适老化改造步伐，补齐老年人宜居环境建设短板。

一　适老化改造的重要意义

（一）适老化改造是积极应对人口老龄化的必然要求

根据《河北省养老服务发展报告》，2019年末，河北省60周岁及以上老年人口1518.39万人，占总人口的比重为20%，已经步入老龄化社会。当前城市老旧小区中，老年人的居住比例比较高，而老旧小区普遍存在服务设施不健全、建筑老化等问题，应对人口老龄化需要从改善老年人的生活居住环境入手。事实上，国家层面的老年人政策体现出国家对适老化改造非常重视，2016年全国老龄办联合25个部门印发《关于推进老年宜居环境建设的指导意见》，将老年人住宅适老化改造列为第一项重点工作。住宅适老化改造是符合当前养老服务体系要求的重要措施，河北省已初步形成"9073"的养老服务格局，即约90%的老年人采取以家庭为基础的居家养老，居家是老年人主要的居住方式和养老方式。而居家环境适老化评估及改造是提升居家养老服务质量的重要措施，因此可以认为，适老化改造可有效提升全省约90%的老年人居家养老服务质量。

（二）适老化改造是营造适老宜居环境的必然之举

城市老旧小区因修建年代久远，建筑不可避免地出现损坏，服务设施的配套不够完善，住房的适老化程度普遍较低，社区户外环境适老性普遍较差。根据一项全国性调查[①]，城市老年人在楼房居住的比例达到79.2%，然而这些楼房中超九成（94.9%）是没有安装电梯的，这意味着超过70%的老年人外出需要自己上下楼，无疑造成老年人出行不便。南京等城市的适老化意愿调查数据显示[②]，64.1%的老年人希望对居住环境进行适老化改造，这反映出老年人居家存在一定的不便利体验，对适老化改造的需求较为迫切。2010年，中国老龄科研中心开展的"第三次中国城乡老年人口状况追踪调查"显示[③]，44.7%的城市老年人认为在社区活动不够便捷，有60%以上的城市老年人指出所在社区的设施配套不健全或社区服务不完善，这反映出社区环境适老性程度不高，难以满足老年人对适老宜居环境的需求，需要加大适老化改造力度。

（三）适老化改造能有效提高老年人居家养老生活质量

随着年龄增长，老年人身体机能下降、反应趋于迟缓，良好的居家环境对保障老年人身心健康尤为重要。2013年，全国12座大中城市的100个典型社区开展的调查显示[④]，老年人居家养老中最主要和最容易发生的风险或意外伤害是跌倒，有66.2%的老年人表示曾因在家跌倒而造成意外伤害，并且主要发生在厨房和卫生间。研究表明，对居家环境进行适老化改造，在

---

① 伍小兰、曲嘉瑶：《中国老年宜居环境建设现状、问题与对策研究》，《老龄科学研究》2016年第8期。
② 吴翔华、刘聪、於建清：《住房适老化改造意愿影响因素研究——基于南京市老年群体调研》，《调研世界》2017年第3期。
③ 伍小兰、曲嘉瑶：《中国老年宜居环境建设现状、问题与对策研究》，《老龄科学研究》2016年第8期。
④ 伍小兰、曲嘉瑶：《中国老年宜居环境建设现状、问题与对策研究》，《老龄科学研究》2016年第8期。

老年人能力与居家环境形成匹配后，可有效增强环境安全性，老年人意外伤害的发生率将大幅下降，可避免 1/3~1/2 的老年人发生伤亡事故。① 这说明通过居住场所的适老化改造可营造出更加安全的老年人生活起居环境，降低居家养老中潜在的风险。此外，居住环境适老性增强能够扩展老年人交往活动范围，进而提高老年人心理健康程度，有效增强老年人的幸福感。唐山市开展的一项调查研究了养老服务设施和老年人活动场所的适老化改造与老年人幸福感之间的关系，这项研究表明老年人福利设施、医疗卫生机构、娱乐型设施、商业服务设施等设施场所的适老化改造与老年人幸福感存在统计学意义上的显著相关性，相关系数为 0.13~0.32②，这表明进行适老化改造能够有效提升老年人生活满意度，实现更好的居家养老服务效果。

（四）适老化改造能提高养老服务社会效能

适老化改造可实现控制居家养老服务成本的效果。因生活自理能力下降，老年人对护理服务的需求明显增加，养老支出随之增加，养老护理支出项成为养老服务成本中的相当重要的一项。换言之，延长老年人独立自理生活时间可以有效控制养老服务成本。相关研究表明，对老年人原住房进行适老化改造，能够增加老年人 10 年以上的独立自理生活时间③，这意味着老年人大大延迟了对养老护理的需求，也就减少了在护理上的养老支出。美国的一项随机对照试验显示④，未享受到适老化改造的老年人群体在护士家访和护理上的服务支出明显高于享受到适老化改造的老年人群体。因此，老年人居家环境的适老化改造在一定程度上可以控制家庭养老方面的支出成本、控制整个国家的医疗卫生费用支出，对于提高养老服务社会效能有着重要意义。此外，对于城市更新来说，老旧小区的适老化改造可有效改善老旧小区

---

① 吴集：《论老年住房的改造》，《城市》2003 年第 3 期。
② 任彬彬、陈靓雪、李建华：《唐山市老旧小区适老化设施调查研究——基于幸福感的调查实证分析》，《河北工业大学学报》（社会科学版）2019 年第 3 期。
③ 吴集：《论老年住房的改造》，《城市》2003 年第 3 期。
④ 马晓雯、杜佳敏、谢红：《基于居家养老服务的适老化改造研究进展》，《中国护理管理》2016 年第 12 期。

服务设施、生活环境，尤其是加装电梯、改造小区生活环境能够大幅提升老旧小区的宜居水平，逆转老旧小区的衰败趋势，进而提升老旧小区的地块价值。老旧小区适老化改造实际上是城市微更新的重要方式，通过小成本的改造实现老旧小区甚至旧城区居住环境质量的提升，既能达到改善老年人生活品质的民生目标，也能在相当程度上实现城市更新的社会效能。

二 河北省老旧小区适老化改造取得的进展与存在的问题

（一）适老化改造已形成较明确的改造计划和标准

一是出台推进适老化改造的政策，适老化改造工程启动。2019年省政府办公厅出台《关于加快推进养老服务体系建设的实施意见》，随后省民政厅等部门编制《河北省加快推进养老服务体系建设三年行动方案（2020—2022年）》，将居家适老化改造列入养老服务体系建设的重要工程，并以政府补贴方式推动特困、高龄、失能、残疾老年人家庭的适老化改造。2019年，省卫生健康委员会等部门落实《关于建立完善老年健康服务体系的指导意见》，推动医疗卫生机构开展适老化改造，提出到2022年使80%以上的综合性医院、康复医院、护理院和基层医疗卫生机构建成老年人友善医疗卫生机构。

二是省级层面已编制适老化改造标准。2019年，河北省住建厅牵头编制发布了国内首部老旧小区适老化改造地方标准——《既有住宅建筑综合改造技术规程》［DB13（J）/T 295 - 2019］，该规程涵盖多项标准，是当前适老化改造的技术依据。同年河北省住建厅编制完成《城市社区养老服务设施设计标准》，为居家养老服务设施的适老化设计和管理提供了依据。《既有住宅建筑综合改造技术规程》涉及适老化改造的内容包括：适老化改造的评估标准，套内空间和公共空间适老化改造应包括的项目及相应的技术标准，加装电梯需要符合的结构、设备等方面的改造标准。需要指出的是，该技术规程明确了认定住宅适老化设施较差的标准，只要包括以下三种情况之一就可以被认定为应当进行适老化改造:既有住宅建筑的出入口不满足无障碍设计要求;既有住宅建筑内未采用防滑地面,楼梯无扶手或扶手老化,户内无紧急呼叫系统等;二层及二层以上的住宅建筑无电梯。也就是说,既有住宅存在以上三种情况之一的,就可视为应当进行适老化改造。

三是全省既有住宅有序推进加装电梯工作。加装电梯是改善老旧小区老年人居住条件的有效途径,为加快推进老旧小区加装电梯,2019年4月,河北省住建厅等六部门出台《关于我省既有住宅加装电梯工作的指导意见》,明确了加装电梯需要具备的条件、加装流程等。随后,石家庄等市相继出台加装电梯的政策细则。2020年,又将加装电梯纳入当年老旧小区改造工作考核中,进一步加快各市、县老旧小区加装电梯的进度。这一指导意见特别明确了资金筹措的来源渠道:既有住宅加装电梯可以申请使用住房公积金,在获得2/3以上业主同意前提下可申请使用住宅专项维修资金,还规定对有加装电梯需求的特殊困难家庭给予补贴,有条件的市县(区)可以提供财政支持,除此之外,鼓励积极吸纳社会资本投资。这些政策为拓宽资金来源渠道、加快老旧小区加装电梯进度提供了有力支持。

四是部分城市将适老化改造纳入老旧小区改造工程。自2019年起,沧州市将适老化改造作为老旧小区改造的一个重点,委托养老产业公司对老旧小区的居家养老需求进行摸底调查,增加健身广场、文化娱乐广场、健身步道等设施,并在有条件的小区加装电梯,每部电梯将给予一定的资金补助,计划将智慧居家养老服务引入老旧小区改造项目中,通过推进老旧小区适老化改造实现带动小区环境整体优化的目标,从而增强老年人养老服务获得感。

(二)老旧小区适老化改造面临的问题

一是适老化改造项目数量偏少。当前河北省正在推进的老旧小区改造涵盖安全问题、居住功能、环境治理等三大方面40余个小项。其中,与适老化改造关系密切的项目仅包括加装电梯、修补破损地面、整治小区私搭乱建等少数几项,而适老化改造的重要内容如室内环境改造、社区设施适老化改造等未列入老旧小区改造项目，同时加装电梯数量较少。因此，虽然老旧小区改造能改善居住环境，但适老化改造理念更新不足，较少考虑老年人生活需求，老年人居住环境的适老化程度尚未在广度和深度上得到提升。

二是普遍适用的适老化改造设计和施工服务体系尚未形成。从已开展的适老化改造工程来看，当前改造内容局限在增加无障碍坡道、增设扶手和防盗门上，相对复杂的内容并没有在较大范围内推开。老旧小区适老化改造比较复杂，既要考虑老年人的需求，还要兼顾到小区本身的条件，已开展的适老化改造主要是对社区公共环境的二次改造，是在解决共性问题的层面上推进，而针对老年人居家住宅的适老化改造需求，"高品质、个性化、精细化"的适老化改造服务体系尚未形成。适老化改造服务体系不健全反映在电梯加装难题上，就表现为面向老旧小区适老化改造项目的电梯加装市场机制并不健全，有加装电梯意愿的居民在面对专业性较强、品类繁复、颇为复杂的电梯加装市场时，往往因为市场信息和专业知识缺乏，不知如何选择合适的产品，这也是造成老旧小区加装电梯推进极为缓慢的一个重要原因。

三是适老化改造资金来源渠道单一，利益协调机制不完善。一方面，适老化改造存在资金困难。适老化改造包括住宅内部设施改造和社区环境改造，由政府、个人、社会共同出资最为合理。目前老旧小区改造的多渠道融资机制尚未建立起来，改造资金仍主要依靠政府财政支出，而居民个体和市场参与积极性不高，由此造成改造资金缺口大、资金投入持续性不足等问题。另一方面，适老化改造需要居民进行资金分摊、动用维修基金改造电梯和公共通道，但涉及群体的利益协调机制不完善。当前适老化改造的社会熟知度并不高，很多人并没有认识到老旧小区适老化改造对于提高老年人生活质量的重要性，同时老旧小区的流动人口数量较多，这增加了协调各方利益、推动适老化改造的难度。另外，适老化改造直接受益的是老年人而非年轻人，加装电梯项目也主要使高层住户受益，但河北省《关于我省既有住宅加装电梯工作的指导意见》对低层住户利益损害如何补偿并没有提出指导性意见，且该文件同时规定"既有住宅加装电梯应经加装电梯所在单元全体业主同意"，达成意见统一的协商协议难度很大，造成部分老旧小区适老化改造无法实质性推进。

三 积极推进适老化改造的建议

（一）全面启动老旧小区适老化改造专项计划，提升老年人宜居环境建设水平

一是老旧小区适老化改造是关爱老年人身心健康和关心其切身利益的民心工程，建议将适老化改造列入全省20项民心工程，建立适于老旧小区适老化改造的工作体系，加快适老化改造进程。

二是明确老旧小区适老化改造专项计划的任务目标和改造内容。拓宽适老化改造边界。深入开展适老化改造需求调查，及时追踪适老化改造最新理念，明确改造内容和改造目标，既要有适老化共性改造项目，也要提供"个性化、品质化、精细化"的项目清单，向居民提供菜单式改造服务，同时注重智能科技元素应用，增强住房适老化改造的舒适性、安全性、智能化。对应老年人需求改善社区户外环境，尤其注重完善小区无障碍系统，增设电梯，合理配置公共设施。积极开展公共环境适老化建设，打造安全、便利和舒适的"年龄友好型"公共环境。

三是试点推进，积累老旧小区适老化改造经验。选择合适的社区开展试点工作，通过打造老旧小区适老化改造的样板工程，形成具有通行加装的改造模式及标准，积累可复制、可推广的改造经验。试点内容应包括老年人住房状况的适老化评估和改造设计、适老化改造内容及项目，以及适老化改造的费用标准、融资机制、财政补贴标准、审批流程、评估验收等。

（二）拓宽群众参与渠道，构建适老化改造利益协调机制

老旧小区社区环境适老化改造涉及不同居民、产权单位、物业等多方主体的利益，而适老化改造进程缓慢的重要原因正是缺少成熟的利益

协调机制，社区适老化改造需要群众的广泛参与和积极协商，这就需要充分发挥党建引领下的基层社区共治共享机制的作用，构建适老化改造利益协调机制。

首先，适老化改造要合乎法律法规，应尊重所涉及的利益相关方的意愿，符合《物权法》《民法》的要求，但在加装电梯问题上可以重新考虑业主"全部同意"（即100%）的相关规定，论证适当降低百分比要求以加快改造进度的可行性。

其次，基层街道、社区组织要发挥牵头作用，发挥社区自治平台的作用，建立有效的沟通机制，搭建适老化改造的居民议事平台，引导各利益主体开展民主协商，引导居民积极参与意见征询、方案制定、施工管理、后续管养全过程，组织社区居民讨论改造方案、建立物业维修基金、签订改造后共同维护管养协议等，形成制度化的适老化改造运作模式。

最后，老旧小区既有住宅加装电梯是当前适老化改造工程的核心难题，推动这一难题解决的关键在于形成各权益方均能接受的利益协调机制。一方面，政府相关部门应尽快制定电梯加装费用的分摊指导意见，同时街道办发挥指导协调作用，推动产权单位和业主达成费用分摊协商共识，尤其是要形成利益受损户的补偿意见，电梯加装难免会对低层业主的居住权益造成影响，因此需要制定相应标准和等级进行适当的补偿；另一方面，政府要主动作为，摸底老旧小区加装电梯的数量和需求，以此制定建设规划，加快电梯加装的进程。

（三）构建适老化改造政策支撑体系，推动适老化改造有序开展

加强民政、住建、规划、工商、税务、卫生和消防等方面的政策协同，形成老旧小区适老化改造的政策支撑体系。

一是加快城市政策更新，在编制公共服务规划、社区服务设施规划中增加适老性项目的内容和指标，在新建小区住房设计和建设中融入适老化元素。

二是研究制定适老化改造行政管理政策，制订适老化项目计划，出台审

批流程及相关要求的管理细则，制定老旧小区适老化改造规划报建、用地、消防安全等管理细则，规范适老化改造项目的行政许可和产权登记制度。

三是实施政府财政补贴政策，提高适老化改造支付能力。经测算，宅内适老化改造项目的成本为1.4万~4.8万元[①]，处于居民可负担、市场有盈利的范围内，要发挥政府财政补贴的杠杆作用，有效调动居民、市场的积极性。一方面是补贴老年人即需求方，探索建立围绕适老化改造的老年人住房保障政策，通过改造补贴的形式，减轻老年人适老化改造的资金负担；另一方面是补贴供给方，激发市场积极性，将从事适老化评估、设计和施工的适老化改造企业认定为为老服务企业，给予政策支持、财政补贴和税负减免，培育适老化改造市场。

（四）撬动社会资本投入，积极培育适老化改造产业和市场

普遍适用的适老化改造设计和施工服务市场的不成熟是造成适老化改造推进较慢的重要原因，市场主体少、服务标准不健全等造成有适老化改造需求的家庭难以获得满意的服务，鉴于此，政府应充分发挥规划指导作用，积极培育适老化改造市场和相关产业，吸引更多社会资本投入这一领域。首先，政府在推动老旧小区改造工程中应大量增加适老化改造项目，同时可采取优惠政策鼓励适老化改造的市场主体介入，以此激发适老化改造市场活力。其次，政府相关部门已经制定了适老化改造技术标准，在此基础上，应出台适老化改造的行业规范，对改造项目的定价给出指导性标准，形成良好的市场秩序，推动适老化改造产业和市场的良性发展。最后，老年人所需求的不仅仅是住宅的适老化设计和改造，还包括医疗、娱乐、运动等生活各方面的适老化产品，因此政府应有意识地推动整个适老化改造行业发展。随着各种适老化产品的研发和应用，老旧小区住宅和社区环境的适老化改造的内容和方向会更加成熟。

---

① 冯喜良、周明明主编《北京养老产业蓝皮书：北京居家养老发展报告（2016）》，社会科学文献出版社，2016，第187页。

参考文献

马晓雯、杜佳敏、谢红:《基于居家养老服务的适老化改造研究进展》,《中国护理管理》2016年第12期。

任彬彬、陈靓雪、李建华:《唐山市老旧小区适老化设施调查研究——基于幸福感的调查实证分析》,《河北工业大学学报》(社会科学版)2019年第3期。

吴集:《论老年住房的改造》,《城市》2003年第3期。

伍小兰、曲嘉瑶:《中国老年宜居环境建设现状、问题与对策研究》,《老龄科学研究》2016年第8期。

吴翔华、刘聪、於建清:《住房适老化改造意愿影响因素研究——基于南京市老年群体调研》,《调研世界》2017年第3期。

冯喜良、周明明主编《北京养老产业蓝皮书:北京居家养老发展报告(2016)》,社会科学文献出版社,2016。

劳动就业篇

Reports of Labour Emploment

B.16 河北省中小微企业就业影响因素及对策研究

车同侠*

摘　要： 中美贸易摩擦和新冠肺炎疫情对2020年中小微企业的发展造成了较大冲击，直接影响中小微企业的就业岗位创造，经过政府各项税费减免、政府融资担保平台进行担保和再担保救助支持政策的执行，中小微企业就业获得了较为平稳的发展。但是，面对宏观经济低迷状况，中小微企业自身的问题及地方金融支持体系的不完善仍然存在，再加上部分优惠政策逐渐退出，中小微企业仍然面临诸多问题需要不断解决。因此，应从金融、政策、体制机制等领域推动中小微企业发展，激发就业的动力和活力。

---

* 车同侠，本科，河北省社会科学院社会发展研究所副研究员，主要研究方向为社会学和金融学。

关键词： 中小微企业　就业　营商环境　河北省

一　中小微企业对就业的贡献研究

（一）中小微企业的内涵和重大意义

中小微企业一般从业人员相对较少，企业管理经营集中化程度高，家族企业较多，生产经营和服务模式相对单一，规模小，但是具有良好的就业弹性。各个行业的中小微企业门槛各异，比如，农业、工业中的中小微企业的标准分别是营业收入为50万元以下和300万元以下，软件和信息技术服务业则为50万元以下，房地产业为100万元以下。

我国中小微企业数量众多是有历史根源的，一开始是解决改革开放后回城知青的就业问题，随后随着国企改革，更多的下岗失业工人需要被吸纳，中小微企业成为吸纳就业的主力军。但随着我国的产业机构升级、经济转型以及人口老龄化的发展，未来我国的就业压力会越来越小。

发展中小微企业是扩大就业的主要渠道。相比较于大企业来说，中小微企业的就业容量比较大、就业弹性比较强，投入资源少，适应市场的能力强，促进生产发展的速度快，在总量上能够提供更多的就业岗位，中小微企业中，绝大多数是小微企业。

在河北省加速产业结构调整，工业化、信息化和新型城镇化大力发展的重要关头，中小微企业成为吸纳剩余劳动力的重要渠道，也成为高校扩招和社会出现异常情况下，吸纳大学毕业生就业的重要途径，对于促进就业与保持社会稳定的重要意义就变得尤为突出。在市场主体中，中小微企业是居民就业的蓄水池，提供了80%以上的就业岗位，只有稳住了中小微企业，才能保住就业。日化行业、快递行业、餐饮和清洁行业、娱乐文化行业、专车行业和网上调查等数字平台的独立职业者连同中小微企业在很大程度上缓解了经济下行对就业造成的压力。保就业就是要保中小微企业就业，保灵活就业。

（二）创业就业政策支撑中小微企业蓬勃发展

改革开放以来我国大力鼓励中小微企业发展，经济体制改革，特别是国有企业改革以来，为了更好地解决我国大量的就业岗位创造问题，满足进城职工和国企下岗职工岗位需求，我国更加依赖中小微企业的发展。随着大学扩招，就业新增群体包含了越来越多的大学毕业生。最近这些年，GDP增长进入新常态，城镇新增就业岗位基本稳定，这归功于政府的创业就业政策及时出台，推陈出新，支撑了中小微企业和灵活就业的发展。

二 中小微企业就业现状

（一）政府政策多方面支持中小微企业发展，确保稳就业

政策层面为中小微企业提供保障。面对疫情的冲击，政府加大了宏观政策调控力度，努力实现支持企业保就业，特别是扶植中小微企业渡过难关。中央政策通过金融服务直达基层，2020年以来，中国人民银行通过对存款准备金率进行3次降低调整，给各地金融机构释放了流动性，比如廊坊市当地法人金融机构获得21.6亿元，截至2020年第三季度末，"贷款增加173亿元，占全市贷款总增量的34%"[①]。另外，中国人民银行、银保监会、财政部、发展改革委、工业和信息化部发布的《关于进一步对中小微企业贷款实施阶段性延期还本付息的通知》显示，对于2020年6月1日至12月31日期间到期的普惠小微贷款，按照"应延尽延"要求，实施阶段性延期还本付息。延期付款的办法使中小微企业流动资金紧张的状况得以改善，这是帮助中小微企业最直接、最见效的办法，能够保障企业生存下来，也有利于保就业，为以后恢复生产服务提供过渡保障。

---

① 李娜、邢慧然、杨倩芳：《廊坊市力促金融"甘霖"精准滴灌实体经济》，河北新闻网，2020年11月20日，http://hebei.hebnews.cn/2020-11/20/content_8220490.htm。

2020年3月2日，河北省民营经济领导小组印发的《关于应对新冠肺炎疫情支持中小企业共渡难关的若干措施》涉及共计19条支持措施。其中，支持企业招工用工方面，主要实行在本地招工，开展线上线下对接，政府就业网站免费招工、求职政策，这项政策的实行，有力地支撑了中小微企业在疫情时期的复工复产。针对受疫情影响企业的情况，各级政府从交通运输、企业指导、缓缴企业用能费用、减轻房屋租金负担、减免企业增值税、办理延期申报纳税、困难行业企业2020年度发生的亏损结转年限延长至8年、税前扣除新购置设备、压降贷款费率、鼓励减免办理银行贷款产生的相关费用、疫情防控重点保障企业贷款贴息、对困难中小微企业展期或续贷、降低担保费率等方面给予帮助。

河北省及各个地市根据中央政策文件精神指定支援企业的地方性制度政策，支持市场主体渡过难关，实现复工复产，主要领域包含融资、营商环境改善和提供各项服务，突出体现中央对"六稳"工作和"六保"任务的要求。执行对小规模纳税人增值税降低到只征收1%，免征一系列服务类增值税，以及免征中小微企业除医疗保险外的社会保险单位缴费，对承租国有性质房产的服务业小微企业减免房租、降低电价、免收进出口货物港口建设费等优惠政策。对于依法从事地摊经济、便民劳务等活动的，不需要办理营业执照，政府相关部门减免收取费用。完善拖欠中小企业债款投诉制度，保障中小微企业生产经营。严格执行《保障中小企业款项支付条例》，从源头遏制拖欠中小企业款项问题。落实政府部门各级领导包联制度，通过调研主动施援。根据调查，大部分的中小微企业可享受到一项或多项扶持政策。

（二）政府出台的支持中小微企业发展的政策效果良好

2020年以来，国家从宏观层面施策，为银行金融机构松绑、释放政策空间，体制机制上得到优惠的金融机构，特别是大型商业银行、地方商业银行、小额贷款机构传递政策红利给中小微企业，定向降准，免征增值税促进了它们积极放贷，在一定程度上解决了中小微企业的资金难题，其中政府工作报告要求大型商业小微企业贷款增速达到40%。新冠肺炎疫情发生后，中国人民银行及时出台了防疫专项贷款政策。针对疫情冲击，政府也不断释放政策红利,给中小微企业打了一针"强心剂"。调查发现,大部分的地方政府、国有银行金融机构,特别是小额贷款机构认真执行了政府的各项金融支持中小微企业渡过疫情难关的政策,企业减税降费的作用明显,这使得一些过去没有得到普惠金融红利的中小微企业也受益不少,缓解了企业流动资金压力,减轻了企业负担,增加了企业的财富积累,为企业应对危机提供了物质保障。

截至2020年9月末,廊坊市在中小企业贷款网上进行银企对接活动,46963家企业注册登记,申请贷款23522笔,最终投放21872笔,申请金额超过5735亿元,成功贷款超过3583亿元,成功对接率超过92%①。秦皇岛市各农村中小银行依托现代网络平台和金融机构与企业信息网站内容对照疫情受困重点企业名单进行金融服务,截至2020年10月末,秦皇岛市农村银行中小机构各项贷款累计发放298.63亿元,其中累计发放小微企业贷款151.78亿元,前10个月,帮助复工复产企业697家,累计续贷业务197家,延期还本付息贷款284户。推进专项贷款资金落实,2020年上半年,秦皇岛全市农信社发放支小再贷款9898.69万元,再贴现8000万元;线下也走进企业调研,做好定制化服务,多举措解决企业难题②。截至2020年10月底,河北省总共减免社会保障费325亿元,涵盖养老、失业、工伤三方面的内容,失业保险基金用于稳定就业,支出达到了21.5亿元,惠及企业4.3万户、职工330.9万人。可以说,政府的各项惠企举措给中小微企业带来实惠,促进了疫情防控常态化下河北省就业形势稳定,保障了民生③。

(三)中小微企业仍然释放出大量的就业机会

特殊群体就业形势严峻,中小微企业释放就业机会仍然面临困难,但仍

---

① 李娜、邢慧然、杨倩芳:《廊坊市力促金融"甘霖"精准滴灌实体经济》,河北新闻网,2020年11月20日,http://hebei.hebnews.cn/2020-11/20/content_ 8220490.htm。
② 金剑:《秦皇岛农村中小银行机构 全力支持企业复工复产》,《河北经济日报》2020年11月30日,第6版。
③ 张晨光:《我省超额完成全年就业目标任务》,《河北经济日报》2020年11月28日,第3版。

然为大学毕业生释放就业机会。2020年河北省高校毕业生达40.9万人，比往年的就业人数增加很多，大学毕业生就业面临挑战。大学生就业的主要途径是中小微企业，所以说，2020年中小微企业的生存发展环境直接影响着大学毕业生的就业前景。截至2020年7月11日，全省应届高校毕业生就业率达到65.27%①，相比较往年，2020年全年大学毕业生就业率降低了10个百分点左右。而且，2020年河北省普通高校毕业生人数，比2019年新增2.1万人，增量、增幅均为近年之最。大学毕业生群体的顺利就业，关系着民生，意义重大。但是，2020年我国普遍遭受新冠肺炎疫情影响，造成经济下行，中小微企业面临经营困境，这使得河北省高校毕业生就业形势复杂、严峻。尽管如此，2020年4月，河北省举行"空中招聘月"活动，以及5月中旬启动了"百日招聘"活动，近万家中小微企业释放出的用工需求将助力全省7万多名大学生就业②。从招聘大学毕业生的企业数量和招聘人数看，中小微企业都占据了毕业生就业市场的半壁江山。2020年1～9月，河北省发放创业担保贷款23.29亿元，直接扶持1.42万人自主创业，带动吸纳3.59万人实现就业③。

三 中小微企业就业面临的问题

（一）中小微企业发展面临的问题

1. 中小微企业实力较弱

中小微企业大多处于发展的起步阶段，受资金限制，往往在孵化器生产，或者承租土地、厂房，这影响着企业的发展，加上严格的土地调控政策

---

① 李茜：《河北就业局势总体稳定　截至6月底城镇新增就业43.83万人》，中国新闻网，2020年7月21日，https：//www.chinanews.com/sh/2020/07-21/9244109.shtml。
② 刘凤敏：《让中小微企业释放更多就业机会》，河北新闻网，2020年7月24日，http：//comment.hebnews.cn/2020-07/24/content_8014041.htm。
③ 李茜：《河北：前三季度全省城镇新增就业67.9万余人》，中国新闻网，2020年11月2日，https：//www.chinanews.com/sh/2020/11-02/9328793.shtml。

和节节攀升的土地价格,都制约着中小微企业扩大规模、增加投入、快速发展的步伐。2020年疫情来袭,大部分中小微企业面临大面积停工,产品销售不畅,营业收入和利润骤降。加上固定支出不减、回款困难等因素叠加,加剧了资金紧张的局面,企业用工需求下降,处于困顿中的中小微企业大多进行了裁员、减薪。

2. 中小微企业资金短缺,影响扩展和创新

调查显示,中小微企业资金存在比较大的缺口,资金是发展的活水和血脉,能维持生产、促进就业,然而因为中小微企业规模小、抵押少,往往难以从银行金融机构贷款,加上银行贷款手续繁多、贷款利率和其他成本太高、融资渠道狭窄、缺少适宜的融资方式,无法从根本上解决资金不足的问题,使多数企业无法进行技术改造和扩大生产规模,很大程度上限制了中小微企业的发展。

3. 中小微企业依赖性强,缺乏人才

由于中小微企业不能很好地解决人才晋升、未来发展等问题,高级人才不愿意仅仅为了一点高工资而来,即使来了也难以留住,人才的匮乏严重制约了企业的发展。小微企业不仅严重缺乏高级管理人才,连素质好的一般管理人员也相对缺乏。

(二)中小微企业就业面临的问题

1. 政策体系不完善

中小微企业的政策体系不健全,一些与企业紧密相关的政策得不到有效宣传或者及时宣传,特别是基层的企业,往往错失发展的良机,尤其是在遇到重大社会变化的时候,比如2020年疫情的暴发。另外,针对中小微企业的政策法规培训较少,比如税务、融资信贷、企业培训等相对匮乏,特别是中小微企业的各种税费负担仍然较重。企业税费负担重,加上所得税、附加税、个人所得税等,造成企业无力经营。沉重的税费负担,不仅仅阻碍了中小微企业的生存发展,更是影响了企业就业机会的增加。

2. 政策实施不到位

国家针对疫情出台的帮助中小微企业的政策在有的地方没有落实，或者落实不到位，致使相关企业发展没有得到政策助力，在疫情面前贻误发展时机，最终影响就业。比如在基层调研的时候，有些地方主管部门并不了解中央银行的专项再贷款政策在基层没有公布实施，直到银行金融机构代表提出问题才意识到。

3. 中小微企业与就业群体的结构性矛盾仍然存在

企业招不到想要的人、高校毕业生找不到工作的结构性矛盾依然存在。一方面是中小微企业在低端生产领域，难以吸引高校大学生就业，另一方面是中小微企业进军高新技术企业，大学毕业生不能充分满足日益网络化、信息化的科技发展对知识能力的需求。

4. 中小微企业在成长中面临制度障碍

让中小微企业健康成长，扩大规模，增加就业岗位，关键要靠制度来保障，而目前看来，很多行业仍然面临进入障碍，不能得到高效的资源利用空间，难以稳固发展形成经济发展的"铜墙铁壁"，即使在经济顺周期和外部环境良好的情况下暂时能够提供就业机会，在遇到疫情等外部因素干扰时，也往往容易被市场冲击，丧失经济发展的稳固基础，也就是吸引就业的稳定支撑。

5. 中小微企业发展面临突出问题

疫情发生对于中小微企业的冲击比较大，特别是对于住宿餐饮、批发零售、文化旅游产业的影响比较大，居民居家使得它们的生产服务陷于停顿，随着在政府政策支持下逐渐复工复产，大部分中小微企业第二季度经营状况改善，但是因为处于企稳回升阶段，仍然面临抗击外部风险能力低的问题，特别是再次遇到疫情袭击，中小微企业的发展仍面临复杂、严峻的局面。资金紧张是当前企业反映最突出的问题。线上线下随机调查显示，有一半以上的调查企业反映企业经营资金紧张，而且仍然面临着需求不足的问题。

四 解决中小微企业就业问题的对策建议

(一)政府加强财政规范指导和加大财政支持力度

政府对于一些处于行业发展前沿、拥有自主知识产权、创新能力强、成长性好的中小微企业和团队给予经费支持,通过开展创业竞赛或者科技竞赛,发放财政补贴。对获得财政支持的中小微企业在解决大学生就业问题方面有突出贡献的,或者赢得了天使基金或产业基金投资的,追加10%的补贴。

各级财政预算安排中小微企业发展资金,重点用于帮助一些发展良好的劳动密集型企业填平补齐技术改造项目,更好地促进就业;用于能够增加就业岗位的农产品深加工项目;用于信用条件好的中小微企业担保和再担保业务。

(二)大力开展校企合作,促进就业

让高校毕业生、各类职业技术教育和培训机构走进中小微企业,更好地与社会和企业建立联系,了解企业需求。整合就业培训资源,建立起企业和培训机构的良性互动关系,引导培训课程贴近劳动力就业市场,向有大量需求的产业工人倾斜。改造和完善一批创业孵化基地,完善创业指导及培训条件,建设一批能起示范带动作用的创业就业培训基地和产业培训基地。

(三)拓宽服务领域,不断满足中小微企业的金融需求

发挥政府、社会组织的力量,积极搭建银行金融机构与中小微企业的互动对接平台,吸收政府主要主管部门、工商联、商会、企业家协会的成员参与,调查中小微企业的资金需求和发展动向,创新针对中小微企业的金融产品,拓展金融服务的深度和广度。加大市县(区)两级政府对融资性担保机构的扶持力度,扩大担保机构规模,提供再担保支持,为中小微

企业贷款提供有效支持。在加强监管、保证资金安全情况下，应逐步放宽小额贷款公司的审批限制，简化审批环节，将小额贷款公司部分变更审核事项下放至省辖市政府金融办，由省辖市政府金融办审核批准后报省政府金融办备案。增加小额贷款公司数量，更好地发挥小额贷款公司在地方普惠金融的作用。积极探讨在政府监管、引导下有序规划民间借贷，进而增加中小微企业资金供应量。鼓励中小微企业通过上市融资、私募股权融资等渠道解决资金问题，降低中小微企业融资成本，拓宽中小微企业融资渠道。

严格贯彻有关劳动就业政策，与员工签订规范性劳动合同，改善工作环境，提高员工薪酬待遇，保障和维护员工合法权益。

（四）引导中小微企业转型升级

面对可持续发展的问题，特别是外部冲击的问题，中小微企业需要加强转型改造，升级产业发展方向，朝绿色化、数字化、智能化方向发展，练好内功，提高应对外部风险的能力。

在科技发展和信息化、工业化发展背景下，中小微企业要获得长远发展，必须充分考虑科技发展、产业转型、人才资源等，进行产业转型升级，既能可持续性地发展，提供就业岗位，也能提高经营效益。但中小微企业的天生缺陷就是资金、技术、人才等较为不足，需要政府加大支持力度，针对中小微企业的科技投入加大政策扶持力度，推动新技术、新成果向中小微企业倾斜；建立产学研体制架构，将政府、社会科研机构、大中院校资源向中小微企业开放，降低收费标准，加大针对中小微企业适用加工生产的产品研发力度，推动中小微企业产品升级换代；加快各地中小微企业公共服务平台建设，提供金融、事务、培训等一揽子服务，推动中小微企业健康发展。

（五）建议进一步丰富就业优先政策工具

创新实施一些有助于保就业的政策工具。比如推动银行降低"工资贷"的申请门槛；对疫情期间坚持不裁员、不降薪的企业给予更多贷款利率优惠，充分发挥金融对稳就业的支持作用；政策支持创业型微型企业，建议将已经开业并参加政府组织的创业培训的微型企业经营者纳入可以享受贴息贷款人员的范围，将已经毕业若干年内（3年内或5年内）的大学毕业生纳入可以享受申请创业贴息贷款的范围。另外，建议加大支持创业投资行业力度，种子投资、天使投资和创业投资基金是小微企业初创期融资的主要渠道。政府部门要积极利用创投行业的政策支持来推动创新创业，更持续、更长久地刺激经济发展、就业增长。

（六）仍需要给中小微企业减税降费

面对中小微企业再次遇到疫情冲击的情况，建议政府通过进一步加大普惠性减税力度、落实支持创投基金发展的税收政策，继续降低养老保险费，通过再划转一批国资股权至社保基金，以保障社保基金的正常运转，最大限度地给中小微企业减负。建议对月销售收入30万元以下的纳税人免征增值税，扩大小型微利企业受惠面。另外，针对又一次疫情冲击继续完善金融服务。政府要对中小微企业贷款继续采取延期还本付息的优惠政策，引导银行业金融机构根据疫情发展趋势和中小微企业经营状况，进一步延长贷款延期还本付息期限，重点满足普惠型小微型企业的贷款延期需求，为企业提供更全面、更精准的金融服务。继续开展针对中小微企业的帮扶行动，把那些不解聘员工的参保企业失业保险稳岗返还政策实施期限延长至2021年第一季度末期。清理取消对灵活就业的不合理限制，强化政策服务供给，创造更多的灵活就业机会。

B.17
提升河北省城镇劳动者科学素质与技能研究

赵砚文*

摘　要： 近年来，河北省城镇劳动者规模不断扩大，随着生产智能化、信息化、专业化、精细化和小型化的快速发展，亟须加大力度提升全省城镇劳动者的科学素质与技能。本报告分析了河北省城镇劳动者科学素质的基本情况，概括了近年来加强继续教育和职业培训体系建设的主要实践，针对城镇劳动者科学素质与技能提升形式相对单一、劳动者科学素质监测评估体系尚不完善等问题进行了研究，并提出了构建差异化的内容体系、加强动态跟踪管理、构建终身职业教育体系等对策建议。

关键词： 城镇劳动者　科学素质　职业教育体系　河北省

城镇劳动者科学素质与技能水平是衡量一个地区创新创业能力的重要指标。党的十九大报告提出，要"推动经济发展质量变革、效率变革、动力变革，提高全要素生产率""不断增强我国经济创新力和竞争力"。这就要求全面提高城镇劳动者科学素质，整体提升适应新时代发展需要的生产力。城镇劳动者作为河北省经济建设的主力军，在规模不断扩大的同时，科学素质水平也在逐年提

---

* 赵砚文，本科，河北省社会科学院人力资源研究所研究员，主要研究方向为人才学与人力资源管理。

升。但是，随着生产的智能化、信息化、专业化、精细化和小型化程度的加深，河北省技能人才尤其是高技能人才严重匮乏，"普工剩，技工荒""千工好招，一技难求"现象突出，产业转型升级受到一定的制约，亟须全面提高城镇劳动者的科学素质与技能，建设知识型、技能型、创新型劳动者大军。

一 河北省城镇劳动者科学素质与技能的基本情况

（一）城镇劳动人口规模与就业结构

截至2018年底，河北省总人口为7556.30万人，比上年末增加36.78万人，其中城镇常住人口为4264.02万人，占总人口的比重为56.43%。河北省就业人员4196.1万人，其中，城镇就业人员1324.0万人，占全省就业人员的31.6%。就业困难对象实现再就业11万人，城镇下岗失业人员再就业26.5万人，城镇新增就业人员87万人。2014年至2018年，城镇新增就业人数从72.1万人增至87万人，累计新增390.69万人。在就业规模不断扩大的同时，就业结构也在逐步优化。2018年河北省一、二、三产业就业人员分别占26.1%、27.6%、46.3%，第三产业成为吸纳就业的主体，就业结构特征与产业结构变化基本一致。

（二）主要劳动人口受教育水平

近年来，随着"科教兴冀"战略的深入推进，河北省主要劳动人口受教育水平呈现明显提高态势。2018年，全省15周岁及以上人口中拥有大专及以上学历文化程度人员占全省就业人员比重为11.9%，比1982年提高11.2个百分点。从综合反映国民文化素质的人口平均受教育年限看，2018年，全省15~59周岁及以上人口平均受教育年限达到10.2年，分别比2000年和2010年增加2.8年和0.8年。就业人员整体素质的提高，极大地促进了全省经济特别是新兴产业的发展，为优化经济结构，提升全省经济实力、活力、竞争力奠定了基础。

（三）城镇劳动者科学素质水平

科学素质是公民了解必要的科学知识，具备科学世界观和科学精神以及用科学方法和科学态度判断、处理各种事务的能力。建设经济强省、美丽河北需要城镇劳动者科学素质的普遍提高。为提升河北省全民科学素质，促进协同发展、转型发展、创新发展，2016年，省政府发布了《河北省全民科学素质行动计划纲要实施方案（2016—2020年）》，明确提出到2020年全省公民具备基本科学素质的比例达到或超过全国平均水平。2018年，河北省公民具备基本科学素质的比例为8.1%，比2015年调查统计的5.28%提高了2.82个百分点，在全国排名中前进了3位。而上海、北京公民具备基本科学素质的比例超过20%，浙江、江苏、天津和广东超过10%，湖北、辽宁、山东、福建等10个省份均超过全国平均水平（8.47%）。河北省公民科学素质提升幅度与目标要求相比还有一定差距。

（四）城镇劳动者技能水平

2018年，河北省技能劳动者达到823.26万人，占全省就业人员总量的19.6%，高于全国平均水平。河北省每年新增高技能人才数量连续5年保持在10万人以上。2018年，全省高技能人才总量达到229.8万人，占技能劳动者总量的27.9%，低于全国平均水平0.4个百分点。目标是力争到2021年底，高技能人才占技能劳动者的比例达到30%以上，技能劳动者占就业人员总量的比例达到25%以上。近年来，河北省大力实施国家高技能人才振兴计划，每年支持10个省级、5个国家级高技能人才培训基地建设。截至2018年底，河北省共有66个省级、30个国家级高技能人才培训基地，基本上形成覆盖城乡的高技能人才培养网络。省总工会会同相关部门每年开展省级职业技能竞赛20余项，组织参加世界技能大赛屡屡刷新河北省历史最好成绩。如，在第44届世界技能大赛上，奖牌实现零的突破，河北省参赛选手获得1枚铜牌和1个优胜奖；在第45届世界技能大赛全国选拔赛上，河北省的12名选手入围全国集训队，同时获得1个第一名、3个第二名的优异成绩。总的来看，河北省技能人才规模持续扩大，质量不断提升。

（五）专业技术人才素质水平

近年来，全省专业技术人才总量稳步增加，高层次、高技能人才培养选拔力度进一步加大。截至2019年底，全省共有院士19人、省高端人才34人、"万人计划"专家51人、省管优秀专家544人、省"巨人计划"领军人才138人、国务院政府特殊津贴专家2477人、百千万人才工程国家级人选59人、省政府特殊津贴专家496人、通过"名校英才入冀"计划进入企事业单位的名校大学生1672人。另外，以河北省政府名义建立"河北省突出贡献技师"评选表彰制度，每两年评选100名，每人每月给予200元政府津贴，提高技能人才地位、待遇，截至2018年底，河北省评选出的"突出贡献技师"共计300人。

二 提升城镇劳动者科学素质与技能的主要实践

（一）构建提升城镇劳动者科学素质的组织体系

1. 推进专业技术人才继续教育与实践锻炼

河北省人社厅为加强专业技术人才队伍建设、提升专业技术人才能力素质、加快人才强省建设步伐，从2013年开始启动了专业技术人才知识更新工程，每年培训10万名高层次、急需紧缺和骨干专业技术人才。围绕河北省经济结构调整、发展方式转变和自主创新能力提升，在装备制造、生物制药、电子信息、钢铁、石化、新材料、海洋经济、节能环保、能源、现代交通运输、防灾减灾、文化、农业科技、社会工作等14个重点领域和现代物流、电子商务、金融、法律、咨询、会计、工业设计、食品安全、知识产权、旅游、会展、服务外包等12个现代服务业领域，展开了较大规模的专业技术人才知识更新继续教育。工程启动后，每年开展国家级高研项目5个以上、省级高研项目30个以上，培训高层次人才2000名。

2. 促进青年创业就业能力提升

共青团河北省委紧紧围绕贯彻落实"双创"战略，深入推动《河北省中长期青年发展规划（2018—2025年）》青少年创客创新创业行动，坚持组织化和社会化"两线动员"，注重大中专院校学生、企业青年职工、社会青年创客"三青发力"，实施创新、创业、创投、创客"四创联动"，持续为青年创新创业提供指导服务、搭建培训平台，构建良好的青年创新创业服务生态。截至2018年底，河北省连续6年举办青年创新创业大赛，发掘青年创新创业项目3000多个，认定省级青年创业孵化基地40家，对接意向创投资金8000余万元，培育初创期科技型中小企业项目860个；在企业广泛开展青工"五小"（小发明、小革新、小改造、小设计、小建议）创新活动，涌现创新成果2000余项；在高校连续6年举办"挑战杯"大学生课外科技作品竞赛和"创青春"大学生创业大赛，推出大学生作品5000余件。

3. 助力妇女创业就业能力提升

河北省妇联把促进女性创新创业作为重要任务，组建了河北省巾帼创投联盟，逐步形成了集政策指导、组织发动、示范引领、培训辅导、项目孵化、市场对接于一体的"互联网+巾帼创新创业"服务体系。截至2018年底，累计发放妇女创业担保贷款5.82亿元，培训妇女达到40多万人次，带动了3.5万名妇女创业、23.6万名妇女就业。建设"巧手坊"151个，妇女创办、领办的科技型中小企业300家，培育巾帼众创空间50家。2019年，省妇联结合创业女性实际需求制定出台《河北省巾帼"双创"升级行动计划》，从加快女性创新创业发展能力升级、促进巾帼创新创业环境升级、推动女性创业带动就业能力升级、提升服务女性创新创业金融水平、促进女性创新创业平台服务升级五个方面，全方位助力女性开展"双创"活动。

4. 加强技能人才技能和安全知识教育

河北省总工会依托工会院校、职工技能实训基地和多媒体手段，加强校企结合、工学结合，构建立体的职工教育培训网络。自《河北省安全生产条例》颁布以来，省安监局深入开展"安全生产月""安全生产燕赵行"等活动，认真开展科技强安、人才强安和智慧强安等先进典型宣传。在充分利用传统方式方法的基础上，结合实际引入安全体验、影音宣传、视频直播等新形式，利用"两微一端"等新媒体加大互动交流力度，增强各项活动的吸引力和实际效果，把安全生产纳入技能人才技能培训内容。

5. 开展农民工职业安全卫生知识培训

全省各级安监部门坚持"先培训后上岗、持证上岗"的原则，检查督促企业落实先培训后上岗和依法持证上岗制度，积极开展农民工安全生产教育培训，近年来，农民工安全知识培训人次不断增加。各级卫生部门以"关爱农民工职业健康"为主题，大力开展系列活动，系统普及职业卫生知识。

（二）打造城镇劳动者技能水平提升通道

1. 加强技能人才职业培训

河北省人社厅牵头，积极推行终身职业技能培训制度，加强技能强省建设，实施大规模职业技能提升行动。2018年，全省共有18.99万名职工参加创业就业培训，3.32万名职工参加创新研发能力培训，15.13万名职工参加在职学历提升教育，31.75万名职工参加技能提升培训。2019年开展各类政府补贴性职业技能培训48万人次以上。围绕京津冀协同发展、雄安新区规划建设、2022年冬奥会筹办等，建立并推行了适应经济社会发展需求及就业创业和人才成长需要的终身职业技能培训制度。2019年省政府发布《关于推行终身职业技能培训制度加快技能强省建设的实施意见》，力争实现培训管理规范化、培训方式多样化、培训载体多元化、培训对象普惠化、培训资源市场化，使全省技能人才规模不断扩大、结构更加优化。

2. 开展农民工职业技能培训

为提高农民工就业能力，省人社厅牵头主抓，统筹开展农民工培训工作，不断增强职业技能培训的针对性、有效性。省人社、教育、科技、住房城乡建设、扶贫以及工青妇等部门发挥各自优势，大力开展农民工就业技能培训、岗位技能提升培训和创业培训，对符合条件的农民工，按规定落实好职业培训和职业技能鉴定补贴。2018年，全省在"春风行动""就业援助月""春潮行动"等专项活动带动下,提供免费就业服务28.9万余人次,转移就业23.69万名,培训农民工42.1万人。完善农村劳动力培训就业实名制台账,凡在法定年龄内有就业意愿的农村劳动力都纳入培训范围,确保每人都能得到一次政策补贴的技能培训机会。

3. 强化新成长劳动力技能培训

近年来,各级人社部门对"两后生"(初中、高中毕业后未能继续升学的学生)开展了劳动预备制培训,加快培养后备技能人才,同时组织有就业意愿的当年退役士兵和有需求的大中专院校毕业生参加相关职业技能培训,提高其就业能力。为贯彻落实中央精神,省政府发布《河北省职业技能提升行动实施方案(2019—2021年)》,全省面向高校毕业生、农村转移就业劳动者、城乡未继续升学初高中毕业生、退役军人等重点群体,开展补贴性培训150万人次以上,其中2019年开展补贴性培训48万人次以上,以促进新成长劳动力尽快实现技能就业。

4. 实施困难企业职工技能培训

省人社厅、发改委、财政厅等部门联合组织实施失业人员和转岗职工特别职业培训计划,对去产能企业职工、困难企业职工开展在岗技能提升培训和转岗转业培训,帮助其实现稳定就业。河北省原有政府补贴性培训政策不包括未缴纳失业保险企业职工,《河北省职业技能提升行动实施方案(2019—2021年)》则将所有企业职工参加的职业技能培训全部纳入政府补贴性培训范围,这是一个很大的政策突破。2019年,困难企业可通过自行组织或委托培训机构开展职工在岗培训,对培训合格的失业人员给予职业培训补贴,就业技能培训补贴标准每人最高不超过2200元,创业培训补贴标准每人最高不超过1200元,列入全省急需紧缺职业(工种)目录的培训补贴标准每人最高不超过2500元。

(三)搭建城镇劳动者科学素质与技能提升平台

1. 加强省级继续教育基地建设

河北省专业技术人员继续教育基地建设主要是依托省属和驻冀科研院

所、高等院校、大型企业和部门培训机构等现有施教机构，开展基地课程、教材、课题、项目、师资等基础和平台建设，促进基地间培养培训合作与交流，逐步建立专业齐全、布局合理、分级管理、分类指导、运作规范、监管有力的专业技术人员继续教育基地网络。省市各级人社部门认真贯彻落实国家和省中长期人才发展规划纲要和《河北省省级专业技术人员继续教育基地管理办法》，在培养经济社会发展重点领域高层次、急需紧缺和骨干专业技术人才方面发挥了积极作用。2015年，河北省专业技术人员继续教育基地在邢台职业技术学院揭牌，这是河北省批准建立的首家省级专业技术人员继续教育基地。河北省还分期分批建设了一批省专业技术人员继续教育基地，燕山大学、河北大学、石家庄铁道大学获批为国家级继续教育基地。

2. 推进企业新型学徒制试点工作

国家人社部要求全面推开企业新型学徒制，对企业新招用和转岗的技能岗位人员进行系统培训。2015年，河北省在石家庄、承德、唐山、邢台、邯郸分别选择一家大中型企业开展企业新型学徒制试点工作，围绕重点产业，坚持需求导向，突出双师培养，积极探索技能人才培养新模式。在完善管理制度、推动校企融合、缓解工学矛盾、促进技能人才待遇提升、促进企业生产效率提升等方面取得了显著成效。为加快技能强省建设，2019年，省人社厅、财政厅发布《关于全面推行企业新型学徒制的实施意见》，按照企业为主、政府引导、院校参与的原则，全面推行以"入企即入校、招工即招生、企校双师联合培养"为主要内容的企业新型学徒制，通过企校合作、工学交替方式，进一步发挥企业主体作用，组织企业技能岗位新招用和转岗等人员参加企业新型学徒制培训。河北省已培训企业新型学徒3万多人，形成了政府激励推动、企业加大投入、培训机构积极参与、劳动者踊跃参加的职业技能培训新格局。

3. 开展职工职业技能大赛

省总工会不断完善职工职业技能大赛工作，拓宽技术工人职业发展渠道，推动企业建立技术工人培养、使用、考核和激励机制。自2015年以来，全省每年举办一次职工职业技能大赛，大赛分基层选拔赛、市级初赛、省级决赛三个阶段，决赛涵盖数控加工中心操作工等18个工种。比赛中获得各工种第一名的选手，被授予"河北省五一劳动奖章"，比赛中表现突出的选手，获得"河北省技术能手"称号并将晋升职业资格，35周岁以下表现突出的选手，被授予"河北省青年岗位能手"荣誉称号。

4. 举办创新创业大赛

近几年，省科技厅会同有关部门共举办了8届河北省创新创业大赛，参赛项目涉及电子信息、生物医药、新材料、新能源及节能环保、互联网、先进制造等多个领域，社会各界高度关注并积极参与。创新创业大赛集聚政府和市场资源支持创新创业，秉承"政府引导、公益支持、市场机制"的模式，扶持中小微企业创新发展，积极打造创新创业的众扶平台，进一步激发全社会创新创业热情。总决赛晋级队伍获省创新创业大赛奖励专项支持，最高奖励金额达100万元。2019年河北省国家级高新技术企业新增2000多家，是2017年之前历史总和的3.5倍，总数超过7000家。

三 提升城镇劳动者科学素质与技能存在的突出问题

（一）城镇劳动者科学素质与技能提升形式相对单一

整体来看，公众对提高城镇劳动者科学素质的重要意义认识还不到位，对城镇劳动者科学素质内涵没有清晰理解和把握，舆论宣传引导作用发挥不充分。体现在科学素质与技能提升活动中，技能培训内容和形式相对单一，劳动者可持续的职业发展能力不强。当前，提升城镇劳动者技能水平以培训为主，形式较为单一。培训内容上更多的是重视职业技能培训而忽视职业素养培训，重视文化知识培训而忽视能力素质培训，重视就业技能培训而忽视创新发展能力培训。另外，城镇劳动者在校的知识积累与从业后的能力提升不能融合对接，学历教育管理与继续教育管理各行其是，未纳入统一的标准框架，劳动者持续的知识积累和能力提升具有一定的体制障碍。

（二）城镇劳动者科学素质监测评估体系尚不完善

城镇劳动者科学素质调查指标均出自不同职能部门的相关业务，全省尚未建立专门的调查指标体系。由于涉及部门众多、成分相对复杂，因此对城镇劳动者的科学素质发展很难进行有针对性的量化追踪。此外，行业主管部门和行业组织的作用未得到充分发挥，城镇劳动者科学素质结构未能结合全省产业结构调整需求、职业培训实际需求、劳动者素质需求预测以及社会培训资源等多个方面进行适时调整，未能针对城镇劳动者中科技工作者、高层次人才、企业职工、农民工等各阶层科学素质发展状况，提供差异化的科学素质提升内容。

（三）城镇劳动者科学素质与技能提升的公共、社会资源统筹力度不够

城镇劳动者科学素质与技能提升行动是一项复杂的系统工程，涉及部门多、人员杂，具有很强的社会性、广泛性和专业性，不仅需要政府努力，更需要企事业单位、社会团体等各方的共同参与和支持，必须建立有效的机制，整合资源，形成合力。但从目前情况看，公共教育培训资源、组织内部培训资源与社会培训资源的协同度还不够高，相关教育培训主体仍以政府公共资源为主，企业等其他主体的持续投入力度和参与程度明显不足，各部门统筹协调的机制尚未形成。此外，城镇劳动者科学素质与技能提升工作支撑力不够，相关职能部门未能进一步形成合力，科普与科技、人才、教育和培训等尚未实现有机结合与互动，丰富的科技、科普资源有待充分发掘利用。

（四）经费投入不足，引导社会力量广泛参与的机制尚未建立

引导社会组织、企事业单位对城镇劳动者科学素质与技能提升的持续性投入力度明显不足。从目前经费投入情况看，仍以省财政为主，尚未建立社会多渠道、多元化的投入机制。从培训主体来看，虽然大多数城镇劳动者在企业工作，但培训主体仍是政府，很少有企事业单位能够根据自身特点建立

专业科普场馆，或专门成立企业科协、职工技协等组织机构，并着力从加强科学方法、科学思想和科学精神教育等方面，提高职工的科学文化素质。长期以来，虽然政策规定职工工资的1.5%用于培训，这在国有大型企业实行得比较好，但大量的中小企业包括私营企业基本没有执行这一政策。

四 进一步提升城镇劳动者科学素质与技能的对策建议

（一）针对城镇劳动者中不同群体科学素质与技能水平状况，构建差异化的内容体系

丰富城镇劳动者科学素质与技能提升的内容和形式，建立分层分类的劳动者科学素质内容体系。针对全省城镇劳动者中的企业职工、高校毕业生、专业技术人才、包括农民工在内的外来务工人员等群体科学素质与技能水平不同的情况，构建差异化的内容体系。如，面向专业技术人才，尤其是高层次人才，重点加强科技成果的展示交流和普及应用，提供信息咨询、成果转化、学术交流等方面的服务以及其他延展性服务；面向科技人才，应充分利用省内外学术资源，催生创意，延伸探索空间，着眼于挖掘创新型人才的潜能素质，使知识资本及价值得到最大体现；面向企业新招聘的毕业生，重心应放在从培养学习能力转向提升创新素质，从知识向技能、从技能向创新力的转化方面，激发其自主创新的积极性，提升其研究与开发能力；面向失业人员等弱势群体，重点提高他们适应职业变化的能力和就业创业能力；面向外来务工人员，重点提高他们适应城市生活的能力以及掌握职业技能的能力。

（二）加强动态跟踪管理，建立城镇劳动者科学素质监测评估体系

进一步加强对城镇劳动者科学素质行动目标任务落实情况的动态跟踪管

理，制定全省城镇劳动者科学素质评估办法，建立城镇劳动者科学素质监测评估体系。按照《中国公民科学素质基准》，确定各重点劳动群体的科学素质基准，设立重点人群监测指标体系，并将其纳入城市社会发展体系框架。建立关键任务检查和定期通报制度，建立城镇劳动者科学素质行动实施情况年度报告制度和会商制度，统筹解决难点重点问题，提出绩效改进的策略和办法。探索建立通过第三方对城镇劳动者科学素质行动实施效果进行监测评估的办法，探索授权、委托、项目资助或购买服务等多种第三方监测评估服务方式。进一步发挥高校和科研院所等智库在城镇劳动者科学素质监测评估工作中的重要作用。

（三）强化城镇劳动者职业发展与就业指导教育，提升其就业创业能力

国务院发布的《"十三五"促进就业规划》明确提出，要提升城镇劳动者就业创业能力，强化职业发展和就业指导教育。相关部门应认真贯彻落实中央精神，切实转变就业观念，增强高校毕业生职业开发能力、自我评估能力及择业能力，普遍开设职业发展与就业指导课程，建立全过程、专业化的就业指导教学体系。加强就业指导教师培训和实践锻炼，进一步增强教学效果、创新教学方法。普通高中根据需要适当增加职业技术教育内容，鼓励普通教育学校为在校生和未升学毕业生提供多种形式的职业发展辅导。鼓励普通高校和职业院校开展以创业指导、就业准备、职业道德、职业发展等为主要内容的就业服务和就业教育。加快培育具备更好敬业精神和专业素养、更高技能水平、更强创新能力和创业精神的劳动者队伍，进一步强化劳动者素质提升能力。

（四）将职业发展教育纳入城镇劳动者培训体系中，构建终身职业教育体系

进一步贯彻落实教育部等六部门发布的《现代职业教育体系建设规划（2014—2020年）》，将职业发展教育纳入劳动者培训体系中，构建城镇劳动

者终身职业教育体系。建议增加非全日制职业教育在职业教育中的比重，发展具备半工半读、远程教育、工学交替、双元制学徒制等各种灵活学习方式的职业教育，实现全日制职业教育和非全日制职业教育的统筹管理。完善职业资历等级和标准，解决职业资历与教育资历衔接贯通的问题。开展学历职业教育和非学历职业教育，通过质量认证体系、学分积累和转换制度、学分银行和职业资格考试，进行非学历职业教育的学历认证。促进城镇劳动者实现可持续的职业发展，增强职业教育体系的多样性、开放性和灵活性，使城镇劳动者可以在职业发展的不同阶段通过多种方式、多次选择灵活接受职业教育和培训。

（五）合理分工、加强合作，健全各职能部门共同参与机制

协调科技、教育和人社等各部门的关系，合理分工，加强合作，有重点、有目标地区分不同对象和群体，建立健全城镇劳动者科学素质与技能提升参与机制。进一步落实相关科技政策法规，针对不同人群和重点对象，如产业工人、农民工、科技工作者、自由职业者和弱势劳动群体等，有序展开各项工作，建立科技工作者、农民工等劳动群体权益保障机制。发挥科研机构、大学和高新技术企业的实验室、研发机构、技能创新工作室、技能大师工作室等的作用，促进科技成果的推广。动员广大科技人才积极参与科普工作，把普及科学知识、倡导科学方法、弘扬科学精神、传播科学思想作为义不容辞的社会责任。搭建城镇劳动者科学素质与技能提升平台，为科技人员开展科普工作提供便利的条件。

（六）加强政策支持和经费保障，形成多渠道的投入机制

政府要加大资金投入力度，逐步提高教育、科普经费的增长速度，创新科技投入方式，夯实城镇劳动者科学素质与技能提升的基础。把城镇劳动者科学素质与技能提升工作摆在突出位置，优化城镇劳动者科学素质与技能提升工作布局。形成多渠道的投入机制，出台优惠政策吸引各种社会力量出资赞助，吸纳大量的社会资金。引导资本市场和社会投资重视科技成果转化和

产业化，推动技术与资本等要素的结合，加快发展创业投资，引导社会资金加大对科技创新的投入力度。按照商业化方式运作，解决资金投入不足的问题，吸引产业界投资公民科学素质与技能提升项目。

（七）建立城镇劳动者科学素质监测和信息发布制度，提升信息化水平

建立城镇劳动者科学素质监测和信息发布制度，整合教育、科技、人社等数据库信息资源，统筹企业、高校、政府等多方需求，搭建劳动者科学素质资源共享应用平台和基础数据汇集平台。加强基于大数据、云计算的互联网络科技传播网络的整合和建设，实施"互联网＋"城镇劳动者科学素质与技能提升计划。针对智能手机用户增多的现状，应及时开发科普App，拓宽城镇劳动者交流和学习的渠道。研究开发网络科普的新形式和新技术，建设数字化科普信息共享交流平台。

参考文献

孙一平、黄梅、谢晶：《美国以职业发展为导向提升劳动者素质的启示》，《中国人力资源社会保障》2019年第7期。

河北省人民政府主办《河北经济年鉴2018》，中国统计出版社，2018。

中国科普研究所：《第十次中国公民科学素质调查结果公布》，中国文明网，2018年9月20日，http：//www.wenming.cn/bwzx/dt/201809/t20180920_4838028.shtml。

高宏斌等：《城镇劳动者科学素质行动的新举措和新要求》，《科普研究》2018年第11期。

秦素青等：《新型城镇劳动者的环境素养分析》，《中国经贸导刊》2016年第11期。

B.18
河北省职业技能培训创新体系研究

杨雪琪*

摘　要： 职业技能培训是保持就业稳定、缓解结构性就业矛盾的重要举措，是经济转型升级和高质量发展的重要支撑。河北省面向高技能领军人才、企业职工、新生代农民工、贫困人口等各类群体，有针对性地开展职业技能培训，取得积极成效。河北省职业技能培训应激发企业、职业院校等多元培训主体的积极性，持续推行终身职业技能培训制度，加快终身职业技能培训体系建设。

关键词： 职业技能培训　创新能力　河北省

职业技能培训作为保持就业稳定、缓解结构性就业矛盾的关键举措，是经济转型升级和高质量发展的重要支撑。应大力推行终身职业技能培训制度，大规模开展职业技能培训，加快建设知识型、技能型、创新型劳动者大军，全面提升劳动者职业技能水平和就业创业能力。

一　面向各类群体，有针对性地开展职业技能培训

1. 全面加强对高技能领军人才的服务保障

高技能领军人才是为国家和河北省经济发展、重大战略实施做出突出贡

---

* 杨雪琪，硕士，河北省人力资源和社会保障厅职业能力建设处副处长，主要研究方向为人力资源管理与劳动职业技能培训。

献,具有高超技艺技能和一流业绩,长期坚守在生产服务一线岗位,并获得全国劳动模范、全国五一劳动奖章、中华技能大奖、全国技术能手等荣誉和享受省级以上政府特殊津贴,获得河北省劳动模范、河北省突出贡献技师荣誉的人员,以及省政府认定的"高精尖缺"高技能人才,省市县要设立高技能领军人才综合服务窗口,提供政策咨询、业务代办等服务,协调落实工资福利、补贴、公共服务等相关待遇。对于解决了重大工艺技术难题和重大质量问题、技术创新成果获得省部级以上奖项、"师带徒"业绩突出的人才,取消学历、年限等限制,破格晋升到所从事职业工种的最高技术等级,把符合条件的高技能领军人才纳入"燕赵英才服务卡"服务范围。在提高高技能领军人才政治待遇方面,鼓励和支持工会等群团组织,吸引高技能领军人才以挂职、兼职等方式加入群团工作队伍,纳入党委联系专家范围;鼓励企业吸纳高技能领军人才参与经营管理决策,并提高其在职工代表大会中的比例。

2. 针对企业职工开展技能提升和转岗转业培训

企业需制订职工培训计划,广泛组织岗前培训、在岗培训、脱产培训,开展岗位练兵、技能竞赛、在线学习等活动,大力开展高技能人才培训,组织实施高技能领军人才和产业紧缺人才境外培训。发挥行业、龙头企业和培训机构作用,引导帮助中小微企业开展职工培训。对符合条件的企业职工参加岗前培训给予50%的职业技能培训补贴。组织开展化工、矿山等高危行业企业从业人员和各类特种作业人员安全技能培训,严格执行培训合格后上岗制度,取得特种作业操作证书的给予每人200元职业培训补贴。困难企业开展转岗转业培训的,取得证书(职业资格证书、职业技能等级证书、专项职业能力证书、特种作业操作证书、培训合格证书等)后给予每人最高不超过2200元的培训补贴。全面推行企业新型学徒制、现代学徒制培训,3年培训6万名新型学徒,职工参加企业新型学徒制培训的,给予企业中级工每人每年4000元以上、高级工每人每年6000元以上的职业培训补贴,由企业自主用于学徒制培训工作。累计缴纳失业保险费12个月以上的企业职工取得初、中、高级职业资格证书或职业技能等级证书的，分别给予1000元、1500元、2000元的技能提升补贴。实施技师培训项目，对取得技师、高级技师证书的分别给予不低于3000元、5000元的培训补贴。推进产教融合、校企合作，实现学校培养与企业用人的有效衔接。鼓励企业与参训职工协商一致、灵活调整工作时间，保障职工参训期间应有的工资福利待遇。

3. 针对就业重点群体开展职业技能培训和创业培训

面向农村转移就业劳动者特别是新生代农民工、城乡未继续升学初高中毕业生（以下简称"两后生"）等青年、下岗失业人员、退役军人、就业困难人员（含残疾人），免费开展职业技能培训行动，持续实施农民工"春潮行动"和"求学圆梦行动"、新生代农民工职业技能提升计划和返乡创业培训计划以及劳动预备培训、就业技能培训、职业技能培训等专项培训。对有创业意愿的开展创业培训，加强创业培训项目开发、创业担保贷款、后续扶持等服务，将创业补贴标准调整为每人最高不超过1500元。"两后生"中的农村学员和城市低保家庭学员在培训期间参照中等职业学校国家助学金标准给予生活费补贴。就业困难人员、零就业家庭成员在培训期间按最高不超过当地失业保险金月最低标准给予生活费补贴。围绕乡村振兴战略，实施农民教育培训三年提质增效行动和农村实用人才带头人示范培训工作，开展职业农民技能培训。

4. 针对贫困劳动力和贫困家庭子女开展技能扶贫

采取"岗位+技能+贫困劳动力"模式，开展适合市场需求的技能培训。聚焦贫困县特别是深度贫困县，通过"项目制"下购买服务等方式为贫困劳动力提供免费职业技能培训，在培训期间按规定通过就业补助资金给予每人每天不超过100元的生活费补贴。持续推进京津与河北省张承保地区的职业教育、职业技能培训帮扶和贫困村创业致富带头人培训。深入推进技能脱贫千校行动和深度贫困地区技能扶贫行动，对接受技工教育的贫困家庭学生，按规定落实中等职业教育国家助学金和免学费等政策；对子女接受技工教育的建档立卡贫困家庭，按政策给予补助。

二 调动培训主体积极性，多元化提高培训供给能力

1. 发挥企业开展职业技能培训的主体作用

支持各类企业特别是规模以上企业或者吸纳就业人数较多的企业设立职工培训中心，鼓励企业、技工院校与非营利性民办职业培训学校共建实训中心、教学工厂、实操现场等，积极培育、建设一批产教融合型企业。鼓励企业与各级地方工会组织合作，利用工会职工服务中心场所设施，开展订单式、定向式的职业技能培训。企业举办技工院校，根据毕业生稳定就业6个月人数，给予院校每人5000元的补助，在河北省区域内稳定就业1年以上的每人再增加3000元。支持企业设立高技能人才培训基地和技能大师工作室、劳模和工匠人才创新工作室，企业可通过职工教育经费提供相应的资金支持，政府按规定给予资金补助。支持高危企业集中的地区建设安全生产和技能实训基地。

2. 发挥职业院校开展职业技能培训的基础作用

支持职业院校开展补贴性培训，扩大培训规模。在院校启动"学历证书+若干职业技能等级证书"制度试点工作，按《河北省职业教育改革发展实施方案》规定执行。在核定绩效工资总量时，对于年度开展职业技能培训人数达到1000人、3000人和5000人的，绩效工资总量分别可上浮10%、20%和30%，上浮幅度由人社部门会同财政部门予以核定。允许职业院校将一定比例的培训收入纳入学校公用经费，学校培训工作量按30%的比例折算成全日制学生培养工作量。职业院校在内部分配时，应向承担职业技能培训工作的一线教师倾斜，保障其合理待遇。

3. 发挥社会力量开展职业技能培训的重要作用

完善技能人才职业资格评价、职业技能等级认定、专项职业能力考核等多元化评价方式，推进职业技能培训与评价有机衔接。推动工程领域高技能人才与工程技术人才职业发展贯通，促进行业发展，加强行业自律。从事准入类职业劳动者必须经培训合格后方可上岗。民办职业培训和评价机构在政

府购买服务、校企合作、实训基地建设等方面与公办同类机构享受同等待遇。

三 持续推行终身职业技能培训制度，加快终身职业技能培训体系建设

1. 完善终身职业技能培训政策和体系

围绕建立培训资源优化配置、培训载体多元发展、劳动者按需选择、政府加强监管服务的体制机制，面向城乡全体劳动者，完善从劳动预备开始到劳动者实现就业创业并贯穿学习和职业生涯全过程的终身职业技能培训政策。以政府补贴培训、企业自主培训、市场化培训为主要供给，以公共实训机构、职业类技工院校、职业培训机构和行业企业为主要载体，以就业技能培训、岗位技能提升培训和创新创业培训为主要形式，构建资源充足、布局合理、结构优化、载体多元、方式科学的培训体系。

2. 大力开展就业技能培训，加强各类贫困群体职业技能培训，做好疫情防控常态化时期第二梯队人才储备工作

一是在疫情暂时得到控制的情况下，逐步恢复线下培训。在继续做好线上职业技能培训的同时，组织指导企业、职业培训机构、技能人才评价机构全面恢复线下职业技能培训和评价工作，实现线上线下培训共同发力。二是积极推进"以工代训"。深入实施企业稳岗扩岗专项支持计划，支持企业对新招录的符合条件的人员开展"以工代训"，动员符合条件的企业开展全员"以训稳岗"，截至2020年底，全省"以工代训"培训8370人，发放"以工代训"补贴3879.17万元。三是统筹企业职工技能提升"展翅行动"政策。明确规定，企业职工技能提升"展翅行动"所需资金优先从职业技能提升行动专账资金中列支。四是用足用好企业培训政策。对企业自主开展本单位职工培训的，经主管部门同意，可先行拨付不超过60%的培训补贴资金。五是强力推进专项计划。结合企业复工复产、大中专毕业生就业和康养产业发展，加大百万农民工大培训、青年技能培训、生活服务业培训等专项

计划的实施力度，组织农民工职业技能提升"春潮行动"，大力开展建筑业、家庭服务业等行业农民工技能提升培训。截至2020年底，全省开展农民工培训42.1万人次。

加强贫困地区职业技能培训。通过把贫困劳动力全部纳入职业技能培训补贴政策范围，充分发挥了企业的主体作用、职业院校的基础作用和社会力量的重要作用，实现了全面提升贫困劳动力的职业技能素质的初衷。同时按照开展技工院校扶贫救灾技能脱贫行动的有关文件，部署在省重点以上技工院校开展扶贫救灾技能脱贫行动，鼓励其他具备条件的学校积极参与，帮助每个有就读技工院校意愿的建档立卡贫困家庭应届、往届"两后生"都能免费接受技工教育，每个有劳动能力且有参加职业技能培训意愿的建档立卡贫困家庭劳动者每年都能够到技工院校接受至少一次免费职业技能培训。2020年以来对于技工院校建档立卡学生继续落实"三免一助"政策。2020年为全省技工院校2564名建档立卡学生免除学费589.72万元，免除书费和住宿费205.12万元，提供助学金512.8万元。为接受技工教育和职业技能培训的贫困家庭学生（学员）提供推荐就业服务，实现"教育培训一人，就业创业一人，脱贫致富一户"的目标。

对去产能企业职工，实施失业人员和转岗职工特别职业培训计划；对未外出就业贫困劳动力，重点开展引导性培训，普及城市生活和务工常识；对有就业意愿的贫困劳动力，重点开展满足市场需求的技能培训；加强退役军人岗前技能培训，对退役军人开展退役前技能储备培训和职业指导；结合残疾人就业培训意愿，开展实用性、高质量、精准化的就业创业培训；对服刑和强制隔离戒毒人员，开展以"顺利回归社会"为目的的就业技能培训，将其纳入政府补贴培训范围。

抓住疫情暂时得到控制后各地集中新上项目的时机，加强技能人才培养，做好第二梯队人才储备。

3. 加强企业职工岗位技能提升培训

发挥企业培训的主体作用，支持企业大规模开展职业技能培训。鼓励规模以上企业建立职业培训机构，开展职工培训，并积极面向中小企业和社会承担培训任务,对符合条件的可认定为高技能人才培训基地,降低企业兴办职业培训机构成本。适应高质量发展要求,结合行业企业发展趋势、生产和技术创新需要,推动行业企业健全职工培训制度,制订职工年度培训计划,采取岗前培训、学徒制培训、在岗培训、脱产培训、业务研修、岗位练兵、技术比武、技能竞赛等方式,大幅提升职工技能水平。充分发挥失业保险金支持企业职工岗位技能提升的作用,对取得初、中、高级职业资格证书或职业技能等级证书的按规定给予技能提升补贴,纳入急需紧缺职业(工种)目录的,补贴标准可提高10%。对取得技师、高级技师职业资格证书和企业新录用的符合条件并由企业组织岗位技能提升培训的,按照规定给予培训补贴。全面推行企业新型学徒制。统筹规划产教融合发展政策措施、支持方式、实现途径和重大项目,推进合作育人、协同创新和成果转化。鼓励企业与技工院校开展联合办学,共同招生招工、共商专业规划、共议课程模式、共建实训基地、共搭管理平台、共评培训质量,形成"人才共有、过程共管、成果共享、责任共担"的校企合作办学制度。

4. 加强创新创业培训

健全政策扶持、创业培训、创业服务"三位一体"工作机制,以高等学校和职业院校毕业生、科技人员、留学回国人员、退役军人、农村转移就业和返乡下乡创业人员、失业人员和去产能转岗职工、创业初期创业者等群体为重点,依托高等学校、职业院校、职业培训机构、创业培训实训中心、创业孵化基地、众创空间、网络平台等,开展创业意识教育、创新素质培养、创业项目指导、开业指导、企业经营管理等培训,落实创新创业培训补贴。鼓励在现有农民工返乡创业园建立退役军人创业专区,支持现有农业产业园、现代生态园设立退役军人实习实训基地,培养农业农村现代化复合型技能人才。深入实施创业就业孵化基地培育活动,支持技工院校建设一批创业就业孵化基地,按照规定落实房租物业水电费补贴政策。健全以政策支持、项目评定、孵化实训、科技金融、创业服务为主要内容的创新创业支持体系,高等学校和职业院校学生在校期间开展的"试创业"实践活动,经综合评估后,可纳入创业培训、创业贷款、创业补助等政策支持范围。加强创业培训师资队伍建设，扩大创业指导师培训规模。发挥技能大师工作室、劳模和工匠人才创新工作室的作用，开展集智创新、技术攻关、技能研修、技艺传承等群众性技术创新活动，对其创新成果进行总结、命名、推广。创建一批企业与高等学校、科研院所深度合作的联合创新工作室。2019～2022年，每年将开展创新创业培训20万人次，每年将新建国家级技能大师工作室5个、省级技能大师工作室10个、劳模和工匠人才创新工作室100个。

5. 强化工匠精神和职业素质培育

大力培育和弘扬工匠精神，坚持工学结合、知行合一、德技双修，完善激励机制，激发院校、企业、工会等各方积极性，将培育工匠精神融入教育培训、企业文化建设各领域、各环节，推动劳动者形成"干一行、爱一行"的职业理念。在高等学校、职业院校普遍开设职业发展和就业指导课程，加强以诚信、敬业为重点的职业道德教育，开展学生心理健康教育，增强毕业生自我评估能力、职业开发能力和择业能力，转变就业观念。加强职业素质培育，将职业道德、质量意识、法律意识、安全环保和健康卫生等要求贯穿于职业培训全过程。持续推进劳模和工匠精神进校园、进课堂、进企业、进车间、进班组。

2020年12月14日，在首届全国职业技能大赛期间，习近平总书记致贺信，鲜明指出技术工人队伍是支撑中国制造、中国创造的重要力量，深刻阐述了举办职业技能大赛和加快推进全民劳动职业技能建设的重要意义，并就各级党委和政府做好技能人才工作做出重要指示。李克强总理的批示，就进一步完善技能人才培训培养体系、深入开展大众创业万众创新、打造高素质技能人才队伍提出明确要求。习近平总书记贺信和李克强总理批示，充分体现了党中央、国务院对壮大职业技能人才队伍的高度重视和殷切期望，为我们提供了基本遵循和方向。

深入学习贯彻习近平总书记贺信和李克强总理批示精神，引导全省上下增强"四个意识"、坚定"四个自信"、做到"两个维护"，大力弘扬劳模精神、劳动精神、工匠精神，紧紧围绕制造强省、质量强省、网络强省和数字河北建设，落实省部共建框架协议，着力打造高素质技能人才队伍，为促进就业创业创新、推动经济高质量发展提供有力支撑。

社会科学文献出版社

皮 书

智库报告的主要形式
同一主题智库报告的聚合

✤ 皮书定义 ✤

皮书是对中国与世界发展状况和热点问题进行年度监测，以专业的角度、专家的视野和实证研究方法，针对某一领域或区域现状与发展态势展开分析和预测，具备前沿性、原创性、实证性、连续性、时效性等特点的公开出版物，由一系列权威研究报告组成。

✤ 皮书作者 ✤

皮书系列报告作者以国内外一流研究机构、知名高校等重点智库的研究人员为主，多为相关领域一流专家学者，他们的观点代表了当下学界对中国与世界的现实和未来最高水平的解读与分析。截至2021年，皮书研创机构有近千家，报告作者累计超过7万人。

✤ 皮书荣誉 ✤

皮书系列已成为社会科学文献出版社的著名图书品牌和中国社会科学院的知名学术品牌。2016年皮书系列正式列入"十三五"国家重点出版规划项目；2013~2021年，重点皮书列入中国社会科学院承担的国家哲学社会科学创新工程项目。

中国皮书网

（网址：www.pishu.cn）

发布皮书研创资讯，传播皮书精彩内容
引领皮书出版潮流，打造皮书服务平台

栏目设置

◆ **关于皮书**
何谓皮书、皮书分类、皮书大事记、
皮书荣誉、皮书出版第一人、皮书编辑部

◆ **最新资讯**
通知公告、新闻动态、媒体聚焦、
网站专题、视频直播、下载专区

◆ **皮书研创**
皮书规范、皮书选题、皮书出版、
皮书研究、研创团队

◆ **皮书评奖评价**
指标体系、皮书评价、皮书评奖

◆ **皮书研究院理事会**
理事会章程、理事单位、个人理事、高级
研究员、理事会秘书处、入会指南

◆ **互动专区**
皮书说、社科数托邦、皮书微博、留言板

所获荣誉

◆ 2008年、2011年、2014年，中国皮书网均在全国新闻出版业网站荣誉评选中获得"最具商业价值网站"称号；
◆ 2012年，获得"出版业网站百强"称号。

网库合一

2014年，中国皮书网与皮书数据库端口合一，实现资源共享。

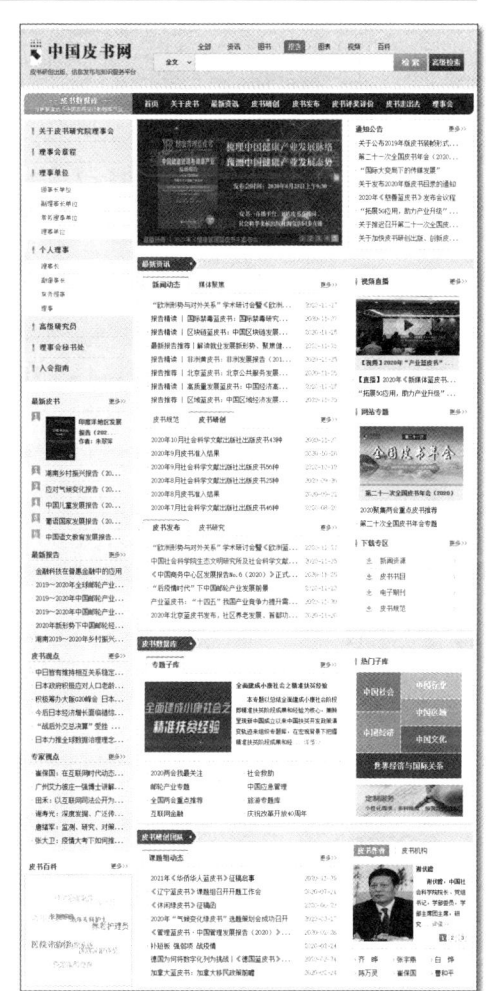

中国皮书网

权威报告・一手数据・特色资源

皮书数据库
ANNUAL REPORT(YEARBOOK) DATABASE

分析解读当下中国发展变迁的高端智库平台

所获荣誉

- 2019年，入围国家新闻出版署数字出版精品遴选推荐计划项目
- 2016年，入选"'十三五'国家重点电子出版物出版规划骨干工程"
- 2015年，荣获"搜索中国正能量 点赞2015""创新中国科技创新奖"
- 2013年，荣获"中国出版政府奖·网络出版物奖"提名奖
- 连续多年荣获中国数字出版博览会"数字出版·优秀品牌"奖

成为会员

通过网址www.pishu.com.cn访问皮书数据库网站或下载皮书数据库APP，进行手机号码验证或邮箱验证即可成为皮书数据库会员。

会员福利

- 已注册用户购书后可免费获赠100元皮书数据库充值卡。刮开充值卡涂层获取充值密码，登录并进入"会员中心"—"在线充值"—"充值卡充值"，充值成功即可购买和查看数据库内容。
- 会员福利最终解释权归社会科学文献出版社所有。

卡号：759346379121
密码：

数据库服务热线：400-008-6695
数据库服务QQ：2475522410
数据库服务邮箱：database@ssap.cn
图书销售热线：010-59367070/7028
图书服务QQ：1265056568
图书服务邮箱：duzhe@ssap.cn

中国社会发展数据库（下设12个子库）

整合国内外中国社会发展研究成果，汇聚独家统计数据、深度分析报告，涉及社会、人口、政治、教育、法律等12个领域，为了解中国社会发展动态、跟踪社会核心热点、分析社会发展趋势提供一站式资源搜索和数据服务。

中国经济发展数据库（下设12个子库）

围绕国内外中国经济发展主题研究报告、学术资讯、基础数据等资料构建，内容涵盖宏观经济、农业经济、工业经济、产业经济等12个重点经济领域，为实时掌控经济运行态势、把握经济发展规律、洞察经济形势、进行经济决策提供参考和依据。

中国行业发展数据库（下设17个子库）

以中国国民经济行业分类为依据，覆盖金融业、旅游、医疗卫生、交通运输、能源矿产等100多个行业，跟踪分析国民经济相关行业市场运行状况和政策导向，汇集行业发展前沿资讯，为投资、从业及各种经济决策提供理论基础和实践指导。

中国区域发展数据库（下设6个子库）

对中国特定区域内的经济、社会、文化等领域现状与发展情况进行深度分析和预测，研究层级至县及县以下行政区，涉及省份、区域经济体、城市、农村等不同维度，为地方经济社会宏观态势研究、发展经验研究、案例分析提供数据服务。

中国文化传媒数据库（下设18个子库）

汇聚文化传媒领域专家观点、热点资讯，梳理国内外中国文化发展相关学术研究成果、一手统计数据，涵盖文化产业、新闻传播、电影娱乐、文学艺术、群众文化等18个重点研究领域。为文化传媒研究提供相关数据、研究报告和综合分析服务。

世界经济与国际关系数据库（下设6个子库）

立足"皮书系列"世界经济、国际关系相关学术资源，整合世界经济、国际政治、世界文化与科技、全球性问题、国际组织与国际法、区域研究6大领域研究成果，为世界经济与国际关系研究提供全方位数据分析，为决策和形势研判提供参考。

法律声明

"皮书系列"(含蓝皮书、绿皮书、黄皮书)之品牌由社会科学文献出版社最早使用并持续至今,现已被中国图书市场所熟知。"皮书系列"的相关商标已在中华人民共和国国家工商行政管理总局商标局注册,如LOGO( )、皮书、Pishu、经济蓝皮书、社会蓝皮书等。"皮书系列"图书的注册商标专用权及封面设计、版式设计的著作权均为社会科学文献出版社所有。未经社会科学文献出版社书面授权许可,任何使用与"皮书系列"图书注册商标、封面设计、版式设计相同或者近似的文字、图形或其组合的行为均系侵权行为。

经作者授权,本书的专有出版权及信息网络传播权等为社会科学文献出版社享有。未经社会科学文献出版社书面授权许可,任何就本书内容的复制、发行或以数字形式进行网络传播的行为均系侵权行为。

社会科学文献出版社将通过法律途径追究上述侵权行为的法律责任,维护自身合法权益。

欢迎社会各界人士对侵犯社会科学文献出版社上述权利的侵权行为进行举报。电话:010-59367121,电子邮箱:fawubu@ssap.cn。

社会科学文献出版社